엘리자베스 로즈너는 전쟁의 무도함과 그것의 끈질긴 여파—전쟁 중에, 그리고 전쟁이 끝난 후에도 여전히 고통받는 피해자와 가해자들, 사회에 남겨진 파괴적 유산들—를 『생존자 카페』라는 한 권의 책에 절묘하게 담아냈다. 책은 역사와 개인적 서사, 학술적 연구를 적절히 배합함으로써, 다양한 잔혹 행위의 유산이 여러 세대를 거쳐 대물림되는 경로는 무엇이고, 우리가 이 파멸적 유산을 풀어낼 방법은 무엇인지에 관하여 정교하고도 상세하게 설명한다. 이 책은 전쟁의 끝이 결코 전투의 끝은 아님을 증명하는 긴요하고도 생생한 기록이다.
_앤드루 캐럴, 『전쟁 편지』 편집자

엘리자베스 로즈너는 트라우마  다. 이 서정적이고 이지적인 작품에서 그녀는   노사이드부터 전쟁, 핵폭탄, 린치까지, 로즈너는   지 않는다. 『생존자 카페』는 지금 이 시대에 반드   에 대한 용기 있는 증언이다. _세라 센틸스, 『무기,

『생존자 카페』는 홀로코스트를 중심으로 트라우마와 트라우마의 기억이라는, 한 세대에서 끝나지 않고 악몽과 기억, 고뇌의 형태로 대물림되며 다음 세대와 그다음 세대, 그 다음다음 세대로 전달되는 비인도적 잔혹 행위들의 영향에 대한 심오하고도 단호한 초상이다. 선명한 이야기와 비범한 통찰이 돋보이는 이 책은 비단 우리의 집단적 역사뿐 아니라 현재의 순간까지 이해하고자 하는 이들을 위한 필독서다. _수전 그리핀, 『돌들의 합창』 저자

매혹적이고 시적이다. 책에서 엘리자베스 로즈너는 제노사이드에 대한 심원하고 영속적인 기념제로 독자를 초대한다. 홀로코스트 생존자 부부의 딸로서 로즈너는 뿌리 깊은 트라우마가 마음뿐 아니라 몸을 통해서도 여러 세대를 거쳐 지속된다는 과학적 근거에 대해 설명한다. 힘든 경험과 깊이 있는 연구가 빚어낸, 탁월하고 빛나는 책이다. 그녀의 『생존자 카페』라는 지혜롭고, 궁극적으로는 희망적인 작품에 경의를 표한다.
_엘리자베스 판스워스, 『시간을 관통하는 기차』 저자

로즈너는 남다른 열정과 포용적 연민 사이에서 균형을 유지하며, 학문적 평가와 개인적 폭로를 적절히 조합해 보기 드문 역작을 탄생시켰다. 유산과 책임을 논하는 이 대단히 중요한 작품에서 로즈너는 그 거대한 짐들의 본질을 밝히고 기념의 범위를 규정하는 한편, 우아하고도 유려하게 깊고도 섬세한 울림을 선사한다. _『북리스트』 주목할 만한 도서

기억의 덧없음과 잊지 못할 고통의 유산에 관한 사려 깊고 면밀한 고찰. _『커커스 리뷰』

로즈너는 20세기의 가장 참혹한 범죄를 차분하고 끈기 있게 조명하는 한편, 트라우마라는 세대 간 유산의 실체에 대해 질문을 던진다. (…) 그녀는 예술과 기념일, 기념물, 심리요법에 주의를 기울인다. 하지만 트라우마를 다스리기 위해 그녀가 찾아낸 가장 강력한 기법은 그저 이면의 이야기를 들려주는 것이다. (…) 기억과 언어, 몸에 각인된 트라우마라는 주제는 강렬하다. 가령 로즈너가 들려주는 아버지와의 부헨발트 재방문기는 독자에게 강렬한 인상으로 다가온다. (…) 강한 고통은 소통을 거쳐야만 치유될 수 있고 인간의 극악한 잔혹 행위는 그것을 인정한 뒤에야 비로소 재발을 방지할 수 있다는 로즈너의 결론은 이해의 문을 열어젖히고, 낙관적으로는 평화의 길을 제시한다. _『퍼블리셔스 위클리』

생존자 카페

SURVIVOR CAFÉ

생존자 카페

트라우마의 유산 그리고 기억의 미로

엘리자베스 로즈너 지음 | 서정아 옮김

글항아리

이 책을 나의 부모님 카를 H. 로즈너와 프리다 Z. 로즈너,
그리고 이름을 잃은 모든 전쟁 피해자, 특히 아이들에게 바친다.

지나온 과거는 다가올 미래의 서막이다.

−윌리엄 셰익스피어,『템페스트』중에서

　나는 이 책을 평생에 걸쳐 써왔다고 해도 과언이 아니다. 책에 나오는 모든 대화와 인터뷰는 수십 년에 걸쳐 진행되었고, 장면과 대화는 내 능력을 최대한 발휘해 재구성되었다. 내 나름대로는 타인들의 말과 침묵을 되도록 충실하고 진중하게 설명하려고 노력했다. 책의 일부는 이전에 출간된 내용이다.

부적절한 언어의 알파벳

A는 아우슈비츠Auschwitz 수용소, 즉 100만 명 이상이 가스실에서 숨을 거둔 뒤 불태워져 재로 변한 장소를 가리킨다. 이 단어로 아래의 모든 낱말을 대변할 수도 있다.

A는 노동이 그대를 자유롭게 하리라arbeit macht frei, 즉 아우슈비츠 정문 간판의 문구를 가리킨다. 하지만 그 독일어 문구의 본뜻은, 다른 수많은 문구와 마찬가지로 결코 온전히 번역될 수 없다.

A는 잔혹 행위Atrocity를 가리킨다. 또한 아르메니아 대학살Armenian Genocide을 가리키는데, 터키에서는 이 표현을 큰 소리로 말하는 행위가 불법이다.

A는 원자폭탄Atom bomb을 가리킨다.

B는 부헨발트Buchenwald 수용소, 즉 나의 아버지와 삼촌이 수감되었다 가까스로 살아남은 장소를 가리킨다.

B는 베르겐벨젠Bergen-Belsen 수용소, 즉 안네 프랑크가 죽은 장소를 가리킨다. B는 벨제크Belzec 수용소, 즉 50만 명이 살해된 장소를 가리킨다. B는 바비 야르Babi Yar 협곡, 즉 가장 큰 집단 매장지로 알려진 장소를 가리킨다.

B는 비르케나우Birkenau 수용소, 즉 아우슈비츠의 "자매" 시설을 가리킨다.

C는 집단수용소Concentration Camp를 가리킨다. C는 화장터Crematoria를 가리킨다.

C는 부역Collaboration을 가리킨다. C는 공산주의Communism를 가리킨다. C는 처칠Churchill을 가리킨다.

C는 캄보디아Cambodia를 가리킨다.

C는 어린이들Children을, 살해된 150만 명의 어린이와 숨겨진 어린이들, 어린이 생존자들을 가리킨다.

D는 독재자Dictator를 가리킨다.

D는 다카우Dachau 수용소를 가리킨다.

D는 죽음의 수용소Death Camp를 가리킨다.

D는 나치의 무장 친위대가 쓰던 죽음의 해골 표시Death's Head Insignia를 가리킨다.

D는 도이칠란트Deutschland를 가리킨다.

D는 부정Denial을 가리킨다.

E는 아이히만Eichmann을 가리킨다. E는 절멸Extermination을 가리킨다. E는 아인자츠그루펜Einsatzgruppen, 즉 나치의 살인기동부대를 가리킨다. E는 인종청소Ethinic Cleansing를 가리킨다. E는 완곡어법Euphemism을

가리킨다.

F는 최종적 해결Final Solution을 가리킨다. F는 총통Führer을 가리킨다. F는 조국Fatherland을 가리킨다. F는 망각하기Forgetting, 즉 기억하기의 반대말인 동시에 반대말이 아닌 무엇을 가리킨다.

G는 게슈타포Gestapo를 가리킨다. G는 가스실Gas Chamber을 가리킨다. G는 괴링Göring을 가리킨다. G는 독일Germany을 가리킨다. G는 게토Ghetto를 가리킨다. G는 제노사이드Genocide를 가리킨다.

H는 홀로코스트Holocaust를 가리킨다.

H는 히틀러Hitler를 가리킨다.

H는 힘러Himmler를 가리킨다.

H는 회스Höss를 가리킨다.

H는 동성애자Homosexual를 가리킨다.

H는 후투Hutu를 가리킨다.

H는 히로시마Hiroshima를 가리킨다.

I는 신분증Identity Card을 가리킨다. I는 이민자Immigrant를 가리킨다. I는 이데올로기Ideology를 가리킨다.

I는 '나도 계속 이러고 싶지 않지만 여기서 멈출 수는 없다I Don't Know How to Go On like This but I Cannot Stop'를 가리킨다. 멈추기에는 단어들이 끝없이 떠오르니 말이다.

J는 유대인Jew을 가리킨다. J는 유다Jude를 가리킨다. J는 여호와의 증인Jehovah's Witnesses을 가리킨다. J는 각자에게 각자의 몫을jedem das seine, 즉 부헨발트 수용소 정문의 문구를 가리킨다.

K는 크리슈탈나흐트Kristallnacht를 가리킨다. K는 크메르 루주Khmer

Rouge와 킬링필드Killing Fields를 가리킨다. K는 독일어로 집단수용소 Konzentrationslager를 가리킨다.

L은 독일어로 수용소Lager를 가리킨다. L은 린치Lynching를 가리킨다. L은 예컨대 바르샤바 게토와 루지 게토, 그리고 나의 어머니가 폴란드 시골 마을의 은신처로 탈출하기 전까지 외조부모님과 강제로 이주해 살던 빌나 게토에서 벌어진 것과 같은 게토 청소Liquidation를 가리킨다.

M은 멩겔레Mengele를 가리킨다.

M은 마우타우젠Mauthausen 수용소를 가리킨다.

M은 마이다네크Maidanek 수용소를 가리킨다.

M은 살인Murder, 기억Memory, 대학살Massacre, 모국Motherland을 가리킨다.

N은 핵폭탄Nuclear Bomb과 중성자탄Neutron Bomb을 가리킨다. N은 나가사키Nagasaki를 가리킨다. N은 이웃들Neighbors, 즉 유대인을 숨겨준 이들과 유대인을 고발하거나 유대인을 숨겨준 이웃을 고발한 이들을 가리킨다. N은 뉘른베르크Nuremberg, 즉 나치 전범들에 대한 재판이 열렸던 장소, 불가능에 가까운 정의가 추구되었던 장소를 가리킨다. N은 나치Nazi를 가리킨다.

O는 시체 소각로Oven를 가리킨다. O는 다른 것Other을 가리킨다.

P는 집단 학살Pogrom을 가리킨다. P는 수감자Prisoner를 가리킨다. P는 열병식Parade을 가리킨다. P는 포나리Ponary, 즉 10만 명의 유대인이 처형되었던 빌나 근교의 숲을 가리킨다. P는 폴란드Poland, 즉 한때 200만이 넘는 유대인의 집이었던 곳을 가리킨다. P는 비명횡사Perished

를 가리킨다.

Q는 격리Quarantine를 가리킨다.

Q는 대답 없는 질문Questions That Have No Answer을 가리킨다.

R은 제국Reich을 가리킨다. R은 로마Roma 족, 즉 수많은 사람이 충분히 애도할 시간도 갖지 못한 채 죽어야 했던 민족을 가리킨다. R은 르완다Rwanda를 가리킨다. R은 루마니아Romania를 가리킨다. 루마니아는 내 친할아버지의 출생지이자 아버지의 목숨을 구한 시민권을 부여한 곳이다. R은 격리수용Relocation을 가리킨다. R은 난민Refugee을 가리킨다. R은 루스벨트Roosevelt를 가리킨다.

S는 나치 친위대SS, 혹은 돌격대원Stormtrooper을 가리킨다. S는 쇼아Shoah를 가리킨다. S는 작센하우젠Sachsenhausen 수용소와 소비보르Sobibor 수용소를 가리킨다. S는 스탈린Stalin과 유대교회당Synagogue과 비누Soap를 가리킨다. S는 솔라Sola, 즉 아우슈비츠 근처의 재로 가득한 강을 가리킨다. S는 존더코만도Sonderkommando, 즉 가스실과 화장터에서 일해야 했던 특수 수감자들을 가리킨다. S는 가스실로 보낼 사람의 선별Selecktion을 가리킨다. S는 걸림돌Stolpersteine과 비밀Secret을 가리킨다. S는 침묵Silence을 가리킨다.

T는 트레블링카Treblinka 수용소를 가리킨다.

T는 테레지엔슈타트Theresienstadt 수용소를 가리킨다.

T는 문신Tattoo을 가리킨다.

T는 쌍둥이Twins, 그중에서도 악명 높은 의사 멩겔레가 특수한 실험을 위해 선택한 이들을 가리킨다.

T는 천년제국Thousand-Year Reich과 공포Terror, 트라우마Trauma, 집요함

Tenacity을 가리킨다.

T는 투치Tutsi족을 가리킨다.

U는 봉기Uprising를 가리킨다. U는 지하Underground를 가리킨다. U는 '모든 것 위에 군림하는Über Alles'이라는 독일 국가의 일부 가사를 가리킨다. U는 독일 잠수함 U보트U-boat를 가리킨다. U는 위험인물 Undesirable을 가리킨다. U는 절제Understatement를 가리킨다.

V는 비시Vichy 정부를 가리킨다. V는 승리Victory를 가리킨다. V는 피해자Victim를 가리킨다. V는 피정복자Vanquished를 가리킨다. V는 베트남Vietnam이라는 국호를 가리킨다. V는 참전군인Veteran을 가리킨다.

W는 바르샤바Warsaw를 가리킨다. W는 독일 국방군Wehrmacht을 가리킨다. W는 전쟁War, 그리고 전쟁War, 그리고 전쟁War을 가리킨다.

X는 엑스X를 가리킨다. 말로 표현될 수 없는 모든 것을, 어쩌면 잊혔을지 모를 죽은 이들 모두의 이름을 가리킨다. X는 제노포비아 Xenophobia, 즉 낯선 사람이나 다른 쪽에 대한 두려움fear of the stranger을 가리킨다.

Y는 이디시어Yiddish, 이제는 거의 사라진 언어를 가리킨다. Y는 당신You, 즉 이 알파벳을 읽고 있는 사람과 장차 태어날 모든 사람을 가리킨다.

Z는 지클론 BZyklon B, 즉 아우슈비츠에서 수백만 명의 사람을, 성별과 나이를 불문하고 살해하는 데 사용된 독가스를 가리킨다. 이제 다시 처음으로 돌아가자. 그러니까 A는.

프롤로그

　내 부모님은 홀로코스트 생존자다. 두 분의 생존기를 뼈대만 간추려 이야기하자면, 우선 아버지는 숱한 추방의 위기를 (한동안) 가까스로 모면했고, 1943년 연합군의 함부르크 폭격에도 천신만고 끝에 살아남았지만 그 후에, 그러니까 열다섯에서 열여섯 살 무렵에 부헨발트 집단수용소에 수감되었다. 그런가 하면 어머니는 빌나의 유대인 거주지역에서 학살이 벌어졌을 때 그곳을 탈출하여 폴란드의 어느 시골 농장에 숨어 살았다. 당시 어머니의 나이는 열세 살이었다. 전쟁이 끝난 뒤 부모님은 스웨덴에서 난민 신분으로 처음 만났다. 두 분은 이스라엘에서 결혼했고, 함께 미국으로 이주했다. 나는 1950년대의 마지막 날, 부모님이 뉴욕주 스케넥터디의 반렌셀러 거리에 처음으로 마련한 집에서 태어났다.

　나는 두 분의 둘째 딸이었다. 위로는 두 살 터울의 언니 모니카가 있었고, 6년 뒤에는 남동생 라파엘이 세상에 나왔다. 이 무렵 전쟁은 어느덧 15년 넘게 지난, 수천 마일 이상 떨어진 바다 건너 먼 나라의 일이 되어 있었다.

우리 가족은 스파키라는 작고 검은 래브라도 리트리버를 길렀다. 차는 셰보레였고, 아버지는 시내의 여느 남자들처럼 제너럴일렉트릭에 근무했다. 앞마당에는 단풍나무 몇 그루를 심었다. 가족 앨범 속 사진들로 미뤄보건대 생일이나 이런저런 축일도 살뜰히 챙겼던 것 같다. 여름이면 자전거를 타고 근처 호수를 찾았고, 겨울이면 눈삽으로 눈을 치우고 스케이트를 타곤 했다. 어느 모로 보나 미국의 전형적이고 행복한 가정이었다.

어린 시절의 기억은 흩어진 퍼즐 조각처럼 뒤죽박죽이다. 그중에서도 특히, 내가 부모님의 전쟁 경험담을 처음으로 들은 시점은 도무지 떠오르지 않는다. 그냥 늘 알고 있었던 느낌이다. 두 분이 과거에 겪은 일들이 내가 태어난 순간, 아니 어쩌면 태어나기도 전부터 내 몸 구석구석 파편처럼 박혀 있는 기분이랄까. 이야기를 일부러 감상적으로 몰아갈 마음은 없다. 내 또래의 홀로코스트 생존자 2세들은, 설령 전부는 아니더라도 대부분이, 너무 미묘하여 이름을 붙이기도 난감한 여러 감정 가운데서도 이 유전성 트라우마라는 유별한 정서를 공유한다.

홀로코스트 생존자의 딸이라는 남다른 정체성으로 인해 어린 시절 우리 가족의 삶은 내가 상상하는 보통 가정의 모습과는 아무래도 다른 부분이 많았다. 하지만 어른이 된 뒤에 나는 유대인이 아닌 독일인 2세들 또한 나와 비슷하게 복합적인 감정을 품은 채 살고 있다는 사실을 알게 되었다. 처음에는 적잖이 놀랐지만, 시간이 흐르며 놀라움은 점점 더 깊은 공감으로 바뀌어갔다. 기회가 닿아 그들의 이야기를 듣게 됐을 때 나는 비록 그들이 나와 완전히 다른 삶을 살아왔을지라도, 그들이 묘사하는 혼란스러운 감정들에서 마치 거짓말처럼 강렬하고도 익숙한 무언가를 발견했다. 슬픔과 불안, 분노를 비롯한 수많은 감정이 우리의 어깨를 짓누르고 있었다. 우리에게 속한 듯 속하지 않은 경험의 망령들이 주위를 맴돌고 있었다.

나는 조금씩 관심 영역을 넓혀나갔고, 다른 집단들 사이에도 거미줄처럼 미묘하게 교차하는 지점들이 존재한다는 사실을 발견했다. 베트남 난민의 자손들에게서, 캄보디아 킬링필드 생존자의 자녀에게서, 제2차 세계대전 중 미군의 수용소에 격리되었거나 원자폭탄 공격을 받고도 살아남은 일본인의 자손들에게서 나는 이러한 교차점들을 확인할 수 있었다. 아르메니아 학살에서 살아남은 이들에 관한 글이나 그 후손들이 들려주는 이야기는 나에게 깊은 울림으로 다가왔다. 르완다 대량학살에 관한 목격담이나 수 세기 동안 북미 원주민과 아프리카계 미국인에게 가해진 인종주의적 폭력 및 학대를 다룬 논문들도 마찬가지였다. 매일같이, 먼 곳(혹은 가까운 곳) 어딘가에서 증오로 인한 참극이 벌어졌다는 보도를 접할 때면 나는 인류가 진화하는 동안 불합리하기 그지없는 잔혹 행위 또한 끈질기게 반복돼왔다는 사실을 새삼 깨닫고는 했다.

전시세대Kriegskinder와 전후세대Nachgeborenen라는 독일어 낱말은 나와 상응하는 위치의 독일인들, 그러니까 제2차 세계대전 도중과 이후에 태어난 이들을 일컫는다. 그런가 하면 전범세대Tätergeneration는 그 전쟁의 가해자 세대를 일컫는 낱말이다. 나는 이러한 어휘를 제법 늦은 나이에 알게 되었다. 한편 가족세우기Familienaufstellung(family constellations)라는 심리치료법을 개발한 인물은, 어찌 보면 아이러니하게도, 독일의 심리치료사 버트 헬링거다. 가족세우기는 일면 오스트리아 빈에서 시작된 심리요법 사이코드라마를 연상시킨다. 또한 미국의 심리학자 버지니아 사티어가 개발한 치료법 "가족 조각family sculpting 과거의 어느 시점에 가족이 경험한 감정이나 느낌을 동작과 공간을 이용해 비언어적으로 표현하는 기법"과도 상당히 유사하다. 헬링거의 가족세우기는 집단치료의 일종으로 낯선 사람들이 서로에게 중요한 가족 구성원의 대역을 맡아 직관과 신체적이고 감정적인 단서들을 토대로 각자의 트라우마적 기억들을 재현함으로써 가족 내 상호작용의 흐름을 고찰하고 이상적으로는 그것을 개선하는 데 목적이 있다.

이 용어들은 버커드 빌저의 『뉴요커』지 기사에 등장한다. 빌저는 오늘날 독일에서 시행되는 비밀 공개하기와 침묵 깨뜨리기 요법을 몇 가지 소개하는 한편, "현재 독일은 외상후 스트레스에 시달리는 사람의 수가 이웃 나라 스위스의 3배가 넘는다"고 설명했다.[1]

기억과 이야기, 트라우마와 치유의 관계를 묘사하기에 '얽혀 있다'는 표현은 다소 절제된 느낌이 있다. 일반적으로 서구 사회에서는 이야기하기가 슬퍼하거나 괴로워하는 사람의 고독감을 덜어주는 데 도움이 된다고, 경험을 공유할 통로를 찾으면 마음이 다치고 문드러질 가능성이 줄어든다고 믿는다. 하지만 그러기까지는 얼마만큼의 시간이 필요할까?

후성유전학epigenetics이라는 비교적 생소한 분야의 연구자들은 이처럼 부모와 조부모의 트라우마가 다음 세대로 대물림되는 기이한 현상의 메커니즘을 밝히기 위해 고군분투한다. 우리가 일찍이 직감과 꿈, 두려움을 매개로 자각해온 심리적 유산의 실증적 증거를 과학은 느리지만 확실하게 제시하는 중이다.

애틀랜타 에모리대학의 과학자들은 사춘기 전의 쥐들을 대상으로 흥미로운 연구를 실시했다. 그들은 벚꽃에 함유된 화학물질에서 전기적 충격을 연상하도록 쥐들을 훈련했다. 그 결과 쥐들은 벚꽃 향기를 맡으면 곧바로 두려움에 굳어버렸다. 전기 충격 없이 벚꽃 향기만 맡은 경우에도 마찬가지였다. 또한 태어나 한 번도 벚꽃 향기를 맡아보지 않은 새끼들도 일단 향을 맡으면 부모 세대처럼 두려움에 몸을 떨었고, 이러한 증상은 삼대에 걸쳐 대물림되었다.[2]

초세대적인 후성유전, 그러니까 환경으로 유발된 변화들이 한 세대에서 다음 세대로 전달되는 현상은 식물에서 비교적 흔히 나타난다. 그러나 포유동물에서는 훨씬 드물고, 특히 인간에게 나타나는 빈도는 가늠하기 어렵다. 그럼에도 여러 연구를 통해 학자들은 단순히 개인의 진술이나 행동 양상, 우연한 사건을 들여다보는 수준에서 나아가 지식의 폭을 넓혀가고 있다.

"일반적으로 트라우마는 강렬한 두려움이나 무력감, 공포를 유발하는 사건을 의미"하며, "외상후 스트레스 장애PTSD는 트라우마로 유발된 조절장애가 신체적 디폴트 상태로 이어질 때 발생한다"고 주디스 슐레비츠는 설명했다.[3] 슐레비츠는 이스라엘의 홀로코스트 생존자 자손들에게 유전된 외상후 스트레스 장애에 관한 레이철 예후다의 논문을 인용했는데, 예후다는 홀로코스트 난민의 치료와 연구에 관심을 갖고 있던 차에 아트 슈피겔만의 그래픽노블 『쥐Maus』를 읽고는 연구를 결심했다고 한다. "예후다는 생존자 자녀 가운데 심적 고통을 겪는 이들이 존재한다는 사실은 알았지만, 그 이유에 대해서는 알지 못했다. 양육 방식이 상처의 원인으로 작용했을까? 아니면 모종의 다른 경로를 거쳐 대물림된 것일까?"

심리학자이자 신경과학자인 예후다는 (표본으로는 다소 적은) 홀로코스트 생존자 32명과 그들의 자녀 및 손주로 구성된 집단을 대상으로 연구를 진행했고, 외상후 스트레스 장애가 아랫대로 이어지는 현상을 세대 간 전이라고밖에는 "설명할 수 없다"는 결론에 이르렀다. 이는 곧 우리의 부모 세대뿐 아니라 조부모 세대의 트라우마까지 우리 세대의 DNA를 통해 표현된다는 뜻이었다. 우리 세대는 생화학적으로나 신경학적으로나 그들 세대가 견뎌낸 일의 영향으로부터 자유로울 수 없었다. 현재 후성유전학 연구자들은 굶주림과 슬픔과 충격의 경험이 미래 세대로 전달되는 경로를 살펴보고 있다.

"모든 면에서 논리적이고 완벽하게 맞아떨어지는 해답을 기대하기엔 아직 이르다"고 예후다는 말한다. "우리는 이제 겨우 이 현상을 이해하기 시작했을 뿐"이다.

슐레비츠의 요약에 따르면, 예후다는 "외상후 스트레스 장애에 시달리는 어머니의 자녀가 외상후 스트레스 장애로 진단되는 사례가 대조군에 비해 3배 더 많다는 사실을 발견했다. 부모 중 한쪽이 외상후 스트레스 장애 환자이면 자녀가 우울증과 불안증에 걸릴 확률은

3배에서 4배가량 높았고, 약물을 남용하는 빈도 역시 더 높게 나타났다. (…)" 코르티솔 분비와 관련해서도 유의미한 결과가 나타났는데, 홀로코스트 생존자 자녀는 대조군에 비해 코르티솔 분비량이 더 적었다. (코르티솔은 스테로이드 호르몬으로, 신경계와 면역계에서 신체의 스트레스 반응을 조절하는 데 도움을 준다.) "또한 9·11 테러 당시 임신한 상태로 세계무역센터 건물 근처에 있던 여성들의 자녀에게도 같은 현상이 나타났다."

슐레비츠는 그 밖의 통계들도 다루었는데, 결과는 서로 약속이나 한 듯이 유사했다. 가령 매사추세츠주 로웰에 위치한 어느 상담소에서는 "도움을 구하려고 방문한 캄보디아인의 95퍼센트가 외상후 스트레스 장애로 진단되었다. (또한 폴 포트 집권기에 연령이 3세 이상이던 캄보디아 국민 중 어림잡아 14.2퍼센트는 외상후 스트레스 장애를 앓고 있었다.)"

정신과 의사 니릿 그래드월 피사노는 『홀로코스트 생존자의 손녀들, 스스로 경험하지 않은 일들을 잊지 못하다Granddaughters of the Holocaust: Never Forgetting What They Didn't Experience』라는 책을 출간했다. 그녀는 홀로코스트 생존자 손녀 열 명을 집중적으로 관찰했고, 후성유전학 최신 이론을 토대로 "생래적hardwired" 외상후 스트레스 장애, 즉 외상후 스트레스 장애가 자손들에게 유전되는 현상의 증거를 발견했다.

"(이들) 열 명의 여성이 생활과 존재라는 일상적 과제에 접근하는 방식에서 나는 홀로코스트의 잔재를 확인할 수 있었다. (…) 대개는 말로 표현되지 않고 표현할 수도 없는 사건들이 마치 숙명처럼 다음 세대에 전해져 각인되고 있었다. 손녀들은 스스로 결코 경험한 적 없는 고통을 끊임없이 마주하고 치유해나갔다."[4]

———

이렇듯 여러 가닥의 밧줄이 세대와 세대를 연결하는 현실 속에서, 나는 한 세대를 온통 뒤흔든 사건의 전말을 이야기해줄 사람이 더는 세상에 남아 있지 않을 때 우리가 그 사건을 기억할 방법은 무엇인가 하는 강박적 의문을 품게 되었고, 그 의문을 계기로 이 책을 집필하기 시작했다. 자발적이고 비자발적인 기억의 오솔길은 이따금 모이는가 싶다가도 이내 여러 방향으로 갈라지고는 한다. 이른바 인류 역사상 가장 폭력적인 격동의 세기를 거쳐 이제 우리는 중대한 기로에, 그 잔학한 시대를 살아낸 사람들이 죽어가고 그들의 목소리가 사라져가는 시간의 가장자리에 놓여 있다.

이는 비단 교육자와 역사가, 학자뿐 아니라 기념물 창작자와 설계자까지 고심을 거듭하게 만드는 딜레마다. 요즘 들어 홀로코스트 생존자들의 회고록이 쏟아져 나오게 된 배경에는 그 시대를 목격한 이들이 느끼는 절박감이 얼마간 자리할 것이라고 나는 생각한다. 원자폭탄 공격에서 살아남은 일본인들이 나이가 들수록 핵 확산의 부당함과 핵전쟁의 잔악무도함을 세상에 경고하기 위해 개인적 경험담을 털어놓기로 결심하고 대중 앞에 나서는 빈도가 증가하는 현상 또한 맥락이 다르지 않다.

어째서 잔혹 행위는 기억되기를 거부하는 동시에 요구하는 것일까? 어째서 우리는 그것의 복잡할 수밖에 없는 후유증을 논하면서도 그것을 집단적으로 표시하고 추념하는 것일까? 인류 역사의 단편들을 그러모아 트라우마의 유전성을 살피다보면, 언젠가 그 잔혹한 과거를 넘어 미래로 나아갈 수 있을까?

———

유월절이 부헨발트를 비롯한 몇몇 집단수용소의 해방 기념 기간과 매우 가깝다는 사실은 마치 정교한 우연처럼 보인다. 하가다_{유대교}의 설화적 성서 해석서의 계율에 따르면, 유월절에 모든 세대의 유대인은 조상들의 이집트 탈출기를 마치 자신의 영혼도 그들과 함께 이집트에서 노예로 지내다 해방되어 하느님의 말씀을 받아들이게 된 것처럼 고쳐 말해야 한다. 이 연례 의식은 수 세기 전부터 치러져왔다. 과거는 굳이 반복해서 이야기하지 않아도 우리의 세포와 DNA를 통해 대물림된다는 사실이 알려지기 한참 전부터 말이다.

새삼 인상적인 대목은, 당시 유대인들이 사막을 정처 없이 떠돌게 된 배경에 노예 세대를 일부 낙오시키려는 목적이 자리했다는 사실이다. 새로운 세대가 약속의 땅에 들어가려면 이집트에 대한 노예 세대의 기억이 모조리 사라져야 했다. 성경의 설명에 따르면, 문제의 전직 노예들은 혹독한 땅을 관통하는 여정 속에서 배고픔과 목마름을 불평했고, 대개는 이집트에 두고 온 재산의 안위를 보장받고 싶어했다. 이집트를 몸으로 기억하는 사람은 죽어야 마땅했다. 자유인으로 태어난 자녀 세대가 해방의 달콤함을 순수하게 맛볼 수 있도록.

내게 물려진 기묘한 유산을 생각한다. 수난과 은혜, 상실과 회복. 살면서 나는 무엇을 나르고, 무엇을 맛보게 될까? 과연 나에게 선택권은 있을까? 노예였던 조상들의 기억은 얼마나 먼 후대까지 유전될까?

이 책을 쓰는 동안 나는 어느새 기억뿐 아니라 기억의 중첩적이고 모순적인 공백을 등대 삼아 항해하고 있었다. 예컨대 아버지와 함께한 몇 번의 독일 여행에 대해 써내려가는 동안 나는 스스로에 대한 믿음을 거둬들일 수밖에 없었다. 사건들은 다양한 렌즈, 다양한 서술자를 거치며 굴절되기 일쑤였다. 조각의 일부가 사라진 퍼즐을 조립하는 사람처럼 나는 곳곳의 빈틈을 메우기 위해 내가 아는 대략적 단서를 부여잡고 추측을 통해 기억을 하나하나 재구성할 수밖에 없었다.

이미 나는 어머니의 이야기로 이어지는 실마리 가운데 일부를 잃어버렸다. 어머니는 약 17년 전에 일흔의 나이로 세상을 떠났다. 가끔은, 내가 어머니에게 결코 묻지 않았고 결코 물을 수 없는 질문들이 존재한다는 사실을 받아들이기가 너무나 힘에 부친다. 아버지를 상대로 나는 끊임없이 묻고 또 묻는다. 나는 기록한다. 그리고, 그러면서도, 나는 망각한다.

사실 나는 부모님의 이야기를 망각하는 것이 나의 이야기를 망각하는 것보다 두렵다.

게다가 선들은 또 얼마나 흐릿한지. 나는 이민자의 딸인 동시에 유럽계 유대인의 딸이다. 또한 수난을 당하고 죽을 고비를 넘긴 뒤 추방되어 피난생활을 하다가 사랑하게 된 두 사람의 딸이기도 하다. 단언컨대 이는 나만의 독특한 유산이 아니다. 심지어 예외적이지도 않다. 이 유산은 나를 전 세계 수백만의 타인과 연결시킨다. 누군가는 전쟁으로, 누군가는 제노사이드로, 누군가는 국적의 부재로 참혹한 고통에 시달린다. 이들의 트라우마는 심지어 지금도 진행 중이다. 내 개인적 유산의 실체에 더 깊이 다가갈수록, 나는 전 세계의 폭력과 박해, 강제이동, 몰살이 세대 간에 반향을 일으키고, 또한 회복으로 이어지는 모습을 더 뚜렷이 확인하게 된다.

———

이 책의 목적은 곳곳에서 자행돼온 잔혹 행위와 그로 인한 트라우마나 고통을 비교하고 대조하는 것이 아니다. 나는 각 사건을 분류하여 등급을 나누거나 중요도에 따라 서열을 매기지도, 특정 사건을 다른 사건보다 우위에 두지도 않는다. "다른" 수많은 제노사이드의 사례를 이번 논의에서 제외한 배경에, 그 사례들의 관련성을 부정하거나 중요성을 무시할 의도는 결코 숨어 있지 않다. 사실 나는 그 방대한 연관성에 그만 압도될 지경이다. 홀로코스트와 내가 혈통으로 직결돼 있다는 말로 배타성을 당연시하거나 주장할 마음은 없다. 다만 시간과 공간을 가로질러 내가 연결돼 있다고 느끼는 여러 사건 중 일부를 명시하여, 어떤 부분이 일치하고, 어떤 부분이 닮았는지 고찰하고 싶을 따름이다.

만약 아르메니아인들이 "홀로코스트"라는 용어를 사용하길 원한다면, 나는 (본의 아니게, 속으로) 주춤할지도 모른다. 하지만 나는 이런저런 질문을 던지면 던졌지 거부 의사를 표하지는 않을 것 같다. 만약 일본인들이 제2차 세계대전 당시 미국 땅에 존재했던 "일본인 격리수용소"를 이야기한다면, 나는 주의 깊게 경청하는 쪽을 택하겠다. 섣부른 구별은 자칫 문제로 이어질 수 있다. 오류를 피하려면 언어적 특성을 고려하고, 양쪽을 논리적으로 비교해야 한다. 언제나 나는 무엇이 우리를 분리하는가보다 우리가 무엇을 공유하는가에 더 큰 관심을 기울여왔다.

이 책은 감히 내가 평화를 위해 바치는 제물이다. 과거를 파헤치고 그것의 가닥들을 하나로 엮는 과정 속에서 미래를 새롭게 고쳐 쓰고, 어쩌면 새롭게 설계하는 일까지 가능해지기를 나는 소망한다. 인정하건대 아무리 많은 낱말로도 이 모든 이야기를 충분히 담아낼 수는 없다. 하지만 낱말이야말로 우리가 가진 전부일지 모른다.

1장

너도밤나무 숲 III

2015년, 70번째 기념일

생존자 카페. 이질적인 두 낱말이 나란히 적혔다. 같은 테이블을 앞에 두고 의자들이 놓였다. 나는 상상했다. 스케줄을, 여행 일정을, 미디어의 접근성을, 대중과의 접점을, 비공개로 이뤄질 행사는 무엇이고, 연설을 맡아 정부 승인 마크가 찍힌 봉투 속 두꺼운 공문서의 내용을 발표할 고위직은 누구인지를, 의논하는 위원회를 (언제나처럼 위원회를) 상상했다. 또한 나는 그려보았다. 노란 별을, 알파벳 "J"가 진하게 찍힌 여권을, 수감기록증을, 수감 번호를, 언제나처럼 수감 번호를, 머릿속에 그려보았다.

생각은 꼬리를 물고 이어졌다. (어쩌면 다른 누군가도 같은 것들을 떠올렸으리라.) 하지만 생존자 카페라는 행사의 목적은 과거의 참상에 인간적이고도 개인적인 성격을 부여하는 데 있었다. 역사를 대화로 풀어내는 데 있었다. 테이블 하나에 의자 여럿이 놓였다. 드문드문 보이는 공석은 우리 중 그곳에 없었던 이들을 피해자와 증인들 곁에 앉히기 위해 마련된 자리였다. 우리는 질문하기 위해 이곳에 왔다. 과거의 잔혹 행위를 애써 설명하기 위해 이곳에 왔다. 불가해한 부분들을 인정하기 위해 이곳에 왔다. 말로 표현하기 어려운 것들을 말하고, 침묵 속에서 기다리기 위해 이곳에 왔다. 우리는 귀 기울이기 위해 이곳에 왔다.

물론 아득한 옛날에도 역사는 입에서 입으로, 이야기를 통해 세대에서 세대로 전해졌다. 하지만 이 카페는 근래에 기획되었다. 이 친밀한 기억 저장소에서 우리는 가능한 한 더 친숙하고 격의 없는 대화를 주고받을 예정이었다. 이런 곳에서 그런 대화가 가능한지 여부는 논외로 하고 말이다.

———

2015년 4월. 나는 아버지와 함께 독일에 있었다. 우리 부녀가 함께 부헨발트의 잿빛 풍경을 가로질러 걷는 것은 이번으로 세 번째였다. 이 같은 반복적인 방문으로 우리는 함께 망각에 맞서보려 애쓰고 있었다. 1983년에 처음 이곳을 찾았을 때는 아버지와 나뿐이었고, 그때의 적막함은 견디기 힘든 수준이었다. 두 번째로 이곳을 찾은 1995년에는 우리 가족 다섯 명이 모두 독일 땅에 발을 디뎠다. 그로부터 5년 6개월 뒤에는 어머니가 세상을 떠났고, 5년 6개월 전에는 베를린 장벽이 무너졌다. 이번 방문에는 언니의 아들인 조카 에즈라와 프랑스 국적의 사촌 다비드가 함께했다. 다비드라는 이름은 내 할아버지의 이름에서 따온 것이다.

그렇다고 가족 모임은 아니었다.

우리 여정의 모든 부분은 부헨발트기념위원회Buchenwald Memorial Committee가 집단수용소 해방 70주년을 맞아 특별한 목적으로 준비한 것이었다.

초청된 게스트들은 기획자들의 계획대로 바이마르의 역사적 명소 엘리펀트 호텔에 머물고 있었다. 이곳이 히틀러가 즐겨 찾던 호텔이었다는 점을 감안하면, 이는 일종의 수복이나 마찬가지였다. 그가 어느 방에 묵었는지는 아무도 언급하지 않았다. 그리고 나도 알고 싶지 않았다. 사실 이 호텔은, 아니 이 지역 일대가 인기 있는 관광지였다. 제2차 세계대전에 열중한 나머지 역사적 장소들을 기꺼이 방문하는 이들뿐 아니라, 조국의 또 다른 역사, 그러니까 이른바 제3제국1934년에서 1945년까지 히틀러가 집권하던 시절의 독일 제국을 일컫는 말 이전 시대에 관심이 깊은 독일인들 또한 이곳을 즐겨 찾았다. 요컨대 이곳에서는 흘러간 시대의 빛나는 문화적 유산을 만끽할 수 있었다.

그러나 우리는 관광객이 아니었다. 우리는 즐거움을 좇아 이곳에 오지 않았다.

전에 나는 두 번이나 이곳을 방문했지만, 수십 년 세월에 중첩되고 희미해진 기억을 비웃듯, 바이마르는 정말이지 몰라보게 달라져 있었다. 산뜻하게 페인트칠한 건물들의 정면은 마치 근사한 영화 세트처럼 매력적이었다. 도시 여기저기서 개나리와 튤립이 선명한 빛깔을 흩뿌렸고, 자갈 깔린 도로와 사륜마차들이 눈길을 사로잡았다. 요한 볼프강 폰 괴테와 프리드리히 폰 실러, 프란츠 리스트의 집 앞에서는 납작하게 붙은 현판들이 조곤조곤 내력을 설명했다.

바이마르는 독일의 가장 상징적이고 낭만적인 유산의 대표적 심장부였다. 음악과 미술, 문학, 디자인을 향한 한결같은 애정을 바탕으로 수 세기에 걸쳐 이 도시는 각 분야에서 눈부신 성취를 이뤄왔다. 중앙 광장을 에워싸는 수려한 건물들은 저마다 17세기와 18세기, 19세기 특유의 고색창연한 자태를 자랑했다. 바이마르는 독일의 지적 중심지이기도 했다. 바우하우스 건축학교가 처음으로 세워진 장소였고, 이곳의 박물관에는 프리드리히 니체에 관한 공문서와 마르틴 루터의 성경이 보관돼 있었다. 성과 교회, 세계문화유산들까지. 어디를 봐도 향수를 불러일으키는 것투성이였다.

그리고 한 가지 더. 엘리펀트 호텔 정문의 우측 상방에 위치한 발코니는 한때 히틀러가 진보적 민주주의를 표방하는 바이마르 공화국의 붕괴를 기뻐하며, 아리아인의 우월성을 회복하고 독일을 다시 위대한 나라로 만들겠다고 다짐하며 서 있던 장소였다. Deutschland über alles, 모든 것 위에 군림하는 독일이여.

호텔 앞 광장을 가로지르면 맞은편에 100년 넘게 자리를 지켜온 가족 경영 약국이 보였다. 약국 위로는 층층이 창문이 달렸고, 담녹색 덧문들은 활짝 열려 있었다. 사람은 그림자도 보이지 않았다. 하지만 나는 자연스레 금발의 여인들을 상상했다. 창밖으로 상체를 내민 채 손 흔들며 환호했을 여인들을. 그곳에서 나부꼈을 깃발을, 수많은 깃발을.

이날, 그러니까 2015년 4월 9일 엘리펀트 호텔 상부 발코니의 철제 프레임에 넓게 펼쳐진 음울한 현수막에는 부헨발트에서 갓 해방된 수감자들이 결코 잊지 않겠다고 맹세하는 장면을 재현한 조각상의 이미지가 담겨 있었다. 비록 야위었지만, 그들의 눈빛은 강렬했다. 작품의 조각가는 이 우아한 장소에서 겨우 8킬로미터 떨어진 집단수용소에서 살아남은 인물이었다. 너무 가깝고, 또한 너무 먼 그곳에서.

혼자서 산책하며 숨을 가다듬고 위치를 살피던 나는 호텔과 세 블록 떨어진 장소에서, 옛 게슈타포 본부 초입에 세워진 수수한 표지판 하나를 발견했다. 하마터면 모르고 지나칠 뻔했지만, 일단 눈에 띈 이상, 나는 이끌리듯 조용한 안뜰로 들어갔다. 안뜰은 마치 고고학자가 발굴해놓은 역사적 장소를 보는 듯했다. 안쪽의 세 돌담을 죽 따라가다 보면, 군데군데 흩어진 이끼와 그을음과 흠집 사이로, 위태로운 시대들의 면면을 상세히 설명하는 현판과 사진들이 눈에 들어왔다. 게슈타포 활동기의 기록은 멀찌감치 떨어진 한쪽 구석에 전시돼 있었다. 나는 이 일대를 파편으로 뒤덮은 전쟁이 끝나고 새로운 시대가 도래했음을 알리는 인쇄물을 읽어내려갔다. 역사는 지워지는 동시에 새롭게 되살아나고 있었다.

안뜰에는 나 혼자였다. 적어도 내 생각에는 그랬다. 1층의 모든 창문에는 간유리가 끼워져 있어, 누군가 나를 지켜본다 한들 내가 확인할 길은 없었다. 건물 내부가 사무실인지 주거용 아파트인지도 알 수 없었다.

한편 엘리펀트 호텔의 양옆으로는 고풍스런 식당들이 즐비했다. 싱그러운 꽃을 심은 상자들이 외관을 장식했고, 노천 테이블은 지나가는 사람들을 유혹했다. 아버지가 오수를 즐기는 동안 나는 조카 에즈라, 사촌 다비드와 함께 광장을 마주보는 테이블에 자리를 잡고 늦은 오후의 맥주를 즐겼다. 해가 기울수록 빛은 오히려 더욱 선명해졌다. 지붕들 사이로, 나무들을 비집고 눈부신 햇빛이 쏟아졌다. 처음에 우리 셋은 잠시 어색한 침묵에 잠겨 있었다. 그러다 1970년대를 서베를린에서 보낸 사촌 다비드가 동독의 키치적 제품들을 전에 없이 호의적으로 재평가하는 최근의 흐름을 언급하면서 침묵을 깨뜨렸다. 그가 바이마르의 골목을 걷다가 발견한 복제 장난감 가게에서는 트라반트 자동차나 (암펠만Ampelmänn이라는 이름으로 친숙한) "동독 신호등의 사람 캐릭터"처럼, 그가 어린 시절에 흔히 보았던 형상들을 팔고 있었다.

"심지어 이런 유형의 동경을 가리키는 단어도 따로 있다"고 다비드는 말했다. 그의 설명에 따르면, 독일어로 "오스탈기Ostalgie"는 향수를 뜻하는 노스탈기Nostalgie와 동쪽을 뜻하는 오스트ost의 합성어였다. "재밌지 않아? 아님 말고."

근처 모퉁이의 은행나무 전문점은 묘목부터 달력까지, 은행나무와 관련된 온갖 제품을 넉넉하게 구비해놓았다. 바이마르가 낳은 위대한 시인 괴테는, 이따금 친근하게 괴테의 나무 혹은 코끼리 귀 나무라고 불리는 이 나무를 각별히 아꼈다. (문득 호텔에 코끼리를 뜻하는 엘리펀트란 이름이 붙여진 이유가 바로 여기 있지 않을까 하는 합리적 의심이 든다.)

에즈라와 다비드를 길가 테이블에 남겨둔 채, 나는 다시 혼자만의 산책을 즐기기로 했다. 중앙광장 주변을 배회하던 나는 보도에 박힌 채 반짝거리는 스톨퍼슈타인Stolpersteine을 발견했다. 직역하면 "걸림돌"이라는 뜻의 이 황동판에는 피해자들의 신원, 그러니까 그들이 어디에 살았고 어디서 죽었는지에 대한 정보가 새겨져 있었다. 나는 고개를 숙인 채 글자들을 읽었다. 그러고는 고개를 들어 그들의 영혼을 향해, 텅 빈 공간으로 시선을 옮겼다. 머리 위 하늘은 심연처럼 짙고 푸르렀다.

이튿날 아침 다시 엘리펀트 호텔 로비에는 생존자와 해방자, 즉 홀로코스트에서 살아남은 사람들과 그들을 해방시킨 사람들이 휠체어에 나란히 앉아 있었다. 연로한 얼굴들을 훑어보며 나는 70년 전 그들의 모습을, 굶주리고 전쟁에 지친 수감자들과 야위었지만 팽팽한 피부에 진흙투성이 부츠를 신은 장병들을 머릿속에 그려보았다. 어쩌면 그들은 이날 서로의 신분을 오해했을지도 몰랐다. 두 집단을 구별하는 단서라고는 서로의 독특한 억양뿐이었다. 그들은 에스코트를, 자식과 손주의 젊고 힘센 팔뚝이 휠체어를 밀고 자신들을 이곳에서 내보내주기를 기다리고 있었다.

주말에 우리는 예정대로 국립 교향악단의 공연을 관람했다. 특별히 이번 공연에는 과거의 역사적 사건으로 인해 죽었거나 죽음의 문턱에 이르렀던 이들을 회고하기 위해 슬라이드를 상영하는 순서가 포함돼 있었다.

과거와 현재를 화살처럼 넘나드는 나날이었다. 여기, 연설과 깃발이 있었다. 엄숙함과 어색한 웃음이 있었다. 버스와 카메라가 있었다. 인터뷰어가 있었다. 가이드 투어와 학교 방문이 있었다. 여기, 침묵과 장미가 있었다.

"여기, 주문하신 코셔밀유대교 율법에 따라 조리된 식사 나왔습니다." 흰 장갑을 끼고 쟁반을 겹쳐 든 호텔 종업원이 아버지에게 말했다. 그가 내민 접시에는 까다로운 과정을 거쳐 조리된 음식이 담겨 있었다. "여기, 손님을 위한 무교병입니다."

———

어느 흐린 오후 생존자들은 정해진 일정에 따라 바이마르 주립극장의 원형 홀 곳곳에 놓인 둥근 테이블에 둘러앉았다. 촬영 팀은 (언제나처럼) 주변을 맴돌며 북슬북슬한 털로 뒤덮인 커다란 마이크를 부담스럽게 기울이는가 하면, 딱딱한 얼굴로 딱딱한 이어폰을 낀 채 초점의 대상, 그러니까 생존자와 일반 시민들의 시선이 교차하는 지점에 초점을 맞추었다. 바이마르 시민들은 용기와 호기심과 의지를, 추측건대 기꺼이 참여하려는 의지를 그러모으는 중이었다. 연결되기 위해서. 질문하기 위해서. 당신을 만나고 싶었다고 말하기 위해서. 나의 조부모가, 나의 부모가 했거나 하지 않은 어떤 일 때문에…… 이 말을 하면서 당신의 눈을 똑바로 쳐다볼 수는 없지만, 이 말을 하고 싶고, 해야만 한다고 이야기하기 위해서.

나와 사촌과 조카는 아버지를 모시고 네모난 테이블에 자리를 잡았다. 생존자 카페 측에서 공식적으로 지정해준 자리는 아니었다. 물론 아버지는 홀로코스트 생존자였고, 우리가 들어와 있는 장소도 카페와 제법 흡사했지만, 어째서인지 아버지는 이 특별한 행사에서 자리를 배정받지 못했다. 짐작건대 도착하던 날 아버지의 몸 상태가 좋지 않았던 것이 원인인 듯했다.

그날 우리는 환영 행사 일정대로 마차를 타고 시내를 관광하던 중이었다. 그런데 어느 순간 아버지는 안색이 잿빛으로 변하더니 거의 실신한 상태가 되었다. 마부는 유난히 큰 두 손으로 고삐를 조절해 말들을 다시 호텔 쪽으로 몰았다. 젊은 독일인들로 이뤄진 주최 측에서 세심하게 준비해둔 덕분에, 그런 식의 응급 상황에 대처할 의료 인력은 이미 확보된 상태였다. 1층의 한 객실에 임시로 꾸려진 진료소에서 아버지가 다양한 병력을 자세히 설명하는 동안 의사는 아버지의 이야기를 차분히 귀담아듣더니, 혈압을 측정하고는 청진기로 호흡음을 들은 뒤 맥박을 쟀다.

"당연한 얘기지만, 여기 와서 정서적 스트레스가 조금 심해진 것 같네요. 너무 무리하지 않으시는 게 좋겠어요." 의사가 친절하게 말했다.

조카 에즈라의 이야기로는, 이틀 전 보스턴에서 비행기를 타고 프랑크푸르트로 이동할 때도 비슷하게 실신할 뻔한 "에피소드"가 있었다. 어쩔 수 없이 나는 아버지와 함께한 지난 두 번의 독일 방문을 떠올렸다. 두 여정 모두 이런저런 건강 악화로 간간이 중단된 적이 있었다. 몸은 다름 아닌 몸의 언어로 이야기하고 있었다.

다행하고도 놀라운 부분은, 이런 일이 생길 때마다 아버지는 항상 기운을 되찾는다는 점이었다. 아버지는 다시 일어섰다. 그러고는 지팡이를 짚은 채 기어이 단체활동에 복귀하겠다며 고집을 부렸다.

"괜찮다니까. 너무 걱정하지 마라."

결국 우리는 애매하게 밀려나 있다가, 생존자 카페에서의 일정을 제대로 알아보지도 못한 채 어영부영 자리를 잡았다. 주립극장의 잘 닦인 복도는 수많은 방문객으로 적잖이 혼란스러웠다. 살짝 엿본 극장 내부에서는 화려한 장식과 텅 빈 벨벳 좌석들이 눈길을 끌었다. 이날의 일정은 몇몇 협실과 이곳 카페 구역에서 진행되고 있었다. 창이 있고 대리석이 깔린 데다 조명까지 환한 이곳은 중간 휴식 시간에 관객들이 모이기에 안성맞춤으로 보였다.

아버지는 어수선한 현장에서 비켜나 앉은 것에 안도하는 듯했다. 직전에 행사가 하나 끝났는지 사중주단이 막 카페를 떠난 참이었다. 남녀노소 할 것 없이 제법 많은 사람이 결연한 표정으로 시야 안팎을 넘나들었다. 계획표에 적힌 일정 가운데 우리가 놓친 것은 없을까? 이 사람들은 누구일까? 궁금했지만 어쨌건 우리는 이 행사의 참가자가 아니었다. 그러니까 공식적으로는.

"아버지에겐 테이블이 배정되지 않았나봐요." 내 이 이야기를 듣고 맞은편의 여자가 독특한 억양의 영어로 말을 걸었다. "실례지만 함께 얘기를 나눠도 될까요? 우리끼리 조촐하게 카페를 꾸려도 될 것 같은데." 내게는 흥미롭게도, 그녀의 문장에는 "생존자"라는 단어가 빠져 있었다.

아버지는 어휘상으로나 문법상으로나 유창한 독일어 실력을 되살려 그녀에게 정중히 이렇게 물었다. "이곳에는 무슨 이유로 오셨습니까Warum sind Sie hier?"

나는 그녀가 어떤 언어로 대답하는지 가만히 지켜보았다. 비록 대화의 주체는 온전히 두 사람이었지만, 나는 그들의 이야기를 한 단어도 빠짐없이 이해하고 싶었다.

그녀는 영어로 대답했다. "어르신 같은 분께 경의를 표하러 왔습니다." 이내 그녀의 두 눈에 눈물이 고였다. 나와 아버지의 눈시울도 뜨거워졌다. "독일인이신가요? 집단수용소에 계셨고요?" 그녀의 질문이 이어졌다.

"유대인입니다Ich bin Jude." 이렇게 말하며 아버지는 그녀의 얼굴을 응시했다.

그녀는 나보다 열 살쯤 어려 보였다. 아마도 사십대일 듯했다. 그녀의 갈색 생머리와 다정한 눈빛, 화장기 없는 얼굴과 작은 금 귀걸이에서 나는 어린 시절부터 우리 가족과 가깝게 지낸 친구의 딸을 떠올렸다. 한동안 시끄러운 침묵이 이어졌다.

"집단수용소가 해방됐을 때 아버지는 열여섯 살이었어요." 내가 그녀에게 말했다.

어느새 몇 사람이 우리 테이블로 다가와, 대화에 살며시 귀 기울이고 있었다. 다행히 우리 근처에는 카메라나 마이크가 없었다. 아버지 맞은편의 그녀는 두 아이의 엄마이자 심리치료사라고 자신을 소개했다.

"저희 할아버지들 이야기는 하고 싶지 않네요." 그녀가 한동안의 침묵 끝에 다시 입을 열었다. 입술이 떨렸고, 눈에서는 금방이라도 눈물이 떨어질 것만 같았다. 테이블에 올린 두 손으로 그녀는 티슈 몇 장을 움켜쥐었다. 이윽고 그녀의 말이 쏟아졌다. "하지만 사실은 이야기하고 싶어요. 두 분은 나치 친위대였어요. 물론 아주 오래된 일이죠. 제가 태어나기도 전이니까요. 하지만 전 부끄러워요. 저뿐이 아니죠. 저희 상담소를 찾는 몇몇 분도 비슷한 수치심을 느끼는걸요."

그녀의 초조한 시선이 아버지와 나를 스쳐갔다.

"당신 잘못이 아니에요." 나는 참지 못하고 이렇게 말했다. 아버지는 고개를 끄덕였다.

"여러분 세대를 비난할 마음은 없어요." 아버지가 담담히 말을 보됐다.

어릴 적부터 아버지에게 수없이 들어온 이야기였다. 다만 이번에는 장소와 상대가 달랐다. 마침내 아버지는 미국과 멀리 떨어진 곳에서, 실질적 대상에게, 당신의 오랜 생각을 직접 전달하고 있었다.

"하지만 무슨 일이 벌어졌는지, 어떻게 그런 일이 벌어질 수 있었는지는 알아두는 편이 좋겠지요." 아버지는 여전히 시선을 그녀에게 고정한 채 말을 이어갔다.

나이 지긋한 두 여성이 여태 외투도 벗지 않은 채 우리 옆에 서 있었다. 이십대로 보이는 운동복 차림의 청년도 시야에 들어왔다. 그들은 말없이, 숨죽인 채, 우리 이야기를 유심히 듣고 있었다.

아버지 맞은편의 그녀가 두 눈을 훔쳤다. 손에 쥔 티슈는 어느새 너덜너덜해진 상태였다. 그녀는 아버지에게 과연 들릴까 싶을 만큼 작은 목소리로 이렇게 말했다. "그게, 독일에서는 자신을 사랑하기가 너무 어려워요."

그녀의 말을 나는 몸으로 이해했다. 그녀가 우연히, 날 때부터 품어야 했던 유산을 나도 우연히, 날 때부터 물려받았으니까. 심리치료사인 그녀는 역사가 남긴 상처들을 치유하는 일에 힘을 보태려 애쓰고 있었다. 또한 작가인 나도 같은 일을 해보려 애쓰고 있었다. 자신을 사랑하기란 누구에게나 어려운 일이라고 나는 생각했다. 하지만 어쩌면 누군가에게는 조금 더, 아니 훨씬 더 어려울 수도 있었다.

———

역사는 여러 면에서 대화와 흡사하다. 다시 말해 역사적 사실 또한 이야기처럼 윤곽이 흐릿하거나 핵심이 모호할 수 있다. 물론 날짜와 장소처럼 반박 없이 사실로 인정하기에 충분한 부분들도 존재한다. 하지만 원인과 결과들은? 아니면 그날그날의 분위기나 날씨처럼 미묘하면서 개인적이고 은밀한 부분들은? 어머니와 나누지 못한 모든 대화와 생전에 묻지 못한 질문들을 나는 생각한다. 그때 나는 왜 머뭇거렸을까? 심지어 지금도 나는 그 이유를 속 시원히 설명하지 못한다.

어쩌면 너무 많은 사실을 알게 되거나 어머니를 울릴 수도 있다는 두려움 때문이었을 것이다. 아니면 잠긴 문을 여는 일이 두려웠거나. 어쩌면 아예 관심조차 없었는지도 모른다. 어머니가 과거에 그곳에서 살아낸 삶은 너무나 멀고도 무관해 보여, 나는 어머니에게 언제, 어디서, 왜, 어떻게 살았는지를 굳이 물어보려고 애쓰지 않았다. 불과 몇 시간 전에 점심을 먹고도 "배고파 죽겠다"고 말하는 어머니에게, 항상 **배가 고팠느냐**는 질문을 내가 어찌 감히 던질 수 있었겠는가? 급기야 **복통**을 호소하는 어머니를 우리 가족은, 적어도 어머니의 관점에서는 온전히 이해하지 못했다. 우리는 어머니가 인내심을 가져주기를 바랐다. 가족 모두가 식욕을 느낄 때까지 기다려주기를, 불평을 멈추고 의지력을 발휘해주기를 바랐다.

어머니의 접시에 닭 뼈가 쌓이고 어머니가 뼈다귀를 쪼개 골수를 빨 때면, 나는 아버지의 얼굴을 애써 외면하면서 소리를 듣지 않으려고 안간힘을 썼다.

여기에 또 다른 딜레마가 있다. 기억은 혼동을 수반한다. 심지어 눈보라나 정전, 운동 경기를 이야기하는 동안에도 우리의 기억은 교묘하게 어긋난다. 내 기억은 언니나 남동생의 기억과 다르다. 우리는 같은 상황을 저마다 다른 각도에서 목격했고, 우리가 앉은 자리는 결승선에서 너무 멀었다. 이제 우리는 이른바 진실을 증명할 각종 카메라와 전자기기를 갖추었다. 하지만 이를테면 홀로코스트처럼 심대한 주제 앞에서는 모든 것이 한없이 작아 보인다.

사람들이 홀로코스트를 주제로 말할 때마다 내용이 어떻게 바뀌는지 생각해보라. 경험을 이야기할 때 우리는 대뇌피질에 저장된 기억의 원본을 끄집어낸다기보다 사실상 새로운 내용으로 고쳐 말한다. 그러니까 기억은 디지털 파일이 아니다. 형태가 유연해서 끊임없이 변할 수 있고 시간이 흐를수록 진화한다. 전문가들의 표현을 빌리자면, 첫 회상은 실제의 기억이다. 하지만 당장 두 번째부터 픽션으로 바뀌기 시작한다. 아이러니하게도 유일한 예외는 기억상실증이나 말기 알츠하이머 환자의 뇌에 갇혀 당사자를 포함해 그 누구에게도 쉽사리 접근을 허락하지 않는 기억들이다. 오직 공유되지 않은 기억만이 변함없이 정확하고 온전한 상태를 유지한다고 연구자들은 주장한다.[5]

그렇다면 동결된 이야기는 어떨까? 이를테면 어머니가 돌아가시기 약 1년 전 쇼아 재단과 가졌던 인터뷰처럼 녹화된 이야기들은? 영상 속에서 어머니는 그 시절 소녀였던 어머니를 좋아한 소년들이라든가 빌나 게토에서 즐겨했던 놀이들처럼, 스스로 기억하고 진술하기로 선택한 세계에 관해 끊임없이 이야기하길 원했다. 화면 밖 인터뷰어가 아닌 어머니가 스스로 질문을 던지고 스스로 대답하는 경우도 부지기수였다. 그런데 이것이야말로 어머니의 자연스러운 모습이 아니었을까? 누가 뭐래도 그것은 어머니 자신의 이야기였다. 어머니는 자신의 그 이야기를 자신이 원하는 방식으로 말하고 있었다.

———

바이마르에서 나는 아버지보다 훨씬 늙고 약해 보이는 남자들이 각자의 테이블에 앉아 나누는 대화의 내용을 궁금해하고 있었다. 한 노인은 심지어 줄무늬 죄수복을 꺼내 입고 모자까지 맞춰 쓴 상태였다. 희극적이고도 사뭇 진지한 그 모습이 페데리코 펠리니의 영화 속 한 장면을 연상시켰다. 70년 동안 기념으로 간직해왔을 그 옷을 그는 무슨 이유에서인지 이 자리에 입고 나왔다. 드라이클리닝은 했을까? 옷감이 상하지 않게 비닐로 싸서 보관해왔을까? 지금 그는 어떤 질문들을 마주하고 있을까? 나는 알고 싶었고, 또한 알고 싶지 않았다. 그는 무슨 대답을 하고 있었을까? 무슨 언어를 사용했을까?

본가의 선반 위에 놓인 신발 상자 속 기념품들은 세월이 흐르며 누렇게 색이 바래 금방이라도 먼지가 되어 사라질 것처럼 보인다. 문서 가운데 몇 장은 읽기조차 어려워, 더 늦기 전에 아버지에게 해석을 부탁해야 한다. 러시아와 폴란드 여권에는 어머니와 외조부모님의 이름, 그리고 이제 더 이상 판독할 수 없는, 어머니의 죽음과 함께 사라진 언어와 이야기들이 적혀 있다. 만약 그날 그 카페 테이블에 어머니가 앉아 있었더라면 어땠을까? 모르긴 해도 당신의 배고픔을 우리에게 상기시키지 않았을까? 아픔은 공간을 파고든다. 끝내 무엇으로도 채울 수 없을 공간들을.

집에서 언니는 아버지의 상자 속 수집품 혹은 기념품을 제대로 살펴보기 위해 미국홀로코스트메모리얼박물관United States Holocaust Memorial Museum 큐레이터와 약속을 잡아두었다. 그들은 그 원본들을 보관함에 넣고는 아버지의 이름으로 기록보관소를 마련할 것이다. 아버지의 노란 별 중 하나는 이미 어디론가 자취를 감추었다.

전날 밤에 아버지는 엘리펀트 호텔에서 저녁 식사를 하다가 문득 슬픈 미소를 짓더니, 75주년 기념식이 열릴 2020년 즈음에도 여행에 나설 만큼 몸이 버텨줄지 모르겠다고 말했다. 해방 당시 아버지의 나이는 대부분의 생존자보다 몇 살쯤 어린 열여섯이었다. 너무 어린 아이들은 "살아남지 못했다"고 아버지는 입버릇처럼 얘기하곤 했다. 하지만 우리 테이블에는 미군이 들어오던 1945년에 다섯 살이었다는 남자가 앉아 있었다. 그는 안경을 벗고 손수건으로 렌즈를 닦았다. 얼핏 드러난 두 눈에는 놀람과 비애의 감정이 서려 있었다. "가끔 그런 생각을 해요. 마지막으로 남는 생존자는 내가 되겠구나." 그는 이렇게 말했다.

얼마나 많은 생존자가 그만큼, 혹은 그보다 오래 버텨줄지는 아무도 알 수 없는 일이었다. 나는 고개를 돌려 그들의 휠체어와 지팡이, 떨리는 손과 굽은 허리를 바라보았다. 그리고 이 사람들이 모두 이곳에 있다는 사실 자체가 기적임을 깨달았다.

생존자 카페에서 무료로 내놓은 크림 곁들인 라즈베리를 아버지는 두 그릇이나 깨끗이 비웠다. 아버지와 함께 독일의 테이블에 앉을 기회가 나한테 앞으로 또 주어질까? 혹시 이번이 마지막은 아닐까? 과연 이 질문에 대답할 사람은 있을까?

4월 11일은 해방 기념일이었다. 우리는 사촌 다비드가 노르망디 집에서 기어이 몰고 온 애차 빈티지 시트로앵을 타고 부헨발트 기념관 주차장에 들어섰다. 휠체어를 타기로 한 아버지는 짙은 색의 두꺼운 모직코트를 케이프처럼 어깨에 걸치고 무릎에 담요를 둘렀다. 햇빛이 눈부셨지만, 바람은 살을 에는 듯 차가웠다. 한때 부헨발트 수감자였던 호르헤 셈프룬의 회고록에 적힌 "에터스베르크Ettersberg의 영원한 바람"[6]이라는 구절을 나는 생각했다. 에터스베르크는 바이마르 북부에 자리한 이 작은 산의 이름이었다. 이곳의 너도밤나무 숲은 수 세대 전부터 자리를 지켜왔다. 우리는 모두 모자를 쓰고 있었다. 자연스레 내 마음 한구석에서는, 당시의 수감자들은 겨울날을 어떻게 견뎌냈을까 하는 의문이 고개를 내밀었다. 수척한 몸으로 해진 무명옷을 입고 두피와 목을 드러낸 상태로는 단 하루도 견디기 힘들 것 같은 날씨였다.

노인들을 태운 버스 몇 대가 주차장에 들어섰다. 보도 위에 십대들이 어색하게 모여 서 있었다. 이 아이들 중 누구도 여기서 이토록 개인적인 역사를 마주하게 되리라고는 예상치 못했을 터였다. 아버지가 불쑥 그들에게 독일어로 말을 건넸다. 십대들이 이곳까지 온 이유가 자못 궁금했던 것이다. 아이들은 낮은 목소리로 대답했다. 그들의 언어를 나는 이해할 수 없었다. 하지만 분명한 것은, 아버지가 매우 적극적이라는 점이었다. 아버지는 혼신을 다해 그들의 질문에 응하고 있었다. 바람이 다시 매섭게 불어닥쳤다. 나는 다운코트로 꽁꽁 몸을 감쌌다. 학생들은 재킷과 스키니진 차림이었다. 그들의 표정이 공포와 놀람 사이를 빠르게 오갔다.

내가 자란 1960년대와 1970년대에 독일어는 그저 그런 언어가 아니었다. 독일어는 "살인자들의 언어"였다. 어머니는 화가 나면 아버지를 "독일인"이라고 불렀다. 학교에서 내가 선택할 수 있는 외국어는 오직 두 가지, 프랑스어와 스페인어뿐이었다. 남은 세 번째 언어는 "살인자들의 언어"였으니까. 언니는 프랑스어를 택했고, 내 선택은 스페인어였다. 오후가 되면 우리는 히브리 학교에 다녔다. 히브리어 또한 우리에게 언어 이상의 의미였고, 그곳에서 우리는 역사와 기도, 윤리, 문화를 배웠다. 유대인다움은 그 자체로 "삶의 방식"이었다.

시간이 흐르면서 나는 우리가 흔히 쓰는 번역어 가운데 상당수가 이 "살인자들의 언어" 세계에서 기원했다는 당혹스런 사실을 알게 되었다. 예컨대 홀로코스트 생존자가 속한 가족과 공동체에서는 "절멸수용소extermination camp"나 "게토 청소liquidated ghetto" 같은 표현이 널리 통용된다. 우리는 "가스실gas chamber"이라고 말한다. 우리는 "화장터crematorium"라고 말한다. 우리는 "소각로oven"라고 말한다. 우리는 "노동수용소labor camp"라고 말한다. 우리는 "점호roll call"라고 말한다.

우리는 "600만홀로코스트로 학살된 유대인의 수"이라고 말한다. 물론 어림잡은 수치를 언급하는 쪽이 더 편하기는 하다. 하지만 굳이 더 편해야 할 이유가 있을까? 차마 입에 올릴 수 없는 말들을, 그럼에도 우리는 입에 올린다. 우리는 "살해된 친척이 얼마나 많은지 모른다"고 말한다. 또한 "그들 대부분의 이름을 모른다"고 말한다. 우리는 "일가친척 중에 부모님이 유일한 생존자"라고 말한다. 우리는 "형제자매의 이름을 모두 살해된 조부모님의 이름에서 따왔다"고 말한다.

살해된 친척에게 이름을 물려받지 않은 내 조카 에즈라는 제 할아버지 곁에서 천천히 걸음을 옮기고 있었다. 아버지는 어느덧 휠체어에서 내려 지팡이를 짚은 참이었다. 아버지는 잠깐이라도 걷고 싶어했다. 수용소 입구에 다가가는 동안만큼은 스스로의 위엄과 꼿꼿한 자세를 유지하려 했다. JEDEM DAS SEIN라틴어 Suum cuique를 독일어로 번역한 것으로, 원래는 각자에게 합당한 몫이 주어져야 한다는 뜻이지만 나치는 유대인이 이런 대접을 받는 데는 그럴 만한 이유가 있다는 뜻으로, 즉 학대를 정당화할 의도로 사용했다. 정문에 적힌 그 비열한 문구는, 내가 그것을 처음 맞닥뜨린 1983년 이후로 줄곧 내 머릿속을 유령처럼 맴돌았다. 각자에게 각자의 몫을.

빈 휠체어는 만약을 위해 다비드와 내가 번갈아 밀기로 했다. 우리는 창문도 없이 낮게 늘어선 회백색 건물 몇 채를 지나쳤다. "고문실"이라고 중얼거리는 목소리가 들려왔다. 정문을 통과하려는데 약간의 정체가 일어났다. 남자 몇이 그곳을 배경으로 한 명씩 사진을 찍고 있었다. 줄기가 긴 빨간 장미 한 송이가 철제 문살 사이에 꽂혀 있었다. 방문객 중 일부는 고문실을 둘러보기 위해 허리를 숙이고 예의 그 낮은 건물로 들어갔다. 하지만 아버지는 고개를 가로저었다.

"난 됐다." 아버지는 이렇게 말했다.

우리는 계속 앞으로 나아갔다. 잠시 멈춰 올려다본 시계탑의 바늘은 3시 15분에 멎어 있었다. "반란의 시간." 내 바로 뒤에서 걷던 방문객이 이렇게 말했다. 누군지는 확실치 않았다. 어쩌면 나도 그렇게 말했을 수 있었다. 그는 과거의 수감자일까? 돌아온 해방자일까? 아니면 나처럼 그 이야기의 세세한 기억을 태어날 때부터 물려받은 누군가일까?

우리 네 사람—아버지, 에즈라, 다비드, 나—은 한때 집단수용소였던 평지 한복판에 잠시 서 있었다. 아버지와 나는 이미 두 번 그곳에 와본 적이 있었다. 황량하다 못해 무채색에 가까운 곳이었다. 부식된 가시철조망이 가장자리를 에워쌌고, 저만치 모퉁이마다 경비 초소가 우뚝 솟아 있었다. 멀리 펼쳐진 숲은 앙상한 나무들로 빽빽했다. 부헨발트. 그곳은 너도밤나무 숲이었다.

막사가 줄줄이 서 있던 자리에 이제 남은 것이라고는 군데군데 보이는 거무스름한 자갈밭이 전부였다. 망령 같은 건물들의 장방형 발자국이 돌밭의 윤곽으로 도드라졌다. 주변으로는 더 밝은 자갈밭이 끝 간 데 없이 펼쳐져 있었다.

어디선가 읽은 글에 의하면, 이곳의 쓰러져가던 막사들은 러시아인들이 해방 후 몇 년간 나치 전범 교도소로 활용하다가 결국 철거해버렸다. 하지만 발진티푸스의 집단 발병을 예방하는 차원에서 해방 후 곧바로 허물어버렸다는 얘기도 있었다. 보아하니 역사학자들 사이에서도 정확한 사실관계에 대해서는 의견이 분분한 듯했다. 동독의 관점에서 본 과거는 이미 몇 차례 다시 쓰인 바 있었다.

아버지는 이제 피곤해서 앉고 싶다며 지팡이를 나에게 넘겼다. 넓고 옆이 트인 천막에는 생존자와 퇴역 군인들이 앉을 의자가 가지런히 배열돼 있었다. 다비드는 아버지의 휠체어를 밀고 앞쪽의 빈자리로 들어갔다. 아버지는 몸짓으로 내게 옆자리에 앉으라고 말했다. 조카 에즈라는 이번 여행을 위해 특별히 장만한 소형 카메라로 동영상을 열심히 촬영 중이었다. 빽빽하게 주위를 에워싼 기자들은 얼핏 생존자보다 인원이 많아 보였다. 쭈그려 앉은 카메라맨들과 그들의 얼굴보다 커다란 렌즈들, 기다란 금속 막대에 달린 마이크들이 눈에 들어왔다.

바이마르 시장이 준비한 연설을 마치며 희생자들을 기리는 잠깐의 묵념을 제안했다. (영어 번역은 따로 없었지만 나는 Toten, 그러니까 고인들이라는 낱말을 알아들었다.) 참석자들을 살피는 카메라의 분주한 움직임이 자연스레 시선을 끌었다. 찰칵거리는 렌즈들의 소음이 간간이 침묵을 깨뜨렸다.

이번 70주년 행사를 바라보는 미디어의 시각은 그날 밤 온갖 뉴스를 통해 지역과 국가를 넘어 세계 곳곳으로 전파될 예정이었다. 70이라는 숫자만으로도 주목할 가치는 충분해 보였다. 그러나 지나칠 수 없는 또 한 가지는, 이 기념식을 찾는 생존자와 해방자의 수가 해마다 줄고 있다는 사실이었다. 그들의 몸은 갈수록 쇠약해졌다. 그들의 기억과 목소리가 사라지고 있었다.

이후로 몇 사람의 연설과 깃발 퍼레이드가 이어졌다. (각 나라의 이름이 적힌 배너들이 젊은 학생들의 강한 팔뚝에 붙들린 채 바람에 세차게 펄럭였다.) 이 모든 순서가 끝나자 아버지는 예의 그 네모난 자갈밭 가운데 당신이 수감됐던 막사의 위치를 우리가 찾아주기를 원했다. 돌밭에서 휠체어 바퀴는 좀처럼 말을 듣지 않았고, 수용소의 광활함에 기가 꺾였지만, 우리는 집요한 바람을 뚫고 앞으로 나아갔다. 다비드와 내가 번갈아 휠체어를 미는 동안 에즈라는 촬영에 열중했다. 아버지의 손에는 흰 장미 한 송이가 들려 있었다. 이윽고 우리는 문제의 장소를 찾아냈다. 아버지는 휠체어에서 일어나 지팡이를 짚고는 '유대인 22구역'으로 표시된 기억 속 공간을 향해 느릿느릿 발걸음을 옮겼다. (여행에서 돌아온 나는 1995년, 그러니까 부헨발트를 두 번째로 방문했을 때 찍은 사진들을 훑어보다가, 당시에도 아버지가 거의 똑같은 의식을 치렀다는 사실을 깨달았다. 그때도 아버지는 장미꽃 한 송이를 손에 들고 있었다. 하지만 그때의 아버지는 지팡이를 짚지도 휠체어를 타지도 않았다. 그때의 아버지는 스무 살이 어렸다. 우리 모두가 그랬다.)

자갈밭의 위쪽을 가로지르면 나타나는 석각에는 영어와 히브리어, 독일어로 「시편」 78장 6절의 "이는 저희로 후대 곧 후생 자손에게 이를 알게 하고 그들은 일어나 그 자손에게 일러서"라는 글귀가 새겨져 있었다. 아버지는 허리를 굽혀 독일어 글귀의 마지막 낱말, 그러니까 자손Kindern 위에 살며시 장미를 내려놓았다.

———

수십 년 동안 아버지는 미국 곳곳의 학교를 방문해 학생들에게 홀로코스트 경험담을 들려주곤 했다. 이러한 행사들은 언제나 1월 27일 무렵에 열리는데, 그날은 국제 홀로코스트 추모일International Holocaust Remembrance Day이자 아우슈비츠 해방 기념일이다.

그런 초청을 받으면 아버지는 거절하는 법이 없었다. "감정에 복받치고, 쉽지 않은 일이지만, 책임감을 느낀다"고 했다.

아버지는 당신과 남동생들의 어린 시절 사진들을 꺼내 파워포인트 프레젠테이션을 준비했다. 수감기록증과 노란 별 이미지도 첨부했다. 수감자 번호가 스텐실로 찍힌 천 조각은 얼룩지고 빛바랜 데다 가장자리 실밥이 거의 풀려 있었다.

수용소가 있던 자리에서 기념식을 치른 다음 날 우리는 예정대로 바이마르 교외의 한 고등학교를 방문했다. 1944년 6월 부헨발트에 도착했을 때 아버지는 열다섯 살이었다.

우리가 교실에 들어서자 통역사가 다가와 자신을 소개했다. 그녀는 긴 테이블 앞 의자에 자리를 잡았다. 테이블 위에는 제법 많은 물병이 놓여 있었다. 긴 갈색 머리에 안경을 쓴 어느 건장한 여인이 아버지를 향해 미소 지으며, 와줘서 고맙다고 연신 인사를 건넸다. 아직 우리는 외투도 벗지 못한 상태였다.

담당 교사는 삼십대쯤으로 보이는 금발에 예쁘장한 여선생이었다. 브라스버튼이 달린 모직 블레이저를 입고 파란 신발을 신은 그녀는 창문을 등지고 선 채 우리 테이블과 학생들의 책상을 번갈아 바라보았다.

"아이들 모두 굉장히 뵙고 싶어했어요." 이렇게 말하고 그녀는 스스로 발언을 수정했다. "우리 모두 그랬죠. 정말 귀한 자리잖아요. 멀리서 와주시기도 했고요……."

아버지는 어색하게 지팡이를 만지작거렸다. 여든여섯에도 아버지는 지팡이 짚기를 꺼려해서, 나와 에즈라에게 양쪽으로든 한쪽으로든 부축을 받곤 했다. 아버지는 교사를 향해 고개를 끄덕거렸다. 그녀의 이름을 나는 벌써 잊어버렸다.

"아닙니다." 아버지가 말했다.

교실은 내가 기억하는 고등학교의 교실들보다 훨씬 넓었다. 50명의 학생이 책상 앞에 앉아 하나같이 숨죽인 채 기대에 찬 눈빛으로 아버지를 바라보았다. 창을 통해 들어온 햇살이 치켜든 얼굴들 위로 쏟아졌다. 교실 앞쪽에 놓인 예의 긴 테이블에는 아버지와 통역사 몫으로 마이크가 한 대씩 설치돼 있었다. 불그스름한 염소수염이 인상적인 젊은 남자가 아버지와 이야기를 나눴다. 그는 흡사 무대장치 기술자처럼 민첩하게 움직이며 아버지의 고물 노트북과 학교의 프로젝터를 연결하는 작업에 한창이었다.

"그림은 반드시 들어가야 한다"고 아버지는 내게 수도 없이 강조했었다. "눈으로 실상을 확인하면, 이야기가 더 강렬하게 다가오는 법이거든."

몇 번의 시행착오가 어색하게 이어졌다. 와중에 아버지는 간간이 독일어로 컴퓨터의 플랫폼을 설명하는가 하면, 하필 그런 구식 기기를 가져온 것에 대한 미안함을 전했다. 그리고 얼마 후 우리 뒤로 높이 설치된 스크린에 도입부 슬라이드가 나타났다.

로즈너가 이야기.

암갈색이 감도는 첫 번째 사진 속에 세 명의 소년이 있었다. 아버지와 아버지의 두 남동생. 소년들의 까맣게 빛나는 눈동자와 장난스러운 웃음에서 조금은 짓궂지만 한없는 순수함이 느껴졌다.

"저는 1929년 함부르크에서 태어났습니다." 아버지의 이야기가 시작됐다. "제 뒤로 남동생 두 명이 태어났지요." 아버지는 영어와 독일어를 번갈아 사용했다. 나는 담당 교사의 얼굴을 흘깃 바라보았다. 아버지의 유창한 독일어와 정확한 발음에 그녀가 놀란 기색을 보이는지 확인하고 싶었다. "제 이름은 카를하인츠였습니다. 둘째는 볼프강, 막내는 헬무트였고요." 지극히 독일적인, 독일에 동화된 이름들이었다.

조카 에즈라는 앞줄에 앉아 녹화에 열중했다. 사촌 다비드는 옆에 앉아 고개를 끄덕이고 있었다. 그는 독일어와 영어, 프랑스어뿐 아니라 헝가리어까지 유창하게 구사했다.

나는 아버지를 홀린 듯 바라보는 학생들의 표정을 유심히 살피는 한편, 마치 영어와 독일어를 전부 이해하는 사람처럼 두 언어를 공히 귀담아들으려고 노력했다. 아버지가 독일어로 설명할 때면 나는 통역사의 영어에 의지해야 했고, 그녀가 고른 단어나 문구가 어색하더라도, 당연히 통역의 정확성에 의문을 제기할 수 없었다. 이전에도 아버지의 이야기를 다양한 모임에서 수없이 들어온 나는, 나만의 해설을 덧붙이고 싶은 충동에 종종 휩싸이곤 했다. 이를테면 나는 아버지와 아버지의 남동생 중 한 명이 여기 모인 학생들과 비슷한 나이에, 수감자들로 빽빽한 기차에 실려 부헨발트에 도착했다는 사실을 그들에게 강조하고 싶었다. 또한 나는 그때 아버지가 집단수용소의 정확한 의미조차 몰랐다는 사실을 그들에게 말해주고 싶었다. 그러다 그곳이 어떤 곳인지 알게 됐을 때 아버지는 "착오가 생긴 것 같다"고 말했다는 사실을, 아버지가 나에게 말해주었듯, 나도 그들에게 말해주고 싶었다.

수감자 가운데 제법 나이가 많았던 함부르크 출신의 한 공산당원은, 수용소에서 노동 가능 인원을 분류하는 동안 아버지와 삼촌을 아이가 아닌 어른처럼 보이게 하려고 애써주었다.

"착오가 아니야. 이제 우리가 있을 곳은 여기뿐이란다." 어윈 리프만이라는 그 수감자는 아버지에게 이렇게 말했었다.

생애 처음으로 나는 부헨발트 집단수용소 근무자를 조부모로 두었을지 모를 십대들로 가득한 교실에서 아버지가 들려주는 아버지의 이야기를 듣고 있었다. 어쩌면 그 조부모 중 누군가는 총을 들고 경비 초소를 지키거나 개들을 훈련시켰을 수 있었다. 어쩌면 누군가는 채석장과 숲 사이를 줄지어 오가는 수감자들을 목격했거나 지나가는 기차 소리를 들었을 수도 있었다. 내 머릿속에서는 그와 같은 장면들이 끝없이 펼쳐졌다. 폭포처럼 쏟아지는 이미지들의 물줄기를 내 힘으로는 도저히 막아낼 수 없었다. 그리고 여기 다정한 표정으로 앉아 있는 아이들의 머릿속에서는 누구도 알 수 없는 그들만의 이미지들이 강물처럼 흐르고 있었다. 그들은 제복 입은 친척들의 사진을 갖고 있을까? 아니면 그 모든 과거가 숨겨지고, 부정되고, 삭제됐을까?

종종 아버지의 독일어는 통역사의 영어보다 훨씬 길게 느껴지곤 했다. 그러다 어느 순간 내가 아는 몇몇 단어가, 정확히는 히틀러의 말을 맹신하는 독일인의 경향과 관련된 독일어 낱말들이 내 귀에도 뚜렷하게 들리기 시작했다. 아버지는 저 유명한 Deutschland über alles(모든 것 위에 군림하는 독일이여)라는 문구를 반복하고 있었다. 미국 사람들은 결코 정부의 손에 과도한 권력을 맡기지 않을뿐더러 정부의 뜻을 그리 흔쾌히 따르지도 않는다고 아버지는 말했다.

"개인적으로는, 그런 일이 벌어졌다는 사실을 믿고 받아들이는 게 여전히 지독하게 힘이 듭니다. 4년 동안 무려 600만 명의 유대인이 살해됐어요. 그중 150만 명은 아이들이었고요." 아버지는 이렇게 말했다.

둘째 줄에 앉은 흑발의 여학생이 모은 두 손으로 입을 가렸다. 옆자리의 남학생은 메모인지 낙서인지 모를 내용을 노트에 끼적이고 있었다. 아버지의 강연에 참견하고픈 생각이 다시 내 마음속에서 고개를 내밀었다. 나는 아버지의 동급생들이 나치의 손에 모조리 살해됐다는 사실을 그들에게 밝혀두고 싶었다. 잠시 교실을 둘러보며 그런 유의 상실, 그런 규모의 참상을 상상해보라고 그들에게 다그치고 싶었다. 하지만 아버지는 그 같은 화법을 택하지 않았다. 수년이 흘러 아버지의 이야기를 내가 전할 차례가 오면, 그때는 나만의 화법을 사용할 수 있을까? 과연?

이날 아버지가 들려준 이야기에서 학생들은 어떤 부분을 기억하게 될까? 로즈너가 이야기라는 슬라이드 쇼? 머리를 바짝 깎은 열다섯 살 수감자의 사진과 바로 그 소년을 내면 깊숙이 품은 채 지팡이를 짚은 여든여섯 살 노인?

"항상 질문을 던지세요. 무턱대고 순종하는 단계를 넘어서야 합니다." 아버지는 학생들에게 조언했다.

나는 일찍이 아버지가 강연했던 다른 모든 교실을, 전쟁이 끝나고 두 세대가 지난 뒤 태어난 젊은이들로 빈자리 없이 채워진 그 공간들을 생각했다. 오늘 이곳에서 한 남자는 체화된 역사의 증인으로서 진실을 드러내고 있었다. 이런 식의 표현은 난데없이 튀어나온 것이 아니다. 역사는 체화되고, 진실은 증언된다. 적어도 현재에는, 그리고 미래에도 한동안은, 이야기하기란 몸의 행위일 테다. 이야기는 살아 있는 존재다. 누군가 입 밖에 내는 순간, 듣는 이들의 몸 안으로 들어간다. 우리는 결코 그것을 혼자 감당할 수 없다. 어떻게든 몸 밖으로 꺼내어, 누군가에게 전달해야 한다.

아버지의 발표가 끝날 무렵 담당 교사의 사의가 통역사의 영어를 거쳐 전해졌다.

"오늘 들려주신 이야기와 이 자리에 계셨다는 사실을 항상 기억하겠습니다."

학생 두 명이 앞으로 나와, 리본으로 묶인 소박한 장미꽃 다발을 통역사와 나에게 선물했다. 내 장미는 노란색이었다. 괴테의 노란색. 은행나무의 노란색.

"Danke." 나는 발음할 줄 아는 거의 유일한 독일어로 진심과 약간의 인사치레를 섞어 고마움을 표했다. 아버지와 에즈라는 학생들의 일러스트가 실린 달력을 한 부씩 선물받았다.

학생들은 박수 소리가 그친 뒤에도 얌전히 자리를 지켰다. 나도 박수를 보냈다. 아버지를 위해. 그리고 바라건대 기꺼이 집중해준 학생들을 위해.

아버지는 그들에게 "여러분이 무언가 배웠기를 바란다"고 말했다.

"고단하구나." 코트를 입던 아버지가 옆에서 거드는 나에게 조용히 속마음을 털어놓았다. 아버지는 깊은 한숨을 내쉬며 힘겹게 등 뒤로 손을 뻗었다. 나는 아버지가 과거의 경험을 이렇듯 세세하게, 슬픔을 하나하나 곱씹어가며 들려주기 위해 그때껏 어떤 대가를 치러왔을지 가늠할 엄두조차 낼 수 없었다. "오늘은 아마도 언어 때문에 특히 더 힘들었던 것 같다"고 아버지는 말했다. "모르겠구나……."

아버지의 목소리가 차츰 잦아들었다. 우리는 전송을 받으며 김나지움을 빠져나와 밴을 타고 다시 호텔로 향했다. 나는 한 손으로 노란 장미꽃 다발을 들고 남은 손으로 아버지의 팔을 부축했다.

고등학교 건물의 환한 정면이 뒷거울 속에서 멀어지는 동안, 나는 담임교사가 이때쯤 학생들에게 하고 있을 법한 말을 애써 상상해보았다. 그들은 이미 소란하고 진부한 일상으로 돌아갔을까? 사물함을 힘껏 닫고는, 남은 일말의 고민은 더 안전하고 은밀한 장소에 다시 눌러 담은 채, 익숙한 배고픔과 기대 속에서 구내식당을 향하고 있을까? 우리 모두의 집단적 기억은 어떻게 될까? 30년 뒤에 있을 해방 100주년 기념일에는 "내가 거기 있었다"고 증언할 사람이 단 한 명도 남아 있지 않을 텐데, 그때 우리는 어떻게 그날을 기념하게 될까?

우리는 기록보관소를 마련해 영상과 사진을, 수용소와 소각장과 가시철조망 울타리를, 회고록과 문서들을 간직할 것이다. 우리는 쓰리도록 수척하고 멍한 얼굴들을 하나하나 간직할 것이다. 또한 우리는 집단 매장지라는 끔찍한 경험을 간직할 것이다. 우리는 보존된 안경과 신발 더미를, 흔적만 남은 막사들과 부서져가는 화장터를 간직할 것이다. 우리는 이름이 새겨진 추모비들을, 모든 존재에게 평화롭고 자유로운 세상을 건설하겠다는 우리의 맹세를 간직할 것이다. 우리는 그때의 이야기를 마치 몸소 경험한 것처럼 다음 세대에게 전하겠다는 약속을 계속해서 지켜갈 것이다. 우리는 죽은 이들의 DNA를 체화할 것이다.

2장

금기어

특정 낱말들은 복잡하고 불온한 함의를 갖는다는 사실을 나는 제법 이른 나이에 알게 되었다. 이를테면 내 어린 시절 친구들이 해맑게 입에 올리던 "캠프camp"라는 낱말은 "여름summer"이나 "밤샘sleepover"처럼 관례적인 낱말에 붙으면 별달리 의미가 변하지 않지만, "집중concentration"이라는 아리송한 낱말에 붙으면 집단수용소concentration camp로 의미가 완전히 변질되었다. "생존자"라는 용어가 "홀로코스트"와 짝을 이루지 않으면 아무런 울림도 일으키지 않는 이유에 내가 의문을 품기까지는 거의 50년의 세월이 걸렸다. 우리 부모님은 생존자라는 단어의 첫 글자조차 입에 올리지 않으려 했다. 심지어 두 분이 가까스로 모면한 그 운명에 대해 이야기할 때조차 예외가 아니었다. 나는 그 이유를, 스스로 유방암 생존자가 되고 난 뒤에야 비로소, 적어도 조금은 이해하기 시작했다.

내가 이해한 내용이 옳다고, 혹은 틀렸다고 말해줄 어머니는 이제 세상에 없다. 어머니는 예순다섯 살에 유방암 진단을 받고는 겨우 5년 만에 세상을 떠났다. 둘째 딸인 내가 유방암 유전자를 물려받았으리라고는 상상조차 못한 채 말이다. (유방암 유전자란, 유방암이나 자궁암에 걸릴 위험도가 평균보다 높다고 예상되는 동유럽 유대인의 X 염색체에서 흔히 발견되는 유전적 돌연변이를 일컫는다.) 어머니는 유방암과의 사투에서 "생존자"가 되지 못했다. 그리고 이제 나도 생존자라는 호칭에 마음속 깊이 불편함을 느낀다.

아버지는 그 전쟁과 부헨발트 수감자 시절을 구태여 비문으로 요약하곤 했다. 가령 집단수용소 생활을 회상하며 괜히 부정관사를 생략하는가 하면(I was in concentration camp), 모국어인 독일어 억양을 평소와 달리 더욱 명확하게 드러내는 식이었다.

예전에 아버지에게 그 이유를 물은 적이 있다. 그때 아버지는 머뭇거리다 이렇게 대답했다. "이상하게 들리겠지만, 죽은 수백만 명보다 똑똑하고 나은 사람으로 비치는 걸 부당하다고 느껴서인 것 같구나. 나는 그저 운이 좋았을 뿐인데 말이야."

2015년 해방 70주년 기념행사에 참석차 부헨발트를 방문했을 때 받아둔 독일어 일정표에는 Zeitzeugen-Café라는 항목이 있었다. 온라인 사전의 어설픈 번역에 따르면, 동시대의 증인들 카페Contemporary Witnesses Café라는 뜻이었다. 하지만 2015년의 영어 일정표에는 동일한 항목이 생존자 카페Survivor Café로 명기돼 있었다.

그로부터 1년 뒤 다시 살펴본 독일어 일정표에서, 나는 문제의 행사가 "격식에 얽매이지 않는 분위기에서 부헨발트 집단수용소 생존자들과 예나대학 학생 및 일반인들 사이에 이뤄지는 차분한 토론의 시간"으로 설명돼 있다는 사실을 발견했다. 아버지와 나는 스케넥터디 본가의 어수선한 식탁에 앉아, 독일에서 챙겨온 인쇄물들을 꼼꼼히 되짚어보는 와중이었다. 아버지는 독일어 문장들을 더듬더듬 영어로 옮겼다. 독일 땅을 다시 밟았을 때 아버지의 모국어 실력은 거짓말처럼 완벽하게 복구됐지만, 미국에 돌아온 뒤에는 언제 그랬냐는 듯 종종 알맞은 번역어를 떠올리지 못해 난감해했다. 마치 아버지의 과거 세계와 현재 세계를 가르는 철조망이 어휘의 자유로운 교통을 차단해버린 것처럼.

어머니는 독일어를 정식으로 배운 적이 없었다. 하지만 남다른 언어적 재능 덕분에 외국어를 마치 숨 쉬듯 자연스럽게 체득했다. 이따금 누군가 부모님에게 독일어 단어나 구절을 물으면 어머니는 아버지보다 먼저 적절한 용어를 생각해내곤 했다. 그럼에도 독일어는 여전히 우리 집에서 금지된 언어였다. 우리 가족은 모두 영어를 사용했다. 가끔씩 우리 삼남매 몰래 사적인 대화를 나누고 싶을 때면 부모님은 독일어 대신 두 분만의 공용어인 스웨덴어를 사용하곤 했다.

이날 2015년의 여행에 관한 아버지와 나의 대화는 자연스럽게 "생존자"라는 용어에 관한 이야기로 이어졌다. 아버지는 생존자를 표현할 때만큼은 영어인 survivor보다 독일어인 Überlebender를 선호한다고 내게 털어놓았다.

"독일어 단어에는 살아냈다는 의미가 담겨" 있다고 아버지는 말했다. "전쟁이든, 수용소든 스스로 겪어냈다는 뜻이지. 그런데 생존자 survivor는 살아남았다는 뜻이잖니? 아쉽게도 의미가 수동적이야. 어쩌면 영어는 내 모국어가 아니어서인지도 모르겠구나. 아무튼 내 생각은 그래. 생존하려면 실제로 싸워야 했고, 뭔가를 해야 했다는 거야."

솔직히 나는 적잖이 당황했다. 아버지가 제시한 논리는 그 단어에 대한 아버지의 감정이라고 내가 생각했던 내용과 정반대처럼 들렸기 때문이다.

"물론 행운도 뒤따랐지. 어쩌면 가장 중요한 요소였는지도 모르고." 아버지는 이렇게 덧붙였다.

"오히려 그게 아버지의 기본 관점 아니었나요? 생존하지 못한 사람들이 덜 싸운 것은 아니라고 늘 말씀하셨잖아요. 단지 운이 나빴을 뿐이라고." 나는 이렇게 반문했다.

"내가 그랬나? 그랬던 것 같기도 하고." 아버지는 말끝을 흐렸다.

———

올봄 오클랜드에 있는 유대교 회당에서 소규모 청중을 대상으로 몇 편의 시를 낭독한 뒤의 일이다. 회의실 뒷줄에 앉아 있던 여자가 내게 다가와 인사를 건넸다. 바틱 염색 블라우스에 롱스커트를 입은 그녀는 생존자의아이들children-of-survivors이라는 심리치료 모임의 참가자로, 이름은 메릴린이었다. 그녀의 부모님은 1930년대에 열한두 살의 나이로 유럽을 빠져나왔다.

내 얼굴을 살피며 반응을 기다리는 그녀의 시선이 느껴졌다. "저도 오래전에 그런 모임에서 활동한 적이 있어요." 이렇게 말하고 나는 가만히 상황을 지켜보았다. 내 작품의 낭독회가 끝나고 다가오는 사람들의 진정한 목적은 대개 우리 관계의 각별함을 설파한 다음, 자신의 개인적 이야기를 내게 들려주는 것이었다.

메릴린은 고개를 끄덕거렸다. 그녀의 금속테 안경이 형광등 불빛 아래 반짝거렸다. "저희 오빠는 부모님이 생존자들과 같은 부류로 엮이는 게 못마땅하대요." 그녀가 말했다.

그녀의 오빠는 그날 그 자리에 없었다. 하지만 나는 그녀의 말에 심기가 불편해졌다. 또 시작이로군.

"생존자를 판별하는 사람이 따로 정해져 있나, 뭐?" 메릴린은 내게 바짝 다가서며 말을 이었다. 나는 살짝 물러나 공간을 확보하고 싶은 욕구를 느꼈다. "오빠야 어떻게 생각하든 저는 저희 가족에게 뭔가 트라우마가 있다고 생각해요. 작가님 가족처럼요."

"복잡한 문제죠." 나는 짐짓 중립적인 말투로 말했다. "자신의 집, 자신의 나라에서 쫓기듯 도망쳐야 했던 사람들을 우리는 뭐라고 불러야 할까요? 목숨을 건지기 위해 거의 맨몸으로 탈출했던 사람들을 뭐라고 부르죠?" 나는 한숨을 쉬었다. "그래요. '생존자'라는 단어에는 여러모로 허점이 많죠. 그렇다고 못마땅해할 것까지야 있을까요? 만약 그 치료 모임에서 스스로 도움을 받았다고 느끼신다면, 계속 참가하셔도 좋을 것 같은데요."

———

일본어에는 1945년 8월 히로시마와 나가사키의 핵폭탄 공격에서 살아남은 이들을 가리키는 용어가 따로 있다. 히바쿠샤, 번역하면 "피폭자"라는 뜻이다. 당시의 공격으로 두 도시에서는 어림잡아 25만 명이 목숨을 잃었다. 희생자들의 이름은 대부분 히로시마 평화기념공원 내 원폭위령비 아래 돌함에 담긴 이른바 『과거의 책The Book of the Past』 속에 기록돼 있다. 근처의 거대한 무덤에는 이름 모를 희생자 약 7만 명의 유해가 잠들어 있다. 약 28만 명의 히바쿠샤 가운데 히로시마와 나가사키의 핵폭발을 모두 겪고도 살아남았다고 일본 정부가 공식적으로 인정한 사람은 단 한 명, 야마구치 쓰토무뿐이다. 그는 93세까지 생존했고, 일부 언론의 표현을 빌리자면 "실존 인물 가운데 최고의 행운과 최고의 불운을 동시에 겪은 사나이"였다.[7]

생존자生存者라는 한자를 일본어 발음 규칙대로 읽으면 세존샤가 된다. 하지만 정작 이 용어는 과학계에서나 드물게 사용된다. 실생활에서 일본인들은 세존샤라는 용어를 히로시마나 나가사키에 결부시키기를 오히려 꺼리는 경향을 보인다. 왜냐하면 그 용어는 끝내 살아남는다는, 이를테면 "불굴의 의지"와 같은 개념을 강조하는데, 이는 상대적으로 운이 따르지 않아 희생된 사람들을 자칫 욕보이는 뜻으로 읽힐 수 있기 때문이다.[8]

실제로 일본인들은 생존자를 매우 까다롭게 정의한다. 일례로 AtomicBombMuseum.org라는 웹 사이트에서는 생존자를 아래와 같이 정의해놓았다.

넓은 범위에서 생존자는 다음과 같이 분류할 수 있다.

(1) 직접적으로 노출된 사람들(일차 피해자들)

(2) 어머니의 자궁 안에서 노출된 태아들

(3) 잔류 방사능의 영향에 간접적으로 노출된 사람들(이차 피해자들), 예를 들어

(4) 두 도시로 조기에 들어간 사람들과

(5) "검은 비black rain"* 가 내린 지역에 있던 방사성 낙진 피해자들

이외에도 "피해자"에는 다음과 같은 대규모 집단이 포함된다.

(6) 배우자나 가까운 친척, 집과 세간살이를 잃는 등 "이 밖의 여러 영향을 받은 사람들"(삼차 피해자들)

*"검은 비"는 핵폭발 이후 혹은 보호벽을 갖추지 않은 시설에서 핵반응이 유도된 이후 대기권 상층으로 퍼져나간 잔류 방사성 물질로 인해 유발되는 방사성 낙진의 일종으로, 폭발과 충격파가 지나간 뒤 하늘에서 "떨어져 내린다"는 이유로 그런 이름을 갖게 되었다.9

'히바쿠샤 이야기Hibakusha Stories'는 교육적 의식 고양이라는 명분 아래 생존자들의 증언을 공유함으로써 젊은이들에게 "기억할 책임"을 적극적으로 위임하기 위해 만들어진 프로젝트다. 이렇게 훈련된 이야기꾼들은 덴쇼샤傳誦者, 그러니까 "기억 전송의 임무를 지정받은 자"라는 명칭으로 불리게 된다. 이들 덴쇼샤 중에는 비단 생존자의 자손들—성인이 된 자녀와 손주들—뿐 아니라, 생존자와 피 한 방울 섞이지 않은 일본 시민들도 포함돼 있다. 이들은 집단적 과거를 기념하는 데 있어 지극히 개인적 역할을 단순히 (혹은 단순하지 않게) 선택에 의해 떠맡은 사람들이다. 이 프로젝트의 목적은 원자폭탄 공격에서 살아남은 이들이 빠르게 감소하는 상황에서 그들의 경험담을 보존하고 전달하는 데서 나아가, 특히 핵무기의 영구적 폐기를 옹호함으로써 군축이라는 메시지를 국제적으로 널리 전파하는 데 있다.10

집필 시점을 기준으로, 평균 나이 55세의 210명이 가까운 박물관

이나 추모비에서 설명할 증언들을 듣고 익히는 과정에 있었다. 이 지정된 화자들의 사연을 읽고 있자니 문득 내 부모님의 역사를 내 목소리를 통해 전하는 일이 모순적으로 느껴졌다.

"가장 난감한 지점은, 누군가의 경험담을 다른 누군가의 입을 통해 들려줄 때 어떤 방법을 사용할 것인가 하는 부분"이라고, 시 공무원이자 이 3년 된 프로그램의 책임자인 시바타 아야미는 말했다. "말할 때 일인칭 시점을 사용할지, 생존자들의 인생 이야기에서 어떤 부분에 초점을 맞추고 어떤 부분을 계승할지 좀처럼 결정하지 못하는 사람들이 태반이니까요."

"우리의 영혼에서 우러난 이야기를 계승자들이 잘 전달할 수 있을까요? 형용하기조차 힘든 고통을, 우리 경험과 생각과 느낌을 말입니다." 어느 히바쿠샤가 말했다. "(덴쇼샤 중 한 명인) 나라하라 야스카즈 씨는 메시지를 전파하는 일에 열심이에요. 기꺼이 박수를 보내고 싶을 정도죠. 그런 사람이 계속 이 일을 맡아줘야 할 텐데."[11]

프로젝트에 불참한 생존자들은 일부 비판적인 시각을 드러냈다. 원폭을 직접 경험하지 않은 사람이 직접 경험한 사람들의 입장을 대변한다는 발상이 과연 타당하냐는 것이다.

"그분들의 이야기를 들려줄 권리가 제겐 없다는 소리를 한두 번 들은 게 아니에요." 덴쇼샤 기노시타 리쓰코가 말했다. 그녀는 히로시마 원폭 돔에 단체 견학을 온 고등학생들을 안내하러 가는 길이었다. 박물관 강의실에서 사람들에게 이야기를 들려줄 때면 그녀는 대체로 (특정 히바쿠샤의) 기억을 토대로 작성한 파워포인트를 보여준다고 했다.[12]

———

　온라인 조사를 진행하던 중, 나는 일본원자폭탄및수소폭탄피해자단체연맹 홈페이지 '니혼히단쿄日本被團協'에서 목격자 증언을 상술하는 방법에 관한 다음의 발췌문을 발견했다.

　질문 4: 당신은 원자폭탄이 투하된 당일과 직후에 경험한 일들과 관련하여 잊을 수 없거나 무서운 기억, 혹은 후회되는 기억이 있습니까? 만약에 있다면 어떤 기억입니까? 그때 무슨 일이 벌어졌고, 상황은 어떠했으며, 어떤 느낌이 들었는지 아래의 가이드라인에 따라 묘사해주세요.
　a: 사람들은 어떻게 죽었거나 죽어가고 있었습니까? 피해자들은 어떤 고통을 받았나요?
　b: 그것을 목격하며 어떤 감정을 느꼈습니까?
　c: 그때 도와달라거나 물을 달라고 울부짖는 사람들에게 아무것도 해주지 못했나요? 만약 그랬다면, 후회되는 부분은 무엇입니까?[13]

———

　2016년 여름, 마침내 아버지는 전쟁이 유발한 고통과 상실에 대한 금전적 보상을 독일 정부에 요구하는 반환 청구서를 나와 함께 작성하는 데 동의했다. 어머니와 달리 아버지는 70년 넘게 신청을 거부해왔고, 이따금 나는 아버지에게 그 결정을 후회한 적이 한 번도 없느냐고 묻곤 했다. 은연중에 아버지는 그 보상금을 "피 묻은 돈"이라고 여기는 것 같았다. 비록 그 표현을 결코 입에 올리지는 않았지만 말이다.

"지불금으로는 애초에 아무것도 보상할 수 없다"는 것이 내가 기억하는 아버지의 대답이었다. 어쨌건 아버지는 결국 마음을 바꿨고, 그 계기는 짐작건대 1년 전의 독일 여행이었다. 그 여행을 계기로 아버지는 금전적 보상이라는 상징적 방식을 이제 수용해야 한다는 쪽으로, 마침내, 생각이 기운 듯했다.

20쪽짜리 보상 신청서의 한쪽에는 "예 또는 아니오"에 "체크"하라는 요청과 함께 아래의 질문들이 적혀 있었다.

당신은 강제노동을 수행했습니까?

당신은 수용소 혹은 수용소와 비슷한 장소에 수감되었습니까?

당신은 게토에 거주했습니까?

당신은 특정한 장소에 강제로 살아야 했습니까?

당신은 노란 별을 강제로 달아야 했습니까?

당신은 은신처에서 혹은 가짜 신분으로 생활했습니까?

당신은 나치의 박해를 피해 도망쳤습니까?

당신은 나치가 자행한 다른 종류의 학대를, 무엇이든 경험한 적이 있습니까?

있다면 내용을 구체적으로 적어주세요.

———

1865년 남북전쟁이 끝날 무렵 셔먼 장군은 아프리카계 미국인 노예들에게 배상금을 토지 소유권의 형태로, 정확히는 "토지 40에이커와 노새 한 마리"로 분배하겠다는 계획(특별야전명령 15호Special Field Orders,

No. 15)을 발표했다.[14] 문제의 정책은 미국 정부가 경제적 정의에 대한 약속을 파기한 대표적 사례로 (오늘날까지) 사람들 입에 오르내린다. 당시 이러한 정책의 의도는 대개 해방과 재건의 시기에 토지를 제공함으로써 (농지개혁이나 토지 재분배와 같은) 정치적 과제를 해결하는 것이었지, 평생 (여러 세대에 걸쳐) 무상으로 제공해온 노동에 대한 무조건적 보상이 아니었다. 헤아릴 수 없는 고통과 상실에 대한 보상은 차치하고서라도 말이다. 그러한 지급에는 단순한 상징적 제스처 이면의 의미가 내포돼 있었다.

아프리카계 미국인 노예 후손들에 대한 배상금 문제를 다룬 『애틀랜틱』지 기사에서 타네하시 코츠는 유대인 홀로코스트 생존자에 대한 독일 정부의 배상 과정을 참고 사례로 제시했다. 배상 초기인 1952년에 독일 정부는, 코츠의 표현을 빌리자면 일종의 "극렬한" 저항에 맞닥뜨렸다.

"유대인이 어떤 보상이든 받을 권리가 있다고 믿는 독일인은 극소수에 불과했다. 조사에 따르면 서독인의 겨우 5퍼센트만이 홀로코스트에 죄책감을 느꼈고, 유대인이 독일인에게 배상받아야 마땅하다고 믿는 서독인은 고작 29퍼센트뿐이었다."[15]

이어지는 설명에서 코츠는 역사학자 토니 젓의 저서 『전후 유럽 Postwar』에 기록된 수치들을 인용했다. "나머지 응답자는 다시 두 부류로 나뉘었다. (응답자의 40퍼센트에 해당되는) 한 부류는 '실제로 문제될 행위를 저지른' 이들에게만 책임과 지불의 의무가 있다고 생각했고, (응답자의 21퍼센트에 해당되는) 다른 부류는 '유대인에게도 제3제국 시기에 자신들이 당한 일들에 대한 부분적 책임이 있다'고 생각했다."

———

　부헨발트 집단수용소 해방 70주년 기념행사의 참석자 중에는, 그곳에 수감되었던 유대인과 공산당원으로 이뤄진 80명가량의 생존자와, 해방의 주역인 패튼 장군의 제3군 부대원 가운데 생존해 있는 사람들, 이들 생존자의 자녀와 손주들뿐 아니라, 일명 "부헨발트의 사라진 항공병"으로 불리는 퇴역 군인 가운데 몇 안 되는 생존자로 이뤄진 특별한 집단도 포함돼 있었다. 1944년 여름 미국과 잉글랜드, 캐나다 및 여러 연합국에서 건너온 항공병 168명은 파리에서 독일 게슈타포에게 사로잡혔다. 그들은 1929년 제네바 협정에 의거해 포로수용소로 이송되어야 마땅했지만, 알 수 없는 이유로 부헨발트 집단수용소에 수감되었다.[16]

　우연찮게 나는 그때의 항공병 중 한 명인 체이스턴 보언과 대화를 나눌 기회가 있었다. 엘리펀트 호텔에서 저녁 식사를 할 때 같은 테이블에 앉았기 때문이다. 보언의 설명에 의하면, 당시 그 항공병들은 자신들이 "착오"로 부헨발트에 수감되었다는 사실을 독일군 측에 알리려고 시도했지만, 이감을 위한 그 어떤 조치도 취해지지 않았다.

　"하루는 나치 장군이 수용소를 방문했어요. 그 사람이 우리 작업반 옆을 지날 때 우린 그쪽을 향해 경례했지요. '보십시오! 우리는 미국의 군인입니다! 우리는 이곳에 있어서는 안 됩니다!'라고 말하는 우리만의 방식이었다고 할까요." 보언의 희고 숱진 눈썹 아래서 연푸른 눈동자가 반짝거렸다. 옆자리에서는 그의 장성한 아들이 고개를 끄덕였다.

　보언의 이야기가 이어졌다. "그때 그 장군이 누구에게든 상황을 알리려다 실패한 건지, 아예 시도조차 해보지 않은 건지, 우리로선 알

길이 없지요. 어쨌건 우린 수용소 정문 밖으로 끌려 나갔고, 어디선가 총살되려나보다라고 생각했습니다. 다행히 그런 일은 일어나지 않았지만요……." 그의 목소리는 옅어졌고, 시선은 다른 어딘가를, 상상컨대 머나먼 과거의 시간 속을 표류하고 있었다. 그는 물을 한 모금 마신 뒤 이야기를 이어나갔다.

"우리는 모두 풀려났습니다. 이후에 우리 조국은 그 모든 일이 절대로 일어나지 않았다는 확신을 우리에게 주입하는 작업에 총력을 기울였어요. 정신과 진료는 물론이고 온갖 방법을 동원해, 우리 중 누구든 집단수용소에 수감됐다는 사실을 부정하고 또 부정했지요. 그렇게까지 쉬쉬했던 이유를 우리는 몇 년이 흐르고서야 듣게 됐어요. 패전한 독일 국민에게 '더 이상의 굴욕감을 주지' 않으려고 그랬을 거라더군요."

"원통하신가요?" 내가 물었다. 답이 정해진 질문 같았지만, 그때껏 노인의 말투는 놀라우리만큼 차분하고 기묘하리만큼 평온했다. 그는 아들과 조용히 시선을 주고받았다.

"아버지는 제가 듣는 데서 언성을 높이신 적이 없어요." 보언의 아들이 말했다.

"당연하죠." 보언이 맞장구를 쳤다. "분노는 누구에게도 전혀 도움이 되지 않는다는 것이 제 지론이니까요."

그야말로 역설적인 상황이 아닐 수 없었다. 보언처럼 수감됐다가 살아남은 군인들의 기억을 의도적으로 삭제하고 관련 경험의 실재를 부정한 주체가 다른 누구도 아닌 그들 조국의 정부였다니.

훗날 알게 된 일화를 하나 소개하자면, 그들의 실화를 바탕으로 제작한 영화의 프리미어 행사가 2011년 워싱턴주 벨링햄에서 열렸을 때 한 관객은 조 모저라는 생존 조종사에게 이렇게 말했다고 한다. "이제 우리는 여러분의 이야기를 믿습니다."[17]

———

1945년 8월 원폭이 투하된 지 일주일 만에 일본 정부는 무조건적인 항복을 선언했다. 이후 미군의 분석가들은 참상의 실태를 파악할 목적으로 히로시마와 나가사키에 들어갔다. 그들은 "순수한 탄소"로 변한 시신들의 사진을 촬영하는가 하면, "원자폭탄의 위력"에 대한 평가 작업을 실시했다. (예를 들어 이런저런 표면에 찍힌 거뭇하거나 희뜩한 자국들은 폭발의 정확한 각도를 규명하는 단서로 효용 가치가 있었다.) 미국 정부는 원폭상해조사위원회Atomic Bomb Casualty Commission, ABCC를 구성했다. 하지만 목적은 피해자들을 치료하기 위해서가 아니었다. 연구를 진행하기 위해서였다.[18]

여기서 우리는 "상해casualty"라는 비인격적 용어에 주목할 필요가 있다. 비록 지난 수십 년에 걸쳐 전쟁 용어로 굳어졌다고는 하나, 그 낱말은 이라크 전쟁 초기 중동에서 미군의 폭탄으로 초래된 민간인의 죽음을 가리키는 용어 "부수적 피해collateral damage"를 상기시킬 뿐 아니라, 오늘날의 관점에서는 전쟁 용어 특유의 잔인한 무심함을 연상시킨다. 결국 원폭상해위원회는 방사선영향연구소Radiation Effects Research Foundation로 개명되었고, 70년이 넘는 세월 동안 생존자 약 12만 명에 관한 자료를 수집해왔다.

이쯤 되니 일본에서 원폭 피해자를 일컫는 용어 히바쿠샤가 혹시 그들을 연구한 과학자들이 쓰던 딱딱한 전문 용어에 대한 직접적 반발의 결과물은 아니었을까 하는 의구심이 생긴다. 또한 전문 용어에서 인간적 색채를 들어내는 경향이—마치 "영향"이 실제로 육체에서 분리돼 있고, 피부나 장기와 같은 단위별로 측정해야 더 정확히 평가되는 것처럼—갈수록 짙어지는 추세를 감안하더라도, 피해자들의 주관적 정신은 말처럼 그리 깔끔하게 분류되지 않는다.

1952년에야 비로소 폭탄 투하 직후 생존자들이 남긴 증언과 시청각적 증거의 일부가 대중에 공개되었다. 그 전까지는 모든 직접적 증언 자료와 정부 보고서가 압수되거나 발표를 금지당했다. 유난히 뒤늦게 세상에 알려진 사례를 하나 소개하자면, "초기에 나가사키를 취재한" 조지 웰러라는 미국 기자는, 외견상 폭탄의 영향에서 벗어난 듯 보이던 환자들의 목숨을 앗아간 "원자폭탄증"이라는 의문의 방사선 장애를 파헤쳤지만, 그의 기사들은 2006년까지 대중에게 공개되지 않았다.[19]

2016년 5월 오바마가, 원자폭탄이 투하된 이래 재임 대통령으로는 처음으로 일본 히로시마를 방문하기까지 몇 주 동안 미국에서는 대통령이 일본 국민에게 "사과할" 가능성을 놓고 다양한 공개 토론이 벌어졌다. 각종 미국 신문의 사설란 맞은편 특집 기사는 그러한 행동을 가정하고 지레 격분하는 내용들로 도배되었으며, 오바마 행정부는 대통령이 그곳에 가서 어떤 말과 행동을 하기로 했고, 하지 않기로 했는지를 발표하고 또 발표해야 했다.

기념식에 참석한 히바쿠샤들 앞에서 오바마 대통령은 별도의 사과 없이 피해자에 대한 조의를 표했다. "한낱 언어로는 그 고통을 감히 표현할 수 없을 것"이라고 그는 말했다.[20] 그는 모리 시게아키를 포옹했다. 이 79세의 노인은 자신도 원폭 생존자이면서, 피폭으로 사망한 미군 포로 12명의 가족들을 찾아내 위로하는 일에 35년을 바친 인물이었다.

"언젠가는 우리 곁에서 증언하는 히바쿠샤의 목소리를 더 이상 들을 수 없을 것입니다. 하지만 1945년 8월 6일 아침의 기억은 결코 희미해져서는 안 됩니다. 그 기억은 우리의 안일함을 꾸짖습니다. 그 기억은 우리의 도덕적 상상력을 자극합니다. 그 기억은 우리를 변화시킵니다." 오바마 대통령은 이렇게 말했다.

———

1942년 2월부터 1946년 6월까지 미국 정부는 진주만 공격과 뒤이은 인종주의적 공포 확산에 대응하는 차원에서, 태평양 연안에 거주하던 일본계 미국인 약 12만 명을 미국 본토 곳곳의 수용소에 강제로 이동시켜 억류하는 조치를 단행했다.

루스벨트 대통령은 1942년 2월 19일에 발동된 행정명령 9066호를 근거로, 지역 군사령관에게 "군사경계구역"을 지정해 그곳에 사는 "모든 사람을 추방할" 권한을 부여했다. 그리고 "이 권한은 일본 혈통을 타고난 모든 사람을 웨스트코스트 전역, 그러니까 캘리포니아주의 모든 지역과 오리건주, 워싱턴주, 애리조나주의 거의 모든 지역에서 추방하는 도구로 이용되었다."[21]

제2차 세계대전이 끝나고 40년 남짓 지난 1988년, 레이건 대통령이 시민자유법Civil Liberties Act에 서명하면서, 일본인 격리수용소에 억류되었던 일본계 미국인에 대한 보상으로 10만 명이 넘는 생존자에게 각각 2만 달러와 공식 사과문이 전달되었다. 법문을 일부 인용하자면, 이전까지는 "물질적으로도 무형적으로도 막대한 피해가 야기되었고 (…) 교육이나 직업적 훈련과 관련해서도 헤아릴 수 없는 손실이 발생했으며, 이 모든 과정이 상당한 인간적 고통으로 귀결되었음에도, 이에 대한 적절한 보상은 이뤄지지 않은 상태"였다.

1988년 정부의 이 같은 승인을 두고, 실로 다양한 반응이 나타났다. 예를 들어 세 살부터 여섯 살 때까지 캘리포니아에 위치한 만자나르 일본인 격리수용소에 감금되었던 존 다테이시는 한 인터뷰에서 이렇게 말했다. "일본 문화에는 '고도모노타메니子供の爲に'라는 표현이 있습니다. 풀이하자면 '아이들을 위해서'라는 뜻이죠. 금번과 같은 보상은 우리가 아이들에게 물려주는 유산이자 국가에 던지는 메시지입니다. '누구나 실수할 수 있지만, 이후에는 반드시 그 실수를 바로잡아야 한다고, 또 거기서 더 나아가 부디 같은 실수를 반복하지 않기를 바란다고' 국가에게 말하는 하나의 수단이랄까요."[22]

비교적 최근인 2016년 11월 새롭게 선출된 미국 대통령의 참모들은, 현재 미국에 거주 중인 모든 이슬람교도의 신원을 등록하려는 움직임의 "선례"로, 제2차 세계대전 기간에 일본계 미국인을 격리시켰던 과거사를 보란 듯이 끄집어냈다.[23]

1944년 일본계 미국인 프레드 고레마쓰가 "행정명령 9066호의 합헌성에 이의를 제기했을 때 (…) 법원은 정부의 손을 들어주었고, 고레마쓰는 패소했다. 그리고 오늘날 이는 가장 잘못된 판결의 전형적 사례로 간주된다."[24] 1983년에야 비로소 "미국의 샌프란시스코 지방법원은 고레마쓰에 대한 유죄 판결을 공식적으로 무효화했다. 당시 그는 담당 판사 메릴린 파텔에게, 자신이 원하는 것은 법적 사면이 아니라 다시는 그러한 행동을 반복하지 않겠다는 미국 정부의 약속이라고 말했다."[25]

―――

최근 방영된 TV 드라마 「지정생존자Designated Survivor」는 핵무기 공격에 대한 두려움의 한복판에서 냉전시대에 시작된 특정 관행을 바탕으로 만들어졌다. 설명하자면, 내각과 의회 구성원으로서 결격 사유가 없는 사람 (즉, 미국에서 태어나 적어도 14년 이상을 미국에서 거주한 35세 이상의 시민들) 가운데 지정된 특정 인물은,

대통령을 비롯해 (부통령이나 국무위원과 같은) 국가의 고위 지도자들이, 가령 연두교서나 대통령 취임식 등의 이유로 한 장소에 모여 있는 동안, 물리적 거리가 멀고 안전한 비밀 장소에 홀로 숨어 있어야 한다. 이는 대통령과 그 권한을 이어받을 공직자들이 줄줄이 살해되는 재난상황에도 정부의 연속성을 유지하기 위한 대비책이다. 만약 그러한 상황이 발생해 대통령과 부통령이 모두 사망한다면 대통령직 승계법Presidential Succession Act에 따라, 살아남은 공직자 중 계승 서열이 가장 높은 인물이, 확률적으로는 그 지정생존자가 미국 대통령 권한대행을 맡게 된다.[26]

―――

유대인 작가 레티 코틴 포그레빈은 저서 『데버라와 골다와 나

Deborah, Golda, and Me』를 통해, 제2차 세계대전이 끝나고 몇 달간 뉴욕에서 그녀의 가족과 함께 살았던 외종숙 아이작의 비극적 경험을 소개했다.[27]

> 그는 금발에 푸른 눈을 가졌다는 이유로 시에서 지정생존자로 선택되었다. 달리 말하면, 무슨 짓이든 해서 살아남아 이야기를 전할 임무를 유대인 의회가 그에게 부여했다는 뜻이다.
>
> 오래지 않아 아이작은 "무슨 짓"의 의미를 알게 되었다. 독일인들은 그가 아리아인임을 증명하는 서류들이 위조되었을 가능성을 의심했고, 그가 스스로 유대인이 아님을 행동으로 입증해야 해야 한다고 판단했다. 그들은 아이작을 그와 같은 시에 거주하던 유대인들을 실은 수송 열차에 태웠고, 열차 속 모든 사람을 가스실에 몰아넣는 임무를 그에게 부과했다. 아이작이 여느 애국적 독일인처럼 효율적으로 과제를 수행한 뒤에야 나치는 그의 신분증명서를 진본으로 인정하고는 그를 풀어주었다. 그날 아이작이 냉정하게, 마치 빽빽한 옷장에 물건을 욱여넣듯 가스실로 집어넣은 사람들 중에는 그의 아내와 두 아이도 있었다.

1991년 8월 브루클린 인근의 크라운하이츠에서 흑인들이 일으킨 반유대인 폭동을 바탕으로 제작된 모노드라마 「거울 속의 불꽃Fires in the Mirror」에서 배우 애나 데버 스미스는 이 지정생존자의 이야기를 독특하게 뒤틀었다.[28] 스미스는 복화술이라는 비범한 형식을 활용해, 랍비가 운전하던 차에 치여 흑인 어린이가 사고사한 뒤 발생한 일련의 사건들을 지켜본 하시드파 유대인과 아프리카계 미국인의 독백을 양쪽 모두의 목소리로 들려주었다.

　연극을 보는 나의 귓가에 레티 코틴 포그레빈의 구슬프게 오르내리는 목소리가 애나 데버 스미스의 정교하고 신중한 연기를 통해 높게, 또 낮게 메아리쳤다. 스미스는 실제 증언을 대사에 있는 그대로 반영한다는 점에서 이른바 "버베이텀verbatim 연극의 개척자"[29]로 평가받는 인물이었다. 나는 분장한 스미스가 조명 아래서 재연하는 사람들의 얼굴을 머릿속에 그려보았다. 어느새 스미스는 포그레빈이 되어 그녀의 이야기를, 정확히는 그녀의 어머니가 번역해준 외종숙 아이작의 이야기를 들려주고 있었다.

　지정생존자 아이작은 마흔 즈음에 미국에 도착했다. 머리는 드문드문 희끗해졌고, 그가 목숨을 부지하는 데 일조했을 하늘빛 눈동자는 생기를 잃고 멍해져 있었다. 약속대로 그는 자신의 이야기를 수많은 유대인 단체와 공동체 지도자는 물론 이런저런 가족과 친지 모임을 대상으로 들려주었고, 나 또한 그가 이디시어로 설명한 이야기를 어머니의 번역을 거쳐 들을 수 있었다.

　수개월에 걸쳐 그는 차마 말할 수 없는 것들을 말하고 있었다. 그의 묘사를 통해 미국의 유대인들은 그저 막연하게 상상했던 공포의 실체를 비로소 확인할 수 있었다. 그가 들려준 이야기는 지금까지 나를 악몽에 시달리게 할 만큼 그 어떤 악마의 전설보다도 끔찍했다. 또한 이야기가 거듭될수록 아이작은 점점 더 늙어가는 듯 보였고, 그렇게 몇 달이 지난 어느 밤, 그는 자신이 아는 모든 것을 이야기하고는 마침내 숨을 거두었다.

———

영화 「사울의 아들Son of Saul」은 아우슈비츠의 존더코만도 sonderkommando, 즉 나치의 명령으로 가스실의 시체들을 처리해야 했던 유대인 수감자에 관한 이야기다. 영화의 실제 주인공인 남성은 자신이 그 수용소에서 무슨 일을 했는지 가족에게 이야기한 적이 단 한 번도 없었다. 하지만 그가 남긴 유언장에는 사후에 시신을 화장해달라는 당부가 적혀 있었다. 그는 자신의 뼛가루가 아우슈비츠의 소각로에 뿌려지기를 바랐다.[30]

———

유방암은 어머니뿐 아니라 내 소중한 친구들의 목숨도 앗아갔다. 하지만 나는 수술과 화학 요법, 방사선 치료 덕분에 적어도 겉보기에는 말끔히 치유되었다. 그런데 투병생활을 끝마친 이후로 몇 년 동안 나는 스스로의 언어 습관에서 전에는 미처 몰랐던 양면성을 인식하기 시작했다.

다시 말해 나는 생존자라는 단어의 사용을 의도적으로 회피하고 있었다. 나는 "유방암 치료를 받았던" 사람, "유방암에 걸려본" 사람이었다. 해마다 완치 판정 기념일을 자축하면서도 나는 질병의 감옥에서 해방된 그날을 그저 "운이 좋았다"고 이야기할 뿐이었다.

사실 나는 하마터면 유방암을 극복하지 못할 뻔했다. 초기 병리 보고서가 건성으로 작성되는 바람에 병리 의사가 암세포의 침습 부위한 곳을 놓쳐버렸기 때문이다. 외과 주치의의 태평한 확신에도 불구하고 나는 불길한 예감을 떨칠 수 없었고, 결국 다른 의사로부터 상피

내암종이라는 최초의 진단이 잘못되었다는 소견을 받아냈다. 뒤이은 수술에서 림프샘을 떼어 검사해보니 실제로 두 번째 의사의 소견이 정확했고, 나는 최초의 진단이 옳았다면 진행하지 않았을 화학 요법과 방사선 치료를 병행하기로 결정했다. 만약 그대로 암이 퍼졌더라면 매우 높은 확률로 나는 이미 세상을 떠났을지도 모른다.

가끔은 이런 생각이 든다. 혹시 어머니에게도 같은 일이 벌어진 게 아닐까? 만에 하나 오진이라면? 다른 의사의 진단을 받아보지도, 더 공격적인 치료를 감행하지도 않아서 결국 돌아가신 거라면? 물론 이제 와서 이런 질문은 부질없는 짓이다. 도대체 무슨 수로 밝혀낸단 말인가!

죽은 수백만 명을 애도하느라 인생을 온전히 즐기기가 종종 힘에 부친다는 아버지처럼 나 또한 어머니의 비극적인 (그리고 어쩌면 막을 수도 있었을) 죽음의 잔상에서 아직도 헤어나지 못하고 있다. 이제 어머니는 여기에 없다. 암을 조기에 발견하지 못했거나 효과적인 치료를 받지 못한 친구들도 마찬가지다. 이렇듯 예고 없이 불쑥불쑥 찾아드는 생각들은 때때로 나의 회복을 홀가분한 마음으로 자축하기조차 힘들게 한다.

———

히바쿠샤 아타 요코의 목격자 증언에는 이런 문장이 나온다. "역사의 시체들을 넘어 걸음을 옮기는 동안 비통함이 나의 심장을 짓눌렀습니다."[31]

고야나기 마사키는 이른바 "히바쿠샤 3세"다. 나가사키에 폭탄이 떨어졌을 때 그녀의 할머니는 스물두 살이었고, 폭발 순간에는 구사일생으로 목숨을 건졌지만, 사는 내내 끊임없이 건강 문제에 시달리다 결국 쉰셋의 나이에 위암으로 사망했다. 고야나기는 조부모 세대의 이 같은 심리적 고통과 정신적 상처가 오늘날 그녀의 세대까지 괴롭히고 있다고 말했다.

원자폭탄 생존자들은 잊히지 않았지만, 정작 그들은 잊히기를 원한다. 비록 폭발 직후에는 뚜렷한 영향이 없었더라도, 몇 년이 지난 미래에는 질병이라는 형태로 영향이 나타날 수밖에 없다. 이 같은 몸의 이상은 아직 의학적으로 해결되지 않았다. 피해자는 늘 불안한 마음으로 영향이 드러나기를 기다린다. 그 영향이 어떤 형태로 나타날지 짐작조차 못하면서 말이다. 일단 방사능의 영향이 질환의 형태로 감지되고 나면, 미래에 다른 영향이 다른 질환의 형태로 나타날 수 있다. 심지어 피해자의 자녀는 부모가 피폭 생존자라는 사실을 숨기라는 소리까지 듣는다. 그래야 그럭저럭 살면서 평범하게 성장할 수 있다는 것이다.[32]

히로시마 원폭 돔은 폭탄 낙하점 근처에 서 있던, 하마터면 무너질 뻔했던 건물이다. 그 건물의 뼈대는 히로시마 평화기념공원을 상징하는 핵심 구조물이 되었고, 보는 이에게 언어를 초월한 목소리로 무언가 이야기하는 인상을 준다.

"히바쿠샤이자 화가"인 야마시타 야스아키는 "그 실제적 비극에 대한 묘사를 의식적으로 삼가는 중"이라고 말했다. "그보다 저는 꽃들의 형상을 그립니다. 참혹한 비극의 자국을 메우기 위해서죠. 비극적 상황의 한복판에서도 자연은 우리에게 축복을, 평화롭고 고요한 느낌을 선사했으니까요. 그런 활동을 통해서 전쟁이나 원자폭탄 같은 것들의 부조리함을 사람들에게 환기시키고 싶습니다. 사람들이 제 그림을 보고 느끼기를, 그래서 다시는 같은 실수를 반복하지 않기를 바랍니다. 사람들이 그런 부분을 이해해준다면, 저는 무척 행복할 것 같군요."[33]

———

돌이켜보면 어머니는 홀로코스트 생존자로 불리는 것을 내켜하지 않았다. 아버지처럼 집단수용소에 강제로 이송된 적이 없다는 이유에서였다. 어머니와 외조부모님은 게토 청소 직전에 빌나 게토를 탈출할 수 있었다. 세 분은 폴란드의 시골 마을에 은신처를 마련했고, 러시아군이 그 일대를 해방시킨 1944년까지 그곳에 머물렀다. 어머니가 은신처에서 해방되던 바로 그 시기에 아버지는 수용소에 들어갔고, 이따금 두 분은 이 기묘한 아이러니에 새삼 놀라곤 했다.

부모님은 거의 50년을 부부로 지냈다. 그리고 내가 기억하는 한, "생존자"라는 단어는 언제나 두 분 모두를 불편하게 만들었다. 이제 내 차례다. 나 역시 일종의 죽을 고비를 겪고도 살아남았으니까. 나는 어머니의 죽음을 지켜봤고, 친구들의 죽음도 보았다. 이런저런 실수에도 불구하고, 나는 여기에 살아 있다. 친구들과 가족의 도움과 사랑 덕분에, 의사와 간호사들, 약과 약초들 덕분에, 나는 여기에 살아 있다. 온라인에서 나와 함께 걱정하고 극복하고 계획하고 기도해준 낯선 이들의 선의 덕분에, 나는 여기에 살아 있다. 그 안에서 우리는 함께였고, 그 안에서 우리는 혼자였다. 우리 중 일부는 목숨을 건졌고, 우리 중 일부는 목숨을 잃었다. 나는 운이 좋은 사람이다.

———

1965년 7월 29일의 충격을 나는 결코 잊을 수 없다. 그날 히로시마는 여름 더위로 찜통처럼 뜨거웠고, 스물두 번째 추모일인 8월 6일이 목전에 다가와 있었다. 바로 그날 우리는 네 살배기 아들 후미키가 백혈병에 걸렸다는 사실을 알게 되었다.

아내는 원폭 피해자다. 그리고 모든 피폭자는 혹여 세간의 믿음처럼 자녀에게 모종의 나쁜 영향이 나타날지 모른다는 걱정 속에 불안하게 하루하루를 살아간다. 불행히도 아내의 예감은 적중했다. 후미키가 히로시마대학병원에서 백혈병 말기라는 진단을 받았으니까.[34]

일본의 십대 소녀 사사키 사다코는 1955년 악성 백혈병에 걸렸다. 겨우 두 살 때 히로시마에 떨어진 원자폭탄에서 방출된 방사선의 영향이 뒤늦게 나타난 것이다. (피폭 당시만 해도 눈에 띄는 부상은 없었다.) 사다코는 어머니와 함께 원폭 투하 지점에서 채 1.6킬로미터도 떨어지지 않은 자신의 집에 있다가 변을 당했다. 또한 폭발 뒤에는 이른바 검은 비에 꼼짝없이 노출되었다. 사다코가 입원했을 때 같은 방을 쓰던 환자는 일본의 전설이라며, 천 개의 종이학을 접으면 신들이 소원대로 건강을 되찾아줄지 모른다는 이야기를 소녀에게 들려주었다.[35]

사다코는 아쉬운 대로 사탕 포장지와 약포지를 사용해 종이학을 접기 시작했다. 죽기 전까지 소녀가 얼마나 많은 종이학을 접었는지에 대해서는 이야기가 분분하다. 어쨌건 사다코는 12세의 나이로 사망했고, 1958년에는 죽은 소녀를 기리는 동상이 세워졌다. 동상 현판에는 이런 글귀가 적혔다. "이것은 우리의 울음이다. 이것은 우리의 기도다. 세상에 평화를."

또 다른 히바쿠샤 이시다 아키라의 발언 가운데 일부를 소개한다. "1945년 8월 6일 우리는 모두 한 번 죽었고 그때, 우리는 다시 살아났습니다. 우리는 모두 다시 태어났습니다. 그리고 지금 우리는 우리의 두 번째 삶을 살고 있습니다."[36]

———

일본어에는 히로시마와 나가사키에 원자폭탄이 떨어진 뒤에도 살아남은 나무들을 가리키는 구체적 낱말이 있다. 히바쿠주모쿠被曝樹木는 종종 "생존자 나무"라고도 불리며, 영어권에서는 "A-bombed tree(피폭된 나무)"라는 이름으로 더 익숙하다. 그 나무들의 줄기에는 노랗고 특별한 이름표가 초라한 훈장처럼 매달려 있다. 개중 몇몇 나무는 수천 살이 넘었고, 수양버들부터 동백나무, 대나무, 협죽도, 포플러까지 수종도 제법 다양하다. 원폭 투하 지점을 중심으로 1~2킬로미터 반경 안에는 은행나무 여섯 그루가 자라고 있다. 이들 또한 폭발에서 살아남은 귀한 생명체다. 비록 숯처럼 새까맣게 타버렸지만 나무들은 그저 견뎌내는 단계에서 더 나아가 빠르게 건강을 회복했다. 최근 몇 년 동안 이들 히바쿠주모쿠의 씨앗과 묘목은 세계 여러 나라에 선물로 전달되어 친선과 평화의 사절단 역할을 묵묵히 수행하는 중이다.[37]

신작 다큐멘터리 영화 「나무들The Trees」은 맨해튼 그라운드제로에 서 있던 "생존자 나무"에 관한 이야기다. 9·11 테러로 쌍둥이 빌딩이 무너진 직후 파괴 현장에서는 배나무의 참혹한 잔해가 발견되었다. 영화 속 수목 재배 전문가들은 나무가 "치명상을 입었다"고 입을 모았다.[38] 까맣게 타버린 줄기와 잘려나간 가지들 때문에 나무는 뼈대조차 남지 않은 듯 보였다. 하지만 그 나무가 기운을 되찾고 소생할 가능성을 알아본 사람이 있었다. 사람들은 나무를 뉴욕시 외부의 어느 정원에 옮겨 심었고, 정성스런 보살핌 덕분에 (문제의 수목 재배 전문가의 표현을 빌리자면 "사건 현장을 떠나는 마지막 생명체"였던) 그 나무는 건강을 회복했다.

　그라운드제로의 추모공원이 거의 완공되었을 무렵 조경 설계자들은 이제 되살아난 그 나무를 본래의 자리로 데려와 새로 심은 나무들 사이에 뿌리내리게 하자는 데 의견을 같이했다. 관조적인 배경 음악이 그새 어엿한 어른으로 성장한 배나무의 여정에 세심히 보조를 맞췄다. 기다란 트럭에 모로 누운 채 나무는 길을 나섰다. 지나가던 사람들이 마치 유명 인사나 외국 고위 관리의 행진을 목격한 것처럼 나무의 사진을 찍어댔다. 누워 있는 나무를 보고 있자니, 유월절 기간에는 푹신한 베개를 겹쳐 베고 비스듬히 기댄 자세로 출애굽기를 암송하며 "우리가 한때는 노예였지만 지금은 자유의 몸이라는" 사실을 몸으로 상기하라는 유대교 율법이 머릿속에 떠올랐다. 나무를 태운 트럭은, 누운 나무가 통과하기에 너무 낮은 지하도를 피해 신중하게 고른 경로를 따라 호위를 받으며 앞으로 나아갔다.

비슷한 소재의 한 단편 영화에서는, 오클라호마시티의 외로운 "생존자 나무" 이야기가 시간의 흐름에 따라 펼쳐졌다. 1995년 4월 백인우월주의자 티머시 맥베이는 폭발물을 가득 실은 트럭을 돌진시켜 연방 정부 건물의 한쪽을 무너뜨렸고, 이 사고로 800명도 넘는 사람들이 죽거나 부상을 입었다. 그때 그 현장에도 죽음의 문턱까지 갔다가 놀라운 회복력으로 되살아난 나무가 있었다. 공원 경비원 마크 베이즈가 카메라를 향해 설명한 것처럼, 이 아메리카느릅나무는 테러에 맞서 그 도시와 이 나라가 보여준 인내를, 민주주의와 자유, 존엄성의 끈질긴 생명력을 상징하게 되었다. 폭탄이 터질 때만 해도 별다른 주목을 받지 못했던 그 나무는 이제 오클라호마시티 국립기념관의 중심적 존재로 자리매김했고, 군데군데 보이는 흉터에도 불구하고 건강히 지내고 있다.[39]

두 영화에 따르면, 최근 몇 년 사이 9·11 테러 현장의 생존자 나무뿐 아니라 오클라호마시티에서 살아남은 아메리카느릅나무에서도 씨앗이 수집되었다. 지역의 묘목장에서는 씨앗들을 심어 기른 뒤, 해마다 봄이 오면 주민 모임을 열어 묘목을 사람들에게 나눠주었다. 자손들을 퍼뜨리기 위해서, 나무들의 메시지를 전파하기 위해서. 화면 속에서는 젊은 학생들이 손으로 흙을 깊숙이 파내려가며, 땅과 그것의 풍부한 산물에 마음으로 다가가고 있었다.

의아한 사실은, 두 영화의 등장인물 가운데 단 한 명도 일본의 "생존자 나무"를 언급하지 않는다는 점이었다. 확신컨대 그들은 옛 부헨발트 집단수용소 자리에서 발견된 괴테의 나무에 대해서도 모르는 듯했다. 한때 독일의 저 유명한 작가에게 안식처를 제공했던 그 거대한 떡갈나무는 이제 밑동만 간신히 남아 있다. 일설에 따르면 그 나무는 1945년 4월 패튼 장군의 제3군이 부헨발트에 도착해 수용소를 해방시키기 직전 일주일 동안 수감자들 사이에 폭동이 일어났을 때 파괴되었다. 공산당원 수감자들의 엇갈리는 증언에 따르면, 그 나무는 우발적으로 혹은 상징적으로 불태워졌다.

폴란드 동남부의 옛 벨제크 집단수용소 자리에 기념관을 건립할 당시 설계자들은, 나치 친위대가 수용소에서 극악무도한 작전을 수행하던 몇 년간 심어놓은 비교적 어린 나무들을 뽑아내기로 결정했다. 남겨질 나무라고는 잔혹 행위를 목격한 늙은 떡갈나무들뿐이었다.[40]

———

언젠가 나는 시인 도리안 로가 가까운 친구이자 동료인 시인 루실 클리프턴을 차에 태우고 캘리포니아 해안의 몬터레이소나무와 미국 삼나무 숲을 감상하던 중에 나눴다는 이야기를 들은 적이 있다.

"저 나무들 좀 보세요, 너무 아름답지 않아요?" 도리안이 루실에게 말했다. 흑인인 루실은 이렇게 대답했다. "글쎄요, 도리안, 흑인과 나무는 복잡한 관계로 얽혀 있어서요."

나무는 목격자다. 부역자다. 나무는 복잡한 관계로 얽혀 있다.

문득 유대인과 기차도 복잡한 관계로 얽혀 있다는 생각이 들었다. 굴뚝과 자욱하게 피어오르는 연기도. 샤워장도. 가스 밸브도. 지붕 덮인 화물칸도. 독일어로, 특히 고함치듯 말하는 소리도. 반듯하게 특정 각도로 들어올린 손도. 독일셰퍼드도. 특정한 콧수염이나 머리 모양도. 특정한 제복도. 숨바꼭질도.

바이마르 북쪽에 자리한 에터스베르크의 낮은 산비탈에서, 숲은 자연의 섭리대로 빈터를 메우며 자라기를 갈망했다. 그러나 나무들은 귀환을 저지당했다. 가시철조망은 나무들의 뿌리가, 나무들의 가지가, 나무들의 잎이 영역을 침범하도록 내버려두지 않았다.

"너도밤나무 숲"을 뜻하는 그 독일어 낱말이 언젠가는 다시 사용될 수 있을까? 아니면 부헨발트를 일컫는 새로운 낱말이 만들어질까?

———

2016년 여름 소노마코스트의 대기는 푸르고 건조했다. 시랜치에 자리한 즈데나 베르거의 자택은 나무 그늘이 드리워 선선했다. 그녀는 생존자라는 단어를 어떻게 느끼고 있을까? 내 물음에 그녀는 이렇게 대답했다.

"그게 내 정체성으로 굳어지진 않길 바라죠. 그건 내 모습의 일부분일 뿐이니까요."

"하지만 만약 인생의 그 시기를 간략하게 설명할 필요가 있다면요?"

"'수용소 몇 곳을 전전했다'고 하겠죠." 그녀는 이렇게 응수했다.

즈데나의 자전적 소설 『새로운 아침에 말해주세요Tell Me Another Morning』에는 그녀가 열여섯 살 때부터 스무 살 때까지 4년에 걸쳐 세 곳의 각기 다른 수용소—테레진, 아우슈비츠, 베르겐벨젠—에서 몸소 겪어낸 일들이 연대순으로 기록돼 있다. 노벨평화상을 수상한 작가 엘리 위젤은 부헨발트 수용소에서 해방된 뒤에도 스스로 강요한 침묵 속에서 10년을 기다린 끝에 비로소 회고록『밤La Nuit』을 집필하기 시작했다. 즈데나도 다르지 않았다. 그녀 역시 처음에는 자신의 과거를 이야기할 방법을 알지 못했고, 1955년 미국에 도착하고 나서야 비로소 이전에는 차마 말하지 못했던 것들을 말해야 한다는 강박을 느꼈다.

"기나긴 시간 동안 저는 침묵했습니다." 그녀는 말했다. "사람들이 내 이야기를 모르는 편이 낫다고 생각했죠. 부정하려는 의도는 아니었어요. 다만 집단수용소 경험자로 규정되는 게 싫었습니다. 그 경험을 이용하고 싶지 않았어요."

우리는 2008년에 처음 만났다. 1961년에 초판이 출간된 그녀의 저서에 관한 기사를 쓰기 위해 내가 마련한 인터뷰 자리였다. 몇몇 호의적인 서평에도 불구하고 책은 비교적 이른 시기에 절판되었다. 이런저런 이유로 베르거는 침묵과 또다시 손을 잡았다. 하지만 2007년『파리프레스』가 그간 중요도에 비해 인지도가 낮았던 여성 작가를 재조명하는 프로젝트의 일환으로 책을 재출간하면서 국면은 전환되었다.

즈데나는 자신의 경험을 글로 옮기기 위해서는 이야기의 허구성을 가장할 수밖에 없었다고 나에게 털어놓았다. 실상은 "모든 이야기가 진실"인데도 말이다. 그녀는 일인칭 회고록이 아니라 소설을 쓰기로 결심했고, 타니아라는 등장인물의 입을 빌려 자신의 경험담을 써내려갔다. "진정으로 해방된 기분"이었다고, 즈데나는 말했다. "일기책은 절대로 쓰고 싶지 않았어요. 소설을 쓰면 너무 허황되지 않은 선에서 이야기를 구체적이고도 아름답게 꾸밀 수 있잖아요."

『새로운 아침에 말해주세요』는 실로 놀라운 작품이다. 얼핏 단순한 산문처럼 보이지만, 절제된 서정미 속에 유려함이 돋보이며, 노골적인 동시에 이지적이다. 이 유일한 저서 이후로 그녀는 집필을 중단했다.

"더 써보려고 했지요." 이렇게 말하며 즈데나는 슬프게 웃었다. "하지만 더 이상 말할 게 남아 있지 않았나봐요."

———

안네 프랑크가 숨어 지내던 다락방의 창문 밖에서 마로니에가 하얗게 꽃을 피웠다. 일기에서 안네는 그 나무를 바라보며 마음속으로 희망을 품게 되었다고 말했다. "이 나무가 존재하는데, 내가 어떻게 슬퍼할 수 있겠어요?"

그 유명한 나무의 이야기가 담긴 어느 어린이 도서에는 밤색 잉크로 그린 일러스트가 삽입돼 있다.[41] 맨해튼의 그라운드제로와 오클라호마시티에 있는 "생존자 나무"와 달리 "안네의 나무"는 병들어 쇠약해졌고 결국 2010년, 제 이름의 원주인이 세상을 떠나고 50년 남짓이 지난 뒤 그만 폭풍에 쓰러져버렸다. 하지만 나무의 죽음이 임박했음을 알아차린 관리인은 미리 수십 그루의 묘목을 길러냈고, 나무들은 세계 각국의 크고 작은 도시에 분배되었다.[42]

———

정신과 의사이자 작가인 로버트 제이 리프턴은 빌 모이어스와 나

눈 인터뷰에서 이렇게 말했다.

9월 11일 이후로 모든 미국인은 생존자가 되었습니다. 우리는 공격을 받았습니다. 또한 당연하게도 세계무역센터나 펜타곤과 매우 밀접하게 연관된 사람은 우리 중 일부였죠. 하지만 이 전대미문의 취약성은 나라 전체를 충격에 빠뜨렸습니다. 조지 부시 대통령의 충격은 어마어마했죠. 생존자인 동시에 나라를 이끌 책임자였으니까요. 생존자로서 조지 부시는 삶의 의미를 발견했다고 저는 생각합니다. 생존자들은 언제나 생존의 의미를 찾아, 남은 삶의 의미를 발견하려 하는데, 부시는 그걸 발견한 거예요.[43]

리프턴의 이어지는 설명에 의하면, 부시 대통령은 생존의 "의미"를 미군의 이라크 침공에서 발견했다. 침공의 근거는 당시의 이라크 대통령 사담 후세인이 대량살상무기를 비축해두었다는 잘못된 전제였다.

9·11 테러의 이야기는 이 끝내 찾지 못한 무기들의 이야기와 여러 면에서 얽히고설켜 있다. 2003년 후세인이 생포된 뒤 그를 심문했던 전직 CIA 분석가는 최근의 저서에서, 미국이 침공할 당시 후세인은 "향후 소설 집필에 집중할 생각으로 권력의 대부분을 이미 측근들에게 넘긴 상태였다"[44]고 폭로했다.

———

과테말라에서 반군 조직과 국가 보안 부대의 갈등이 거의 40년에 걸쳐 지속되면서 어림잡아 20만 명이 목숨을 잃었다. 이 와중에 벌어진 마야 원주민 집단 학살의 생존자들은 무려 20년 동안 침묵을 지켰다. 최근 들어 지방의 일부 마야 원주민들은 그들과 그들의 가족에게 무슨 일이 벌어졌는지에 대해 공개적으로 이야기하기 시작했다.

"다들 너무 두려워했습니다. 침략자들이 쳐들어와 남편과 가족들을 죽이거나 납치하며 했던 말들을 뚜렷이 기억하고 있으니까요. 그들은 말했어요. 이야기하지 말라고. 이야기했다가는 죽을 줄 알라고. 돌아와서 다 죽여버리겠다고……." 산타루시아 출신의 전쟁 피해자 훌리오 코초이는 침묵의 이유를 이렇게 설명했다. 그는 마을 여성들의 사연을 세상에 알리기 위해 그녀들을 설득하고 이야기를 수집해 왔다.[45]

아래는 그의 라디오 인터뷰를 재구성한 기사의 일부분이다.

코초이 자신도 겨우 열네 살 때 가족 중 다섯 명이 살해되거나 실종되는 아픔을 겪었다. 그는 자신이 다음 차례가 될지 모른다는 두려움에 떨며 1년 동안 집 안에 숨어 지냈다. 그의 아버지는 어느 정도 돈이 모이자 학업을 위해 그를 산타루시아 밖으로 떠나보냈다. 코초이는 대학 교육을 마친 뒤 마을로 돌아왔고, 그의 마음은 1980년대에 그곳에서 벌어진 만행을 세상에 알리려는 열망으로 가득했다. 하지만 그러려면 우선 마을 여성들을 설득해야 했다. 그들은 견고한 침묵을 깨뜨리기를 주저했다. 글을 읽고 쓰는 법을 알지 못했고, 그러다보니 자신들의 증언이 문자로 기록됐을 때 갖게 될 파급력을 좀처럼 이해하지 못했다. 하지만 코초이는 마침내 설득에 성공했다. 또 다른 피해자의 이야기로 그들의 마음을 움직인 것이다. 그 피해자는 다름 아닌 안네 프랑크였다.

나치를 피해 숨어 지냈던 유대인 소녀의 이야기가 마야 원주민 여성들을 감화시켰다고, 코초이는 당시를 회고했다. "저는 그분들께 이렇게 질문했습니다. '왜 저는 안네 프랑크의 이야기를 알고 있을까요? 한 번도 만난 적 없는 소녀의 사연을 저는 어떻게 알게 된 걸까요?' 그러자 한 아주머니가 그러시더군요. '책에서 읽었겠지'라고요.

이때다 싶어 저는 맞장구를 쳤습니다. '맞아요. 제가 안네 프랑크를 알고 있는 이유는 안네에 관한 책이 존재하기 때문이에요. 그리고 거듭 말씀드리지만, 우리도 그렇게 할 수 있어요. 우리의 아이와 손주들을 위해서.'"

———

2014년 9월 11일 온라인 잡지 『태블릿』에는 국립9·11추모박물관 National September 11 Memorial and Museum에서 구술사 부서 인턴으로 일한 줄리아 보손의 에세이가 게재되었다. 자신의 경험을 상술한 그 에세이에서 보손은 이른바 "기억의 모호성"과 구술사 프로젝트가 자신에게 남긴 장기적 유산에 대해 유려한 필치로 묘사했다.

그간 트라우마의 이론을 다루는 분야에서는 구술사가 증인들의 심리치료에 미치는 영향을 확인하기 위해 다양한 연구가 활발하게 진행돼왔다. 컬럼비아대학 구술사 센터 역시 2001년 9월 11일에 관한 구술사 프로젝트를 위해 인터뷰 자료를 독자적으로 수집 중이었다. 그러던 차에 센터 책임자 메리 마셜 클라크는 인터뷰 담당자들과의 정기 회의가 언젠가부터 집단 심리치료의 성격을 띠기 시작했다는 사실을 간파했다. 그녀는 심리학 전문가를 불러 구술사 프로젝트 담당자들과 만나게 했다. 상담 결과 "인터뷰 담당자 중 일부는 잠을 이루지 못하거나, 인터뷰 대상자와 비슷한 신체적 증상을 느끼거나, 극심한 정신적 고통의 여타 징후들을 보였다." 타인의 이야기를 듣는 일이 그들을 병들게 한 것이다.[46]

———

이따금 홀로코스트 생존자들은 그들의 이야기를 들려달라는 내 요청에, 정확히는 이야기라는 특정 단어에 눈에 띄게 거부감을 드러내곤 한다. 마치 "이야기"라는 낱말이 상상의 산물을, 잠자리에서 부모가 졸린 아이에게 들려주는 동화 같은 걸 의미하는 것처럼 말이다. 한 여성 생존자가 내 질문에 대한 답장으로 보낸 이메일 속 그 단어에는 앞뒤로 따옴표가 붙어 있었다. 그녀는 말할 것이 있긴 하지만, 그녀 말고도 많은 이가 하고픈 "이야기"를 가슴에 담아둔 채 살아간다고 설명했다.

———

당신을 괴롭히는 기억들은 당신의 것이 아니다.
그것은 당신이 적어놓은 무엇이 아니다.
그것은 당신이 잊은 무엇, 당신이 잊어야 하는 무엇이다.
당신이 살아 있는 동안 계속해서 잊어야 하는 무엇이다.
그리고 운이 좋으면, 망각은 의식儀式을 발견할 것이다.
그 안에서 당신은 혼자가 아니라는 사실을 알게 될 것이다.
　　　　　　　　－제임스 펜턴의 시 「독일 진혼곡A German Requiem」[47] 중에서

———

   우리가 따로 혹은 같이 무엇을 경험하건 간에 결국에는 언어의 한계에, 그것의 부적절성과 부정확성에 부딪힐 수밖에 없다. 어떻게 해야 사실과 허구 사이의 이 모호한 경계들을 말로써 조금이라도 더 명확하게 구분할 수 있을까? 기억과 상상이 교차하고 갈라지는 혼돈의 지대에서 우리가 공유하는 어휘의 가장 온전한 보금자리는 어쩌면 우리 발아래에서 그물처럼 뒤엉킨 채 노래하는 뿌리들과 우리 머리 위에서 뒤얽힌 채 솟아나는 가지들의 사이와 틈새인지도 모른다.

3장

어머니가 여덟인 여인

2000년 늦가을 어머니가 돌아가셨을 때 나는 생전에 당신이 털어놓지 않은 수많은 이야기 또한 함께 죽어갔다는 사실을 아프지만 받아들여야 했다. 흔히 홀로코스트 생존자의 자손들은 과거의 고통스런 주제들에 다가서려는 우리의 조심스런 발걸음이 자칫 더 일찍, 더 많이 노력했어야 한다는 회한을 우리 가슴에 남길 수도 있다는 사실을 애써 외면하곤 한다. 어머니와 쇼아 재단의 인터뷰 영상은 비디오 테이프로 녹화된 터라, 이제 재생 장치가 없는 나로서는 다시 돌려보기조차 녹록지 않다. 나도 언니도 남동생도 아버지도 아직은 문제의 테이프를 디지털 파일로 변환해내지 못했다. 나는 그 40분짜리 영상을 어머니가 돌아가신 뒤로 딱 한 번, 혼자서 봤던 때를 기억한다. 어머니의 목소리를 다시 들으며 나는 감정에 복받쳐 흐느꼈다. 그 영상물이 어머니의 과거를 이해하는 데 특히 더 도움이 되었거나 유의미했던 것은 아니다. 심지어 카메라 앵글에서 살짝 벗어난 자리에 앉아 있던 그 인터뷰어조차 어머니 스스로 기억하고 싶은 (혹은 기억할 수 있는) 내용을 제외하고는 별다른 이야기를 이끌어내지 못했다.

———

폴린을 처음 만난 것은 2016년 7월 중순의 따뜻한 어느 날 버클리 시 텔레그래프 가에 자리한 바치소스라는 식당에서였다. 지역의 한 유대인 사회복지 단체에서 매달 "카페 유로파Café Europa"라는 홀로코스트 생존자 모임을 주최하는데, 의무감에 참석한 그 자리에서 뜻밖에 소중한 인연을 맺게 된 것이다. 식당에 들어서며 내가 느낀 첫인상은 그날의 점심 뷔페가 눈이 휘둥그레질 만큼 푸짐하다는 것이었다. 보르시비트를 주재료로 고기와 채소를 넣고 끓인 뒤 사워크림을 끼얹어 먹는 러시아식 수프 요리와 석류를 곁들인 닭 요리, 구운 아스파라거스, 라이스필래프, 양배추 카레, 가시를 발라낸 서대기 요리, 무사카다진 소고기나 양고기에 가지, 양파, 토마토 등의 채소를 섞어 올리브유에 볶은 뒤 화이트소스를 끼얹어 구운 그리스 요리, 후무스으깬 병아리콩에 오일과 마늘을 섞어 만든 중동 음식 등 다양한 지중해 음식이 넉넉하게 차려져 있었다. 저민 과일과 케이크는 3단 접시에 놓여 있었다. 온갖 요리와 케이크가 끊임없이 들어오는 터라, 혹여 그릇이 넘치진 않을까 걱정될 정도였다.

하지만 지독한 굶주림을 견뎌낸 사람들에게 이보다 완벽한 식탁은 없을 듯했다. 배를 곯던 시절이 얼마나 오래되었든, 그들의 몸은 그때의 허기를 기억할 테니까.

나는 음식을 담은 접시와 보르시 한 그릇을 들고 조심조심 걸음을 옮겼다. 그러다 문득 이런 생각이 들었다. 나는 어쩌자고 이곳에 와 있을까? 이곳에서는 얼마나 더 많은 이야기를 들을 수 있을까? 어쨌건 나는 틈틈이 이런 자리에서 단 몇 분이든 한 시간이든 생존자들을 만나, 내가 태어나기 전부터 함께해온 역사를 내게 상기시키는 이들과 인연을 쌓아가고 있었다. 언젠가 그들은 모두 떠날 테고, 그 언제가 그리 멀지 않았다는 사실을 나는 누구보다 더 잘 알고 있었으니까.

"그들은 가족"이라고, 친구 롤라는 내게 말한다. 롤라는 생존자의 딸이자 미술가로, 나와는 친자매나 다름없는 사이다. 태어난 곳은 페루의 리마지만, 롤라는 성년기의 대부분을 캘리포니아 북부에서 지내며 다양한 비영리단체에서, 나이가 많고 대체로 궁핍한 생존자들을 정서적으로 지원하는 활동을 지속해왔다. 일종의 반직업적 대리 가족이랄까.

롤라는 노인생활관 몇 곳에서 미술품 제작 프로젝트를 진행하며 그녀만의 독특하고 유쾌한 기운을 발산한다. 함께 시간을 보낼 때면 우리는 언제나 영어와 스페인어를 섞어 말한다. 또한 꽤 자주 서로의 문장을 대신 끝맺고는 한다. 내 인생에서 그녀는, 내가 굳이 그 카페에 가서 음식 접시를 든 채 자리를 찾아 두리번거린 이유를 이해하는 몇 안 되는 사람 중 하나다.

나는 얼마 남지 않은 빈 의자에 겨우 자리를 잡았다. 맞은편에서는 백발의 여인이 연로한 두 남자 사이에 앉아 웃고 있었다. 그녀는 한쪽을 남편 솔리라고 소개하며, 그의 검버섯 핀 두 손을 다정하게 토닥거렸다. 다른 쪽의 키가 더 크고 안경을 쓴 남자를 그녀는 "자기"라고 불렀다. 나중에 알게 된 사실이지만, 그는 꽤 가까운 과거에 부인과 사별한 터였다.

　곧바로 나는 폴린의 억양에서 익숙한 흔적을 발견했다. 나는 그녀에게 어머니가 빌나 게토에 살았다는 사실을 털어놓았다. 폴린은 기다렸다는 듯 여덟 명의 어머니와 지냈던 자신의 어린 시절 이야기를 들려주었다. 첫 번째 어머니는 생물학적 어머니였고, 나머지 일곱 어머니는 이후에 그녀와 여동생을 숨겨준 이들이었다. 은신생활이 길어질수록 식구도 늘어갔다. 이러한 상황은 1946년, 그러니까 전쟁이 끝나고 유일하게 살아남은 사촌이 마침내 폴린과 여동생을 찾아낼 때까지 계속되었다.

　"한참 뒤에야 저는 어머니가 비행기 공장에서 강제노동에 동원됐다는 사실을 알게 됐어요. 그곳에서 한동안 일하시다가 수감자들과 함께 다른 곳으로 이송될 거라는 소문을 듣게 됐다나요. 종이쪽을 건네받은 수감자들은 뭔가 끔찍한 일이 임박했다는 걸 직감했어요. 사람들은 배에 태워졌고, 배는 얼마 못 가 발트해에서 어뢰에 격침됐지요. 어머니는 돌아가시기 전에, 그러니까 죽음이 임박했다는 사실을 알기도 전에, 사촌에게 아이들이 숨어 있는 장소를 말해뒀어요. 나와 내 여동생 말이에요. 만약을 위해서."

　폴린이 숨 가쁘게 쏟아내는 말들을 나는 집중해서 받아들였다. 내가 할 일은 그것이었다. 이야기를 귀 기울여 들어주는 일.

　"나중에 알게 된 사실은 또 있어요. 우리 아버지는 돈이 될 만한 물건들을 챙기러 옛집에 들렀다가 게슈타포에 고발됐다더군요. 물건을 되찾아서, 딸들을 숨겨준 가족들에게 약속한 비용을 지불하려다가 이웃들에게 배신을 당한 거예요."

폴린이 잠시 숨을 가다듬는 동안 나는 심장이 조이는 기분을 느꼈다. 그러다 문득 내가 빈 포크를 든 채로 음식을 입에 넣기 적당한 순간을 기다리고 있다는 사실을 깨달았다. 이런 카페에서 음식을 먹는 일이 나는 좀처럼 익숙해지지 않았다. 아버지와 함께 갔던 고급 식당들을 나는 생각했다. 흰색 식탁보와 리넨 냅킨을, 고급 요리로 그득한 접시들을, 창밖으로 보이던 물과 산과 골프 코스를. 리넨 냅킨은 점잖게 입가를 닦기엔 유용하지만 눈물이나 콧물을 닦기엔 별무소용이었다.

생존자 카페는 따로 있지 않았다. 그동안 내가 수없이 참석해온 이런 자리가 결국 다 생존자 카페였다.

폴린이 다시 이야기를 시작했다.

"저희 삼촌은 아르바이츠라거_{Arbeitslager}에서 살아남았어요. 뜻은 아시죠? 노동수용소 말이에요. 삼촌은 위험을 무릅쓰고 경비병에게 사정을 봐달라고 애원했어요. 가족이 있다고, 당신한테도 가족이 있지 않느냐고. 그러자 거짓말 같은 일이 일어났어요. 삼촌이 기적적으로 풀려난 거예요. 지나가던 미군 트럭이 삼촌을 태웠고, 차 안은 환호하는 군인들로 가득했죠. 전쟁에 이겼다는 소식을 막 들었다나요. 군인들은 삼촌을 어느 독일인 마을에 내려줬는데, 어떤 여자가 삼촌을 흘깃 보더니 이렇게 묻더랍니다. '아침은 드셨어요?' 그 여자는 삼촌을 데려다 먹을 것을 주었고, 삼촌은 그 집에서 1년을 머물렀어요. 잠은 침대 겸용 소파에서 잤고요. 상상이 되세요? 나중에 삼촌은 다른 독일 여자와 결혼했는데, 헤어진 전남편이 나치였다더군요. 그 여자들은 알지 못했어요. 하지만 돌아온 남자들은 달랐죠……."

그녀는 고개를 저으며 내 쪽을 응시했다. 하지만 내 얼굴을 보고 있지는 않았다. 그녀는 여기에 있었고, 또한 여기에 없었다.

"군인이었던 남자들은 차마 내 얼굴을, 열 살짜리 폴란드 여자아이를 똑바로 바라보지 못했어요." 폴린이 말을 이어갔다. "왜냐하면 그들이 아는 것을 나도 알고 있었으니까."

그녀는 의자에 등을 기댔다. 그러고는 말이 너무 많았다며 양해를 구했다.

"일단 시작하면 멈출 수가 없다니까." 그녀가 웃으며 말했다. "아마 저분도 할 이야기가 있을 텐데요."

그녀는 내 옆에 앉은 남자를 향해 손을 흔들었다. 그와 나는 아직 제대로 인사도 나누기 전이었다. 그도 그럴 것이, 폴린의 이야기가 계속되는 내내 그는 음식을 먹느라 여념이 없었다. 왜 아니겠는가?

남자는 고개를 끄덕이더니 이렇게 운을 뗐다. "저는 1944년에 부다페스트에서 태어났습니다."

"아, 그래요." 폴린이 말했다. 아닌 게 아니라 그는 카페에 모인 다른 사람들보다 몇 살쯤 더 어려 보였다.

"우리 가족은 용케 잘 숨어서 강제 이송을 모면했어요." 그는 이렇게 덧붙였다. "하지만 곧 헝가리에서 오도 가도 못하는 신세가 되었지요. 공산당원들이 들이닥쳤으니까요. 결국 우린 몇 년 뒤에 탈출을 감행했어요. 걸어서 산맥을 가로질렀죠……." 여기서 그는 말을 멈춰야 했다. 우리가 앉은 긴 테이블 반대편 끝에서 일고여덟 명의 남녀가 노래를 시작하는 바람에 우리의 관심이 그리로 쏠리는 듯싶었기 때문이다.

폴린의 설명에 따르면, 그들은 가사에 "까만 눈"이 나오는 "집시들의 사랑 노래"를 부르고 있었다. 노래가 이어지는 동안 나는 주변 벽에 기대놓은 알루미늄 보행보조기를 찬찬히 세어보았다. 노래 사이사이로 가수들의 웃음소리가 들려왔다.

폴린의 남편이 아니라던 그 폴란드 남자는 아흔 살이 넘었다고 했다. 내 어머니와 외조부모님이 빌나 게토에 살았다는 이야기를 들었을 때 그는 고개를 갸우뚱하더니 자신도 그곳에 살았는지는 기억나지 않는다고 말했다.

"나는 파르티잔이었어요." 그가 머뭇거리며 말했다. "숲속에서 지냈지."

"가족은요?" 내가 그에게 물었다.

그는 어리둥절한 표정을 지었다.

폴린이 다정한 말투로 그를 거들었다. "그때는 아직 결혼하시기 전이었을걸, 제 말이 맞죠?"

그는 고개를 끄덕였다.

"아니, 원래 가족들 말이에요." 이렇게 설명하고 나는 그를 바라보았다. 그는 어디 뒀는지 잊어버린 기억의 한 조각을 찾고 있는 듯했다.

"부모님은 십중팔구 비명횡사하셨을 겁니다." 그가 자신 없는 말투로 대답했다. 부드러운 음성과는 대조적으로, 그가 뱉은 낱말 속에는 너무나 많은 사연이 감춰져 있었다. 우리 어머니도 친척들에 대해 이야기할 때면 같은 낱말을 사용하곤 했다. 살면서 처음으로 나는 비명횡사를 뜻하는 폴란드어 낱말이 궁금해졌다. (참고로 최근에 찾아본 비명횡사하다perish의 사전적 의미는 다음과 같았다. "폭력적으로 혹은 급작스럽게 때아닌 죽음을 당하다. 철저하게 소멸하다. 어원: 분리하다separate 혹은 자르다cut apart.")

나는 그에게 인생의 가장 괴로운 기억 중 일부를 잊었다는 사실이, 어떤 식으로든 축복으로 느껴지느냐고 물었다. 하지만 질문을 입 밖에 낸 순간, 속으로는 괜한 말을 꺼냈다고 생각했다.

"글쎄요." 그가 말했다.

이때 구원투수가 나타났다. 나의 집요한 질문 공세로부터 사랑스런 자기를 지켜주고 싶었는지, 폴린이 다시 자신의 이야기를 시작한 것이다.

"그때 잃은 아이들만 생각하면 지금도 너무 마음이 아파요. 내 남동생은 태어난 지 몇 주도 안 돼서 세상을 떠났어요. 하지만 나는 진심으로 다행이라고 생각해요. 생각해보세요. 과연 누가 그 애를 숨겨주려고 했겠어요? 유대인의 아들을, 할례 받은 남자아이를 말이에요."

우리는 모두 잠시 말없이 앉아 있었다. 주방에서 달그락거리는 소리가 불현듯 우리를 둘러싼 공간으로 밀려들었다. 자홍색 상의에 흰색 카디건을 걸친 폴린의 옷차림과 거기에 완벽하게 어울리는 그녀의 짧은 머리가 눈에 들어왔다. 이내 그녀는 농담으로 분위기를 전환했다. 남편 솔리 때문에 자신도 덩달아 우스꽝스러운 성을 갖게 됐다나. 그는 눈빛으로 내게 아내의 이야기를 들어주어 감사하다는 인사를 건넸다.

그때였다. 사회복지사 한 명이 일어서더니 "오늘은 폴린이 미국에 도착한 지 67년째 되는 날"이라고 알렸다.

"그것도 비행기로요!" 폴린은 웃으며 이렇게 덧붙였다. "아이들과 일드 공항에서 내렸죠. 아시다시피 JFK 공항의 이름이 원래는 그거 였잖우. 그때만 해도 그 이름이 어찌나 우습고 발음하기 어렵게 느껴 지던지. 사람들에게 그냥 라구아디아 공항에 도착했다고 말해버렸다 니까."

라구아디아. 그녀의 독특한 발음에서 나는 새삼 어머니의 목소리 를 떠올렸다.

직원으로 보이는 젊은 여자가 클립보드를 들고 다가오더니, 폴린 에게 기념일을 다 함께 축하해도 괜찮겠느냐고 물었다. 우리는 박수 를 쳤고, 솔리는 환하게 웃었다. 폴린은 내심 기쁘면서도 조금 얼떨떨 해 보였다.

"몇 년 전 랍비의 부탁으로, 내가 미국에 오게 된 사연을 독립기념 일 행사에서 이야기한 적이 있어요. 그때 과거지사를 모두 시원하게 털어놨지요." 이렇게 말하며 그녀는 마치 테이블에 우리 두 사람만 앉 아 있는 것처럼 나를 향해 몸을 앞으로 기울였다. "이젠 말하는 게 더 이상 두렵지 않아요."

그렇다면 두려운 것은 무엇이냐고, 나는 그녀에게 물었다.

"다르다는 것 아닐까요?" 이렇게 말하고 그녀는 옆자리의 솔리에 게로 눈길을 돌렸다. 그는 두 번째 케이크를 음미하고 있었다.

"나는 남들과 달랐어요. 하지만 열두 살 나이에 미국인이 되어야 했 죠. 그래서 무작정 모든 걸 잊으려고 노력했고요. 여동생은 이스라엘 로 입양됐고, 지금도 거기 살면서 열한 번째 손주가 나오기만 기다린 답니다." 그녀는 땅이 꺼지게 한숨을 내쉬었다. "우리 부모님이 살아

계셨더라면."

말하는 내내 폴린은 연신 한없이 다정하고 너그러운 목소리와 눈빛으로 나를 끌어당겼다. 내가 그녀의 목소리에서 돌아가신 내 어머니의 목소리를, 어머니가 들려주지 않았던, 폴란드 시골 마을에 숨어지낸 한 어린아이의 이야기를 듣고 있다는 사실을 그녀는 아직 모르고 있었다. 테이블의 보르시마저 어머니를 연상시켰다. 그리고 나는 더 이상 밀려드는 슬픔을 감당해낼 수 없었다.

폴린이 내 눈물을 알아차리고는 이렇게 말했다. "울지 말아요! 여기 할머니가 있잖아! 날 봐요!"

나는 냅킨 몇 장으로 두 눈을 훔쳤고, 폴린은 다시 이야기를 시작했다. 여러 해 전에 그녀의 삼촌은 독일 정부에 배상을 신청하라고 그녀를 설득했다.

"삼촌은 내게 인생의 첫 10년에 관해 써내라고 했어요. 삼촌이 관련 서류를 가져왔을 즈음 나는 세 아이를 둔 엄마였고요. 모든 게 불가능해 보였어요. 그때껏 독일 정부는 전쟁 당시 어린아이였던 생존자들에게는 절대로 배상금을 주지 않았으니까! 아이들이 피해를 입었을 가능성을 독일 정부는 인정하지 않았죠! 하지만 삼촌은 완강했어요. 시도는 해보라고 나를 다그쳤죠. 그렇게 애꿎은 시간만 흘러갔어요."

그녀는 다시 먼 곳을 바라보았다.

"결국은 서류를 작성하기로 결심했지요. 손이 다 타들어가더라니까. 그 일을 겪은 뒤로는 사람이 완전히 바뀌었어요."

우리는 둘 다 그녀의 가냘픈 손가락을 내려다보았다. 마치 거기 불에 덴 흉터가 남아 있는 것처럼. 그녀의 말이 비유적 표현이라는 걸 알면서도 모르는 것처럼.

이어서 그녀는 내 두 눈을 똑바로 응시했다. 그녀의 목소리에는 잠깐 사이에 힘이 들어가 있었다. "그리고 끝내는 그걸 받아냈답니다."

순간, 어머니의 사십대 시절이 머릿속에 떠올랐다. 배상금 신청 과정은 정신적 피해와 고통을 증명해야 한다는 점에서 그 자체로 또 다른 고문이라고 어머니는 우리에게 말했었다. 아마 내가 열 살이나 열한 살 때였을 것이다. 어머니는 식탁에 앉아 서류를 작성하고 있었다. 그때 어머니가 뉴욕시까지 가서 정신과 상담을 받았는지는 확실히 기억나지 않았다. 돌이켜보면 참으로 이상하게도, 어머니가 그 힘든 과정을 거치기로 마음먹은 이유를 나는 모르고 있었다. 심지어 이유를 물어본 기억도 없었다.

폴린처럼 어머니도 세 아이를 둔 엄마였다. 어머니의 손도 폴린의 손처럼 타들어갔을까? 또렷이 기억나는 사실은, 지급받은 일시금으로 어머니가 새 거실 가구를, 정확히는 청록색 벨벳 카우치와 거기 어울리는 2인용 소파를 샀다는 것이었다. 그 카우치는 여전히 새것처럼 말끔한 자태로 아버지 집에 놓여 있었다. 2인용 소파는 버몬트에 있는 남동생 집으로 옮겨졌다. 색깔은 전보다 바랬고, 팔걸이와 쿠션은 쓰면서 하도 문질러 부드럽게 닳았다. 남동생의 네 아이 모두 그 소파 위에서 젖을 먹고, 놀고, 낮잠을 잤다. 또한 네 아이 모두 내 어머니가 세상을 떠난 뒤 몇 년 사이에 세상에 태어났다. 동생의 첫째 딸 프리다는 할머니에게 이름을 물려받았다. 어머니의 장례식이 끝나고 겨우 두 달 뒤에 세상에 나온 조카딸이었다.

나는 아이를 갖지 않기로 선택했다. 이상적인 모성애를 발휘해 아이를 최선으로 양육할 능력이 내게도 잠재할지 모른다는 개인적 기대가 아주 없진 않았지만, 스스로 좋은 부모가 될 수 있으리라는 확신을 도무지 가질 수 없었다. 부지불식간에 아이를 다치게 할까봐 두려웠고, 아무리 대단한 심리치료나 자기애나 선의로도 내가 상처를 대물림할 가능성을 막아내지는 못할 것 같았다.

당연하게도 부모님은 그 문제에 있어서 입장이 단호했다. 대개의 홀로코스트 생존자와 마찬가지로 두 분은 히틀러를 극복하기 위해서라도 아이를 낳을 수 있는 사람은 아이를 낳아야 한다는 의견, 아니 주장을 고집스레 내세우곤 했다. 모름지기 유대인은 아이를 되도록 많이 낳아 민족의 존속을 보장해야 했다. 그런고로 부모님은 우리 삼남매가 모두 전통적 삶의 방식을 이어받아 족속을 영존시키는 활동에 동참하기를 바랐다. 그리고 나와 달리 언니와 남동생은 부모님의 이런 기대를 대체로 충족시켰다. 언니는 오누이를 낳았는데, 첫째가 딸이고 둘째가 아들이다. 남동생은 딸 셋에 아들 하나를 두었다.

아버지는 여러 전통 가운데서도 종교적 관습을 (과거에도 지금도) 각별히 중시해왔다. 반대로 어머니는 (요리나 안식일 촛불 밝히기처럼) 특히 즐겨하던 몇 가지를 제외하고는 유대교 전통을 그다지 엄격히 따르는 편이 아니었다. 하지만 손주를 보는 것이야말로 삶의 가장 큰 보람이라는 생각에 있어서만큼은 두 분의 관점이 일치했다.

그럼에도 나는 결심이 확고했다. 집안 대대로 정신질환 발병 빈도가 평균보다 높았다는 사실 또한 내게는 걸림돌이었다. 물론 고무적인 사실들도 있었다. 우리 조부모 세대와 증조부모 세대의 다수는 빛나는 지성과 선견지명을 겸비했을 뿐 아니라, 사진들을 근거로 판단하건대, 아름답고 학식이 뛰어난 데다 창의적이었다. 하지만 이렇듯 조상들의 DNA 덕에 내가 예쁘고 특출하고 건강한 아이들을 출산할지 모른다고 상상하는 동안에도, 그들을 기르는 과정은 내 능력 밖의 한없이 당혹스러운 모험으로만 여겨졌다.

나는 스스로를 신뢰하지 않았다. 나는 가정생활과 관련하여 내 통제 범위를 벗어난 모든 것, 다시 말해 가정생활의 전부를 신뢰하지 않았다.

———

얼마 전 나는 아버지와 뉴욕주 북부에서 부모님 대부터 친하게 지낸 가족을 만나 브런치를 함께했다. 하인츠와 루스는 첫 증손주의 탄생을 고대하고 있었다. 부부에게는 임신한 손녀가 두 명 더 있었는데, 그중 한 명인 파울라는 우리와 함께 식사 중이었다.

"미리 계획이라도 세우신 거예요?" 내가 말했다.

"히틀러의 계획대로야 되겠니?" 하인츠가 빈정거렸다. "전부 두 홀로코스트 생존자의 자손이다 이거야! 물론 너희 아버지는 사정이 좀 다르다만." 베를린에서 태어난 그는 가족과 함께 상하이로 탈출한 뒤, 그곳의 제법 많은 유대계 독일인 난민 틈에서 전쟁을 견디고 살아남았다. 루스 역시 독일인으로, 가짜 서류가 무사히 "통과"된 덕분에 비유대계 소녀로 위장한 채 살아남을 수 있었다.

우리는 다 같이 식탁에 둘러앉아 쉴 새 없이 (도무지 끝나지 않는)

대화를 나눴다.

"결국 우린 모든 얘기를 글로 적어두었네. 루스는 루스의 얘길 썼고, 나는 내 얘길 썼지. 손주들을 위해서 말이야." 하인츠가 이렇게 말했다.

"할머니의 글은 아름답고, 할아버지의 글은 사실적이에요." 파울라가 말했다.

우리는 모두 웃음을 터뜨렸다. "그럼 그렇죠." 내가 말했다.

"거기 적힌 얘기가 전부는 아니야." 하인츠가 말했다.

루스는 고개를 끄덕이더니 이렇게 덧붙였다. "나도 전부 말하진 않았다. 그만하면 됐지. 더 이상 생각하고 싶지도 않고."

"그런 사람이 독일인하고 결혼을 했나!" 하인츠가 다시 웃으며 말했다. "황당하지? 날 봐라, 내가 바로 그 독일인이잖니. 전쟁이 끝난 뒤로 네 할머니는 그곳과의 인연을 완전히 끊고 싶어했단다. 하지만 어째서인지 이 할아비와 결혼하겠다고 동의한 거야."

유대계 독일인은 다르죠. 루스를 거드는 어머니의 목소리가 귓가에 들리는 듯했다. 어머니의 영혼도 바로 그곳, 그 공간에 우리와 함께 있었다. 나는 그 식탁에서 어머니를 느낄 수 있었다.

파울라의 남편은 베네수엘라 출신이었다. 그 또한 홀로코스트 생존자에 둘러싸인 환경에서 자랐고, 그의 조부모도 홀로코스트 생존자였다.

그는 하인츠와 루스의 이야기를 자기 아이들에게도 들려주겠다고 말했다. 파울라가 불룩한 배를 어루만졌다.

마리아 앙헬레스 모르쿠엔데 박사는 아이오와주 아이오와시티에서 활동하는 스페인 출신의 정신과 의사다. 최근에 나는 그녀와 통화하던 중, 어머니가 되지 않기로 한 내 오랜 결심에 영향을 미친 몇 가지 걱정을 돌아보게 되었다.

모르쿠엔데 박사의 전문 분야는 트라우마의 세대 간 전이였다. 정신의학자로서 정진하여 현재의 위치에 이르기까지 그녀는 먼 길을 돌아왔다. 처음 몇십 년은 "서비스에서 소외된 이들"에게 나타나는 고난도의 심리적 문제들을 다루며 스스로를 단련하는 기간이었다. 하지만 오랜 단련에도 불구하고 그녀는 (자신의 동료들과 마찬가지로) 트라우마의 징후가 눈앞에 있을 때조차 트라우마를 알아보지 못했다.

"제 눈엔 보이지 않았어요. 놓쳐버린 거죠." 그녀는 이렇게 말했다.

내가 이유를 묻자, 그녀는 교육 과정에서 부분적 해답을 찾았다. 트라우마는 여러모로 의학적 진단이 "곤란한" 질환이라는 것이었다. "설명이 너무 단순했지요? 제가 그걸 놓친 더 중요한 이유는 좀더 개인적인 부분에 있어요. 스스로 그걸 얼마나 감당할 수 있느냐가 관건이라는 얘기죠. 지금 생각해보면, 저는 무의식적으로 스스로를 트라우마로부터 보호하고 있었어요. 스스로 감당하지 못할 짐을 외면해온 거예요."

그녀는 환자들의 인생사를 듣기 시작하면서 자신도 외상후 스트레스 장애의 증상을 경험하게 됐다고 털어놓았다. "악몽을 꾸기도 했고, 끔찍한 두려움에 시달리기도 했어요. 트라우마를 피해가며 일하는 방법을 배워야 했죠. 이제는 굉장히 신중해졌어요. 가끔은 과도하게 노출될 때도 있지만, 자신이 무엇을 얼마나 받아들일지 조절할 방법을 찾아둬야 해요."

그들은 듣는 일에 지쳐 있었다.

나는 쇼아 재단의 생존자 인터뷰 담당자들과 독일의 배상 신청 검토자들이 경험했을 감정을 상상해보았다. 그들은 어떻게 "조절"했을까? 그들은 어떻게 "과도한 노출"을 방지했을까?

이쯤에서 기괴하고 역설적인 사실을 소개하자면, 이른바 "최종적 해결"로 알려진 유대인 말살 계획 또한 나치 친위대ss와 살인기동대 아인자츠그루펜Einsatzgruppen의 정신적 상처를 완화할 목적으로 고안되었다. 매일같이 대량학살 임무에 투입되는 군인들이 심각한 정신적 충격을 호소하자, 친위대 대장 하인리히 힘러와 나치스가 "살인 기계"로서 인간이 가진 한계의 효율적 해결책으로 가스실을 고안했으니까.

최근에 정신과 의사 조녀선 셰이는 이라크 전쟁과 아프가니스탄 전쟁 참전군인들의 정신적 상처를 "도덕적 부상"이라고 지칭하면서,[48] 작위적 활동뿐 아니라 부작위적 활동까지, 다시 말해 잔혹 행위에 대한 직접적 책임감뿐 아니라 그러한 행위를 목격하고도 철저히 방관했다는 자책감까지 상처의 원인으로 간주했다.

모르쿠엔데 박사의 설명이 이어졌다. "해결되지 않은 트라우마는 기본적으로 두 가지 형태를 갖습니다. 첫 번째는 분리dissociation죠. 트라우마를 봉쇄하는 겁니다. 말을 꺼내기는커녕, 멀리 밀쳐내는 거예요. 그것도 아주 불안정하게. 그런 사람이 자신의 감정을 말로 표현할 수 있을까요? 절대 불가능하죠." 그녀가 잠시 생각을 가다듬는 동안, 나는 정신없이 메모를 휘갈겼다.

"두 번째 방식은 정반대예요. 트라우마를 담아두지 않고 밖으로 흘려보내는 겁니다. 인간관계에서 감정을 지나치게 표출하거나, 과거와 현재를 뒤섞어버리죠. 트라우마가 엉뚱한 영역으로 침투하는 거예요."

모르쿠엔데 박사의 설명을 듣고 있자니, 내 어린 시절의 장면들이 주마등처럼 눈앞을 스쳐갔다. 분노하는 아버지와 슬퍼하는 어머니. 분노하는 어머니와 슬퍼하는 아버지. 과거와 현재가 뒤섞이고 있었다. 트라우마가 엉뚱한 영역으로 침투하고 있었다.

"트라우마에 대한 인간의 반응은 보편적입니다." 모르쿠엔데 박사가 설명을 이어갔다. "생명의 위협을 맞닥뜨렸을 때, 우리 포유류는 싸우거나, 달아나거나, 굳어버리죠. 상관적 트라우마, 그러니까 인간관계에서 초래된 트라우마는 인류가 진화하며 생존을 위해 발달시킨 반응 체계를 무너뜨립니다. 외상후 스트레스 장애에 시달리는 사람들은 하나같이 실제 상황에 어울리지 않게 반응하거든요. 이를테면 달아나야 할 상황에 몸이 굳어버리죠. 아니면 싸워야 할 상황에서 달아나거나."

그녀의 환자 중에는 육아라는 임무를 감당할 준비가 미흡하다며 "급기야 자신의 아이를 포기하려는" 이들도 있다고 했다. 자신이 가진 트라우마의 파급력을 의식한 나머지, 그로 인해 사랑하는 사람이 다칠까봐 두려워한다는 것이다. 부모들은 "달리 어떻게 해야 할지 모르겠다"고 모르쿠엔데 박사에게 호소하거나, "자신의 상처를 치유하는 시간이 너무 길어져, 그사이 아이가 고통을 받게 될까봐" 불안해했다.

　모르쿠엔데 박사는 이러한 부모들에게 "도움이 필요하다"는 사실을 깨달았다. 그들은 "과거의 트라우마로부터 자신을 지킬 방법을 배워야" 했다. 그래서 "아이와 안정적 관계를 구축하는 일에 집중해야" 했다.

　"이제 우리는 다음 세대에게 공을 들여야 해요." 모르쿠엔데 박사가 설명을 이어갔다. "예방에 집중해야 합니다. 그게 부모와 아이를 돕는 길이니까요. 이건 선택의 문제가 아니에요. 아이를 보호하고 관계를 탄력성의 원천으로 만들어야죠. 그러려면 어떻게 해야 할까요? 어떻게 우리는 이 아이들에게 인생의 필연적 트라우마에 대처하도록 탄력성을 길러줄 수 있을까요?"

　우리 아버지는 낙천적이다. 우리 어머니는 인생을 즐겼다.

　"트라우마 치료가 성공하려면 무엇보다 안전하다는 느낌을 심어줘야 한다고, 저는 생각해요. 해결되지 않은 트라우마를 가진 부모의 자녀는 안전한 환경에서 안전하다고 느끼는 법을 알지 못해요. 안전한 환경에서도 안전하지 않다고 느끼죠. 생각해보세요. 안전한 환경에서 살아본 적이 없는데, 어떻게 그걸 인지할 수 있겠어요?"

　현재 모르쿠엔데 박사는 부모들에게 자녀의 정서적 욕구를 파악하는 법과 "자신의 사소한 고민에 잠식당하지 않는 법"을 가르치는 일에 정성을 쏟고 있었다. "아이들의 마음을 읽기만 해서는 안 돼요. 적절하게 반응하는 법도 배워둬야죠. 저는 부모들이 스스로 '방해 요인'을 찾아내도록 돕습니다. 그래서 아무리 불편한 감정이라도, 그것을 근본적으로 이해하고 다스릴 능력이 자기 안에 존재한다는 사실을 깨닫게 하죠. 이 과정에서 자녀의 욕구는 해소되고, 부모는 자신들의 이 능력을 방해하는 요인을 알게 됩니다."

나는 후성유전학에 대한 그녀의 견해를 물었다. 모르쿠엔데 박사는 연구자로서 매우 흥미롭고 "굉장히 유망한" 분야라고 생각하지만, 임상가로서 현재 자신의 초점은 치료적 개입에 맞춰져 있다고 대답했다. "저는 스스로에게 묻습니다. 임상가로서 우리가 지금 할 수 있는 일은 무엇인가? 우리가 이미 확보한 지식을 활용해 이 순간 환자와 아이들을 실제로 도울 방법은 무엇인가?

사실 후성유전학 연구의 활용 단계까지는 갈 길이 멀고도 멀어요. 물론 그런 일이 실제로 일어난다는 정도는 알고 있죠. 하지만 그런 일이 어떻게 일어나는지는 모르잖아요. 인생의 처음 몇 주 혹은 몇 시간이 그렇게 엄청난 영향을 끼칠 수 있다니, 생각하면 무서운 개념이죠. 하지만 후성유전학은 아직 미래의 학문입니다. 제 질문은 이거예요. 지금 우리는 무엇을 할 수 있는가? 우리가 보유한 지식을 실제로 활용할 방법은 무엇인가?"

대화 말미에 모르쿠엔데 박사는 환자들을 연구한다는 것이 일종의 특권처럼, "마치 작은 기적처럼" 느껴진다고 내게 말했다. 비록 얼굴이 보이지 않아도, 나는 그녀의 목소리에서 눈물을 느낄 수 있었다. "정말 놀라울 때가 언젠지 아세요? 스스로 딸아이를 싫어한다고 생각하던 어머니가 처음으로, 이제 딸에 대한 사랑을 느낀다고 말할 때예요."

———

1995년 정신분석학자 루이스 캐플런은 『완전히 사라지는 목소리는 없다No Voice Is Ever Wholly Lost』라는 저서를 출간했다. 책에서 캐플런은, 1970년대부터 두각을 나타낸 빈 출신의 정신분석학자 유디트 케스텐베르크가 홀로코스트 생존자들이 지닌 극심한 트라우마의 무의식적 세대 간 전이를 묘사할 목적으로 사용한 "전위transposition"라는 용어를 다음과 같이 설명했다.

> 전위가 일반적 세대 간 전이보다 훨씬 놀라운 이유는, 아이라는 존재의 발달 과정에서 부모의 과거가 차지하는 **심리학적 공간의 총량**에 있다. 또한 전위는 **평범한 시간의 반전**을 가리킨다. 그 반전으로 인해 부모와 아이의 시간적 위치가 뒤바뀐다. (…) 부모로서 그들은 자신의 용기와 미덕, 이상을 아이가 모방하며 동질감을 갖기를 의식적으로 장려하는 한편, 공포와 수치심, 죄책감의 전이를 차단하기 위해 할 수 있는 모든 조치를 취할 것이다. 하지만 극심한 트라우마의 전이와 관련해서는, 아이를 보호하려는 부모의 의식적 욕구가 별다른 힘을 발휘하지 못하는 듯하다. 아이는 트라우마라는 "검은 젖(파울 첼란의 시구)"을 빨고, 음미하고, 흡수하고, 그것의 쓴맛에 몰두한다. 마치 그것이 생명의 필수 요소인 것처럼. 마치 그것이 존재 자체인 것처럼.[49]

물론 캐플런이 이 글을 쓴 시기는, 전위에 관한 후성유전학적 연구가 본격적으로 시작되기 수십 년 전이었다. 또한 그동안 모르쿠엔데 박사와 같은 사람들은 다세대적 트라우마를 치료하기 위해 꾸준하고도 헌신적인 노력을 기울여왔다. 관건은 우리의 조부모와 부모 세대가 비자발적으로 물려준 유산의 본질을 제대로 이해하는 일이다. 또한 그에 못지않게 중요하고 시급한 과제는 확언컨대, 현존하는 트라우마의 반복적 연결 고리를 끊어내어, 우리 의식이 환경과 새롭게 반응하고 맞물리게 할 방법들을 찾아내는 일이다.

해결책은 치료적 개입이 될 수도 있고, 집단과정이나 명상 요법, 재양육, 급속안구운동, 경혈 두드리기, 흔들기, 이야기하기가 될 수도 있다. 이와 관련된 과학적 증거는 나날이 설득력을 더해간다. 우리는 심리적 탄력성을 구축하고, 또 구축하여 후세에게도 물려줄 방법을 배울 수 있고, 마땅히 배워야 한다. 캐플런은 홀로코스트 생존자 자손들이 경험하는 "기이한 동조uncanny attunement"를 언급하며, 우리가 미래의 치료 전략을 고찰할 수 있고, 마땅히 고찰해야 한다고 주장했다. 이를테면 우리는 (아우슈비츠, 히로시마, 르완다 등지에서 일어난) 20세기의 가장 결정적이고 파괴적인 사건들을 골라, 그 사건들의 트라우마가 우리 내면에—개인적으로든 집단적으로든—자리 잡게 된 경로를 새롭게 밝혀낼 수 있다. 비록 심원하고 모순될지라도, 우리는 캐플런이 말한 이른바 "끈질긴 인간적 대화"에 의식적으로 동참할 수 있다.[50]

———

나는 발목까지 오는 어머니의 밍크코트를 딱 한 번, 어머니의 장례식 때 입었다. 10월 말의 뉴욕 날씨는 마치 혹독한 겨울을 예고하듯 매섭고 차가웠다. 그리고 나는 어머니의 갑작스런 죽음이 가져온 충격으로 인해 뼛속까지 꽁꽁 얼어 있었다. 캘리포니아에 너무 오래 살았던 탓일까? 나는 추위를 견디는 법을 잊어버렸다. 어머니의 임종을 지키지도 못했다. 그때 나는 뉴욕행 비행기에 앉아 있었으니까. 이제부터 나는 어머니 없이 남은 삶을 이어가야 했다. 다행히 코트는 내 몸에 꼭 맞았고, 그런 내게 포근한 위안이 되어주었다.

어머니가 그 밍크코트를 사오던 날, 나는 만지기조차 꺼려할 정도로 질색했었다. (배상금으로 마련한 옷이었을까? 나는 정확한 사정을 알지 못한다.) 아마 내가 열다섯 살 때쯤이었을 것이다. 나는 그 풍성하고 부드러운 털의 유혹을 이기지 못하고 잠시 손을 뻗어 그 옷을 쓰다듬기는 했지만 결코 입어본 적은 없었다. 그러다 결국 어머니의 장례식 날 그 코트를 입게 된 것이다. 그 옷 말고는 몸을 덮혀줄 외투가 눈에 띄지 않았으니까. 나는 추도문이 적힌 종이들을 한쪽 주머니에 쑤셔 넣은 채 묘지를 향했다. 그런데 집에 돌아와보니 종이들은 감쪽같이 사라져 있었다. 나는 그것들을 어머니가 챙겼다고 생각하기로 했다. 어머니는 언제나 내 글을 사랑했고, 어머니에 관한 글은 특히 더 아꼈으니까.

그로부터 1년 뒤, 어머니의 무덤에는 푸른 화강암 묘석이 세워졌다. 제막식이 끝나고 우리 삼남매는 아버지를 따라 흰 곰팡이가 핀 지하실로 내려갔다. 금고에 보관된 어머니의 보석들을 살펴보기 위해서였다. 실로 놀라운 컬렉션이었다. 안에 있는 수백 점의 보석은 어머니가 몇십 년에 걸쳐 충동적으로, 그리고 강박적으로 사 모은 것들이었다. 심지어 그 모든 카드 결제액을 묵묵히 지불해온 아버지조차, 진열된 물건들을 마주하고는 놀라움을 감추지 못했다.

어머니는 외동딸이었다. 전쟁이 터지기 전까지 외가는 부유했고 외할머니는, 몇 장 남지 않은 사진들로 미뤄보건대 우아하고 세련된 여성이었다. 외할머니도 모피코트를 입었다. (외할머니의 젊은 시절을 기억하는 지인들은 나더러 외할머니를 닮았다고 얘기하는데, 나는 이를 과분한 칭찬으로 받아들인다.) 1930년대, 그러니까 어머니의 어린 시절에는 외가에 입주 가정교사가 있었다. 외할머니는 의과대학에 다녔고, 이모할머니들도 모두 고등교육을 받았다. 외할아버지의 테니스 실력이 출중했다는 이야기를, 어머니는 늘 밝은 표정으로 들려주었다.

어머니는 외할아버지가 "한량"이었다고 말하며 웃음 짓곤 했다. 말이 끄는 썰매를 타고 눈벌판을 달려 폴란드 시골의 외증조부모 댁을 방문했던 일화를 말할 때 어머니 얼굴에 번지던 소녀 같은 기쁨을, 나는 여전히 선명하게 기억한다. 그 집 테이블에는 언제나 아름답게 수놓은 리넨과 정교하게 조각된 크리스털이 놓여 있었다고 했다.

어머니가 유산이나 결혼 지참금으로 물려받게 돼 있던 그 화려한 사치품들은, 나치가 폴란드를 침략했을 때 모두 분실되었다. (내가 어머니의 모피코트를 독일 정부의 배상금과 자연스레 연결시킨 이유도 틀림없이 거기에 있을 것이다.) 어머니의 가족은 빌나의 다른 모든 유대인과 함께 게토로 보내졌다. 하룻밤 사이에 훌륭한 저택에서 쫓겨나 거리에 나앉은 것이다. 챙겨 나온 물건이라고는 매트리스와 생필품 몇 가지가 전부였다. 전쟁에서 겪은 일들을 어머니는 좀처럼 이야기하지 않았다. 그래도 기억나는 한 가지를 소개하자면, 게토 청소가 있은 뒤 어머니는 금화 주머니를 목에 두른 채 폴란드 시골로 도망쳤다고 했다. 거기서 어머니는 같이 챙겨온 집안의 보석 몇 점을 대가로 농부들의 헛간에 숨어들었다. 어머니의 나이 열두세 살 때의 일이었다.

그런 일을 겪은 이후로 어머니는 금붙이나 보석을 안전이나 생존과 (동일시까지는 아니더라도) 결부시키게 됐으리라고 나는 추측한다. 이따금 어머니는, 특히 아버지가 멀리 출장을 떠나 있을 때면, 그간 수집해둔 반지들을 가지고 놀며(어머니의 표현을 빌리자면) 밤을 지새우곤 했다. 빛나는 보석들을 바라보며 마음을 위로했다고 할까. 그중 대부분은 골동품으로, 어머니가 이곳저곳의 번쩍이는 진열함을 구경하다가 유혹을 이기지 못하고 하나하나 사 모은 것들이었다.

나의 유년 시절 내내 어머니가 보였던 잦고도 극심한 감정 변화는, 보석상과 부티크에서 사치품을 사들일 때마다 잠잠해지곤 했다. 어머니의 그 주기적이고도 예측 불가능한 변화에 나는 매번 어떻게 반응해야 좋을지 몰라 혼란스러웠다. 고백하자면 가끔은, 어머니가 행복감에 도취된 시기를 틈타 뭔가 얻어내려고 생각한 적도 있었다. 그런 마음 상태의 어머니는 내가 원하는 거의 모든 것을 사주었을 테니까. 하지만 대체로 나는 어머니가 더 일관된 감정을 유지하기를 바랐다. 평범한 부모처럼, 다른 모든 이의 어머니들처럼.

나는 어머니가 (스케넥터디의 음울한 도심에 자리한) 지역 유일의 디자이너 브랜드 어설라오브스윗저랜드에서 옷을 사 입는, 내가 아는 유일한 어머니라는 사실이 좋았다. 하지만 어머니는 종종 슬픔을 가누지 못해 몇 시간이고 흐느껴 우는, 내가 아는 유일한 어머니이기도 했다.

어머니의 극단적 성격과 낭비벽은 나이가 들수록, 특히 우리 삼남매가 모두 어른이 되어 다른 주에 살기 시작한 이후로 강도가 심해지는 듯했다. 집 안의 모든 벽장에는 아직 태그도 떼지 않은 제품들로 가득 찬 가방이며 상자들이 고이 모셔져 있었다. 워낙 큰 폭으로 늘었다 줄기를 반복하는 몸무게 때문에 어머니는 모든 사이즈의 옷을 사들였다. 간혹 우아하고 단정한 디자이너 브랜드 의류가, 색감이 강렬하고 스팽글로 뒤덮인 싸구려 복제품 옆에 어색하게 걸려 있기도 했다.

하지만 어머니는 쉰다섯 살 무렵에야 (그러니까 독일 정부를 상대로 배상금을 신청하는 과정에서 스스로가 전쟁으로 인한 정신적 피해자임을 성공적으로 증명하고도 20년이 넘게 지나서야) 비로소 정신과 의사를 찾아갔고, 거기서 양극성 기분장애라는 진단명을 듣게 되었다. 그 무렵 국토 반대편에서 대학원을 다니던 나는, 마침내 어머니의 공식적 병명을 전해 듣고는 깊은 안도감과 당혹감을 동시에 느꼈다.

내가 캘리포니아를 떠나 뉴욕 본가에 들를 때마다 어머니는 새로 구입한 물건들을 신나게 꺼내 보이곤 했다. 어머니가 내게 사주는 옷들은 언제나 완벽하게 내 취향—살짝 이국적이면서 조금은 섹시하고 무조건 검은색일 것—이거나, 묘하게 겉도는 자극적 색감에 치수마저 맞지 않아, 그 옷을 살 때 어머니가 너무 흥분한 나머지 받게 될 사람이 누군지를 잊었던 게 아닐까 의심하게 만드는 것들이었다. 하지만 어머니는 한사코 그 옷 모두를 내게 입히려들었고, 내게 어울리는 옷은 나보다 당신이 더 잘 안다고 확신했다. 어머니가 새로 산 보석 중에는 제법 세련되고 화사해서, 만약 내가 무도회에 간다면 (살면서 아직 한 번도 초대받은 적은 없지만) 기꺼이 착용할 법한 것들도 간혹 있었다. 하지만 그 외의 것들은 지나치게 화려해 보였다. 가구에 금박을 입히거나 미니어처 푸들을 유명 브랜드의 옷과 준보석들로 치장하는 사람들에게나 어울릴 법했다고 할까.

어머니의 많고 많은 반지 중에서도 나는 다이아몬드가 아르데코 스타일로 화려하게 세팅된 백금 반지를 특히 더 좋아했다. 내 눈에는 그런 반지들이 높은 가격에 걸맞은 예술성을 겸비한 것처럼 보였다. 처음 유방암 진단을 받았을 때 어머니는 내게 맘에 드는 반지를 두 개 골라보라며 "따뜻한 손으로 주고 싶다"고 말했다.

어머니를 묻고 만 1년이 지난 뒤 우리 삼남매는 어머니의 장신구를 정리하는 일에 자그마치 2년 이상을 할애했다. 품목별로는 반지와 브로치, 팔찌, 목걸이, 귀걸이가 있었고, 보석별로는 사파이어와 루비, 에메랄드가 있었다. 가끔은 한 짝만 남은 귀걸이나, 알이 빠져 허전한 반지도 눈에 띄었다. 그런가 하면 모조 보석과 진짜 보석을 조합한 제품도 더러 있었다. 새틴 주머니와 보석함 무더기에서 우리는 어머니가 아끼던 장신구들을 추려냈다.

우리는 어머니가 생전에 착용하던 장신구에 얽힌 각자의 추억을 이야기하다, 공평한 분배의 방식을 놓고 언쟁을 벌이기 시작했다. 남동생과 언니의 배우자나 자녀의 상속분을 나누는 문제도 골칫거리였다. 이윽고 특히 값나가 보이는 유품들을 골라 분배하자는 쪽으로 의견이 모이는 듯했지만, 그런 뒤에는 실제로 가치 있는 물건들을 가려내기 위한 일련의 골치 아픈 과정이 이어졌다.

한동안 나는 다이아몬드 감정 평가의 네 가지 기준인 4C, 즉 연마cut와 투명도clarity, 색상color, 캐럿carat에 대해 배워볼 생각으로 보석상과 서점을 기웃거렸다. 그러다 온라인 검색 과정에서 다섯 번째 C가 존재한다는 사실을 발견했다. 분쟁과 무관하다는 뜻의 "conflict-free"는 이른바 "블러드 다이아몬드"를 감별할 목적으로 도입된 용어인 듯했다. 이 문구를 통해 잠재적 소비자는 다이아몬드 채굴 환경의 잔인한 실태와 더불어, 수익금이 폭력적 반란군의 자금으로 사용되는지 여부를 뚜렷하고도 신속하게 확인할 수 있었다. 이제는 분쟁과 무관한 광산에서 채굴된 다이아몬드를 공인된 보증서로 감별하고 구매하는 일이 가능해진 것이다.

나는 이처럼 새로이 채굴된 보석들을 둘러싼 윤리적으로 복잡한 문제들이 우리 가족의 재산을 둘러싼 역사와 그리 다르지 않다는 사실을 깨닫고는 아연해졌다. 어머니가 고풍스런 반지를 사들일 때마다 어떤 비밀스런 사연이 함께 딸려왔을지 그 누가 알 수 있겠는가? 어머니의 컬렉션 사이 어디쯤에는 어머니와 똑같은 경험으로 괴로워했던 사람이 한때 소유했던 반지가 섞여 있을 가능성이 있었다. 더욱이, 산 사람뿐 아니라 죽은 사람에게서 훔쳐낸 보석도 어디서든 발견될 수 있었다. 세계 곳곳의 박물관 진열장은 소유자들보다 긴 세월을 버텨낸 금과 원석들로 가득했다. 고고학은 그 보석들에 다시금 생명을 불어넣을 수 있지만, 한때 그것들이 장식했던 육체는 되살릴 수 없었다. 무엇보다 놀라운 부분은 이 고대의 유물들이 너무나 완벽하고 아름답게 보존돼 있다는 사실이었다.

사실 우리 삼남매는 어머니의 보석들을 모두 좋아하지는 않았다. 또한 정말 좋아하는 보석이라도 언젠가 직접 착용할 마음이 생기리라고는 확신하지 않았다. 게다가 시간이 갈수록 우리는 어머니가 판매자들에게 꽤 자주 속았다는 사실을 알게 되었고, 그 사실은 우리를 슬프게 했다. 숫자를 기억하는 능력이 남달랐던 어머니는 몇 년 전 내게 반지들의 구매 가격을 하나하나 일러주며, 적어두라고 당부한 적이 있었다. 어머니가 돌아가신 뒤 나는 제법 많은 보석 감정인에게 평가를 의뢰했는데, 내가 구매 비용을 말하면 그들은 고개를 저으며 이렇게 답하곤 했다.

"죄송하지만, 손님이 생각하시는 만큼 값나가는 물건들이 아닙니다."

그래서 우리는 어머니의 이 어지러운 보석 컬렉션은 물론이고, 밍크코트며 장식장을 가득 메운 도자기와 은과 크리스털을 처리하는 문제를 놓고 깊은 고민에 빠졌다. 우리 삼남매 중 누구도 이런 물건들을 자연스레 소유하는 삶에 익숙하지 않았다. 하지만 그 수집품들이 어머니에게 지녔던 가치는, 그것들에 결코 부정될 수 없는 정서적 의미를 부여했다.

우리는 정말 그 유품들을 팔거나 내줄 수 있을까? 어머니가 소중히 아꼈거나, 적어도 필요하다고 믿었던 보물들을? 어쩌면 그 유품들은, 마치 나치의 사죄로 어렵게 되찾은 가보처럼 취급돼야 마땅하지 않을까? 내가 다이아몬드 반지를 열 손가락에 끼고 사파이어 귀걸이를 양쪽에 한들 그게 다 무슨 소용일까? 그 유품들을 걸친다고 어머니의 딸로서 내 위치가 더 공고해지기라도 하는 걸까?

「마지막 나날들The Last Days」이라는 다큐멘터리에서 헝가리의 한 홀로코스트 생존자는 아우슈비츠에 도착했을 때를 회상했다. 그녀는 커다란 다이아몬드 세 알을 원피스 단에 숨겨갔다. 하지만 죄수복으로 갈아입으라는 명령이 떨어졌고, 그녀는 그 귀한 보석들을 꿀꺽 삼켜버렸다. 그러고는 그것들을 배설했다가 씻어서 다시 삼키는 과정을 장장 1년에 걸쳐 매일같이 반복했다. 언젠가 그 보석으로 간수를 매수해 그녀 자신이나 누군가의 목숨을 구해야 하는 순간이 올 수도 있었기 때문이다. 동영상 속에서 그녀가 착용한 눈물방울 모양 브로치에는 반짝이는 다이아몬드 세 알이 박혀 있었다. 이야기 말미에 그녀는 브로치를 가리키며 자식들에게 유산으로 물려주겠다고 말했다.[51]

———

2006년의 어느 금요일 밤 친구와 저녁 식사를 하느라 오랫동안 외출해 있는 사이, 누군가 잠기지 않은 옆문으로 우리 집에 들어와 내 소중한 노트북 컴퓨터를 훔쳐갔다. 하지만 훨씬 더 속상한 부분은 어머니의 유품인 고풍스런 장신구들까지 없어졌다는 사실이었다. 반지 한두 개나 싸구려 보석 정도가 아니었다. 보아하니 몇 움큼씩 몇 번이고 집어간 듯했다. 틀림없이 그는 금광을 발견한 기분이었으리라. 실제로 그랬으니까.

집에 돌아왔을 때 가장 먼저 눈에 띈 도난의 징후는 책상에서 사라진 노트북이었다.

그걸 어디에 뒀더라? 노트북을 다른 곳에 두지 않았다는 사실을 빤히 알면서도 처음에 나는 그렇게 생각했다. 그도 그럴 것이, 작업실의 나머지 물건들은 모두 제자리에 있었고, 사라진 것이라고는 오직 전선과 문제의 컴퓨터뿐이었다. 나는 아래층의 침실로 향했다. 화장대 위에 작은 보석함 몇 개가 뚜껑이 열린 채로 널브러져 있었다. 뒤집힌 상태로 침대에 놓인 보석함도 보였다. 바닥에는 작은 금 핀 하나가 떨어져 있었다. 눈앞에 펼쳐진 모든 상황이 비현실적으로 느껴졌다. 어렴풋한 기억 속에서, 나는 신음소리를 냈고, 심지어 비명도 질렀다. 서랍은 모두 제자리에 있었고, 흐트러진 물건도 없었다. 창문과 문도 멀쩡하게 닫혀 있었다. 하지만 누군가 집 안에 침입했고, 내 심장은 갈기갈기 찢겨나갔다.

너무 감상적으로 들릴 수도 있지만, 도둑을 맞아본 사람이라면 내 심정을 이해할 것이다. 그러니까 우리는 사랑하는 사람과 연결돼 있듯 자신의 물건과도 연결돼 있다. 수집한 물건이든, 물려받은 물건이든, 이사할 때 상자에 넣어 기어이 끌고 가는 물건이든, 부담스러운 물건이든, 소중히 간수하는 물건이든, 누군가에게 선물하는 물건이든, 우리는 그 물건과 자신을 결부시킨다. 물건들에 둘러싸임으로써 우리는 스스로가 누구이고, 무엇에 마음을 쓰는지를 상기한다. 소장품을 착용함으로써 우리는 스스로가 얼마나 가치 있고, 아름다움이나 독창성이나 영감이나 내력을 얼마나 사랑하는지를 드러낸다.

생전에도 어머니는 내가 특별히 좋아하는 보석 몇 점을 내게 선물한 적이 있었다. 하지만 돌아가신 뒤에는 그보다 훨씬, 지나치게 많은 보석을 물려주었다. 흔한 말로 부자도 감당 못할 만큼 많은 양이었다. 그 모든 반지와 귀걸이를 착용하기엔 손가락과 귓불이 부족했다. 자주 착용하는 몇 가지를 제외하고는 대부분 한 번도 쓰지 않은 것들이었다. 일부에 대해서는 감정을 의뢰했고, 일부는 판매까지 고려했지만, 대부분은 화장대 위 올망졸망한 상자들 속에 담아둔 채, 나는 거기서 어머니의 숨결을 느꼈다. 복잡하고도 선명하게.

다행히 보험이 있기는 했다. 전에 한 번 감정을 받은 뒤, 나는 주택소유자종합보험에 추가로 가입해둔 상태였다. 하지만 막상 변경된 보험 증권을 살펴보니 어째서인지 몇몇 조항이 누락돼 있었다. 거래하는 지역 은행에 안전 금고를 대여해놓긴 했지만, 정작 그 안에는 아무것도 보관하지 않았다. 나는 매우 안전한 동네에 있는 매우 안전한 거리에 살고 있었다. 게다가 집을 비울 때면 항상은 아니더라도 일반적으로는, 모든 문이 잠겨 있는지 확인하는 습관이 있었다. 하지만 그날 밤에는 확인하지 않았다. 그냥 그렇게 되었다.

911에 전화를 걸었다. 경찰은 재빨리 출동했고, 나는 떨리는 몸으로 공포와 충격을 고스란히 느끼며 힘겹게 자초지종을 털어놓았다. 나는 흐느끼면서 작은 사진 꾸러미를 끄집어냈다. 일전에 감정을 받은 장신구들을 찍어놓은 사진이었다. 사진들을 보여주면서 나는 보석이 그보다 훨씬 많았다는 사실을 설명하려고 노력했다. 또한 도난당한 보석들의 특징을 자세히 설명하려면 종이가 많이, 아주 많이 필요하다고 말했다.

경찰은 몇 가지 질문을 조심스레 던졌다. 그러고는 대답을 수첩에 기록하면서 내 얼굴을 유심히 살폈다. 나는 혹시 내가 금방이라도 쓰러질 사람처럼 보이는가 싶어 은근히 신경이 쓰였다. 그때였다. 그가 불쑥 이렇게 말했다. "혹시 저 모르세요? 대학교 때 교수님 작문 강의를 들었는데……." 나는 이내 그를 알아보았다. 비록 교편을 놓은 지 수년째였지만, 그는 유독 총명하고 주의가 깊어 반듯한 학생으로 인상에 남아 있었다. 나는 그에게 웃어 보이며, 그가 4년의 학부 과정을 마치고 경찰관이 됐다는 사실을 받아들이려고 노력했다. 그는 굉장히 친절했고, 그래서인지 내 기분도 나아지는 듯했다. 하지만 그런 시간도 잠시였다.

1분쯤 지났을까. 지역의 다른 경찰관 루디가 내게 전화를 걸었다. 내 친구이기도 한 그는 라디오 속보에서 내 주소를 들었다면서, 우리 집에 들러 혹시 도울 일이 있는지 봐주겠다고 말했다. 첨언하자면, 경찰관 루디의 아버지는 나치였다. 그것도 계급이 높은 나치.

루디와 나는 "화해의 행동Acts of Reconciliation"이라는 워크숍에서 처음 만났다. 워크숍의 주최자는 드라마 치료사 아먼드 볼커스로, 그의 양친도 홀로코스트 생존자였다. 볼커스는 각각 유대인 홀로코스트 생존자의 자손과 독일인 나치스의 자손들로 구성된 소집단을 한자리에 불러 모았다. 그러고는 사이코드라마와 가족세우기라는 창의적 요법을 활용해 두 집단을 연결시키는 한편, 서로 자신의 내면을 드러내도록 유도했다. 모임이 진행된 몇 달 동안 우리는 차례로 각자의 가족 이야기를 들려주었고, 이를 통해 우리의 공통적 유산인 트라우마와 비애, 상실감, 수치심을 괴롭더라도 받아들이도록 서로를 도울 방법들을 찾아나갔다.

한편, 첫 번째 경찰이 도착한 지 겨우 몇 분 만에, 나의 독일인 친구는 어느새 우리 집에 도착해 현장을 둘러보고 있었다. 일찍이 루디는 보석을 향한 어머니의 갈증이 오래전의 전쟁으로 흉터처럼 남은 열망 중 하나라는 이야기를 내게 들은 적이 있었다. 한번은 어머니를 만나기도 했다. 심지어 지금도 내 안에 살고 있는 허기의 주인을 말이다.

루디는 우리 집에서 벌어진 사건의 내용을 정확히 파악하고 있었다. 지난 이틀간 다른 두 집에서 일어난 도난 사건과 수법이 거의 일치했기 때문이다. 이는 곧 일련의 사건이 집 안에 들어가는 방법과 찾아낼 물건의 면면을 확실히 아는 사람의 소행이라는 뜻이었다. 그의 추정에 따르면, 범인은 십중팔구 약물 중독자였다. 장물로 매매하기 쉬운 물건들만 골라서 훔쳐갔으니까.

"안됐지만, 그리고 나도 이런 말은 하기 싫지만, 물건들을 되찾을 가능성은 희박해요." 그는 이렇게 말했다.

나는 슬픔과 죄책감을 가누지 못한 채 밤새 아프도록 흐느꼈다. 어머니의 물건을 제대로 간수하지 못하고 잃어버렸다는 사실이 마치 어머니를 다치게 한 것처럼 뼈아프게 다가왔다. 나는 스스로의 안일함을 원망했고, 절도범의 행각에 분노했으며, 아무것도 할 수 없다는 생각에 절망했다. 어머니에게 생명선과도 같았던 정교한 수집품들이 다시금 갑작스레 증발했다는 사실은 나를 끊임없이 괴롭혔다. 홀로코스트로 인한 상실로는 부족했던 것일까. 어머니가 간직해온 보물들을 나는 끝내 지켜내지 못했다.

이튿날 보험사에 전화해 도난 사실을 알렸을 때 담당 직원은 내게 잃어버린 모든 물품의 세부목록을, 혹시 찍어놓은 사진이 있다면 함께 첨부해서 보내달라고 말했다. 하지만 나는 터무니없이 적은 보상 한도액을 확인하고는 마치 도둑맞은 물건을 다시 도둑맞는 기분을 느끼며 자의 반 타의 반으로 전화를 끊어버렸다. 이제 현실을 받아들여야 했다. 모든 것은 사라졌다. 어머니도 사라졌다. 나는 결코 보석들을 되찾지 못할 것이었다. 나는 결코 어머니를 다시 보지 못할 것이었다.

그 일이 있은 지도 어언 10년이 넘게 지났다. 나는 곧바로 새 노트북을 장만했다. 하지만 잃어버린 보석이 남긴 상처는 영영 치유될 기미가 보이지 않았다. 당시에는 미처 알아채지 못한 도난품들이 자꾸만 머릿속에 떠올랐다. 어머니의 약혼반지는 부모님이 외식할 엄두도 내지 못할 만큼 무일푼일 때 스웨덴에서 산 것으로, 부스러기라고 해도 억울하지 않을 만큼 작디작은 다이아몬드가 박혀 있었다. 어떻게 이런 것들의 가치를 함부로 판단할 수 있을까? 때로는 그 상실감이 너무 커서 혼자서는 감당하기조차 힘든데 말이다.

그래봐야 한낱 물건일 뿐이라고, 설혹 대체할 수 없어도 한낱 물건에 불과하다고, 친구들이 내게 말하듯 나도 그렇게 되뇌곤 한다. 어머니는 내 기억 속에 살아 있다. 그리고 내 마음속에도 살아 있다. 어머니가 내게 남긴 선물은, 내가 걸치거나 상자에 보관할 수 있는 그 어떤 보석보다 훨씬 더 환하게 반짝거린다. 그럼에도 나는 당장 손에 잡히는 어머니의 유품이 너무 많이 줄었다는 사실에 비통해한다. 조카딸들에게 물려줄 유품이 너무 많이 줄었다는 사실에 비통해한다. 어머니의 거친 감정과 숨결을 떠올리게 하는 유품이 너무 많이 줄었다는 사실에 비통해한다. 그리고 나는 그 유품들이 어머니와 내게 갖는 의미를, 그것들을 훔쳐간 사람은 짐작조차 할 수 없으리라는 생각에 비통해한다.

어머니는 금화 주머니를 목에 둘렀다.

———

카페 유로파의 오찬에 참석한 지 정확히 일주일 뒤, 나는 피드몬트에 있는 폴린의 집을 방문하기로 했다. 알 수 없는 강한 충동에 다시 이끌린 나는 그녀에게 이메일을 보냈고, 개인적인 이야기를 들려주어 감사했다는 인사 끝에, 언젠가 다시 이야기를 나눠도 되겠느냐고 의사를 타진해둔 터였다.

그녀의 집 정문은 살짝 열려 있었다. 안으로 들어서려는데, 작은 검정개 한 마리가 나를 보고 짖어댔다. 폴린이 나와서 나를 맞았다. 나는 우리 집 작은 검정개도 낯선 사람만 보면 짖어댄다고 그녀에게 말했다. 하지만 폴린의 검정개가 잠잠해지기까지는 제법 오랜 시간이 필요했다.

"괜찮아, 아가." 폴린이 참을성 있게 녀석을 달랬다.

"나는 그냥 친구야." 나도 한마디 거들었다.

입구로 들어서자 우아한 거실이 펼쳐졌다. 이어서 공간이 확 트이는가 싶더니 천장이 높은 주방과 식사 공간이 모습을 드러냈다. 삼면의 창 너머로 몽클레어 언덕이 보였고, 하늘에서는 밝은 빛이 쏟아져 들어왔다. 어머니가 좋아했을 법한 캘리포니아식 주택이라고 나는 생각했다. 아버지를 설득해 서부로 이사할 수 있었더라면.

폴린은 무늬 없는 베이지색 티셔츠에 갈색 슬랙스를 입고 얇은 금목걸이를 걸친, 그러니까 어머니의 기준에서는 무난한 차림을 하고 있었다. 폴린은 얼마 전 친구들과 함께 메리트호 둘레를 따라 산책을 다녀왔다고 했다.

"한 바퀴를 다 도셨다고요?" 내가 물었다.

"그럼요!" 그녀가 말했다. "중간에 빠져나갈 데가 있어야지!"

솔리가 잠시 들러 인사를 건넸다. 하지만 이내 자리를 떴고, 개도 어디론가 가버리고 없었다. 폴린은 그 집을 아들이 선물했고, 이후에 약간의 리모델링을 거쳐 방들을 확장했다고 설명했다. 그녀가 손짓으로 바깥 풍경을 가리켰다. 우리는 잠시 뒷마당과 경관을 둘러보았다.

"손주들이 이곳을 좋아해요." 그녀가 행복한 목소리로 말했다.

우리는 목재 테라스와 가장 가까운 자리를 골라 테이블을 사이에 두고 마주앉은 채 몽클레어 언덕의 푸르른 잔디를 감상했다. 내 맞은 편의 노부인은 한때 어머니의 손에 이끌려 집에서 그리 멀지 않은 마을의 어느 폴란드인 가정에 맡겨진 여섯 살 소녀였다. 홀로코스트 생존자들과 함께할 때면 종종—가끔은 부모님과 함께할 때도—나는 이처럼 극명한 대비를 몸으로 지각하곤 했다. 그때 우리가 함께 있던 장소의 명료한 평온과 한때 그들이 있었다던 장소의 막연한 혼돈 및 공포 사이에 존재하는 초현실적 모순을 나는 피부로 느끼고 있었다.

훗날 롤라를 만나 그때의 경험을 들려주자 그녀는 이렇게 말했다. "배상 심의회랑 비슷하네요. 거기서도 길고 안락한 의자에 앉아 홀로코스트에 대해 이야기해야 하니까."

롤라는 캘리포니아에 있는 우리 집에 정기적으로 방문해 뒤편의 목재 테라스에서 나와 한담을 나누곤 했다. 이 고즈넉한 장소를 확보하기까지는 어머니의 아낌없는 지원이 결정적 역할을 했지만, 정작 어머니는 내가 이 집을 사고 얼마 지나지 않아 돌아가셨다. 최근의 만남에서 나는 롤라에게 지금껏 그녀의 도움으로 배상금 신청서를 작성한 홀로코스트 생존자가 몇 명쯤 되느냐고 물었다. 그녀는 "40명쯤"이라고 대답했다. 나는 말문이 막혔다.

"서식은 또 얼마나 까다로운지!" 롤라는 웃으며 말을 이었다. "독일인들 특유의 서식이 있거든요. 굉장히 체계적이죠. 놀라울 정도로! 거기다 프랑스의 서식은 최근에야 영어로 번역됐고요! 이건 놀랍지 않죠. 서식은 대부분 간단한 내용들로 시작해요. 먼저 이름과 주소부터 적고, 무거운 주제들로 넘어가는 식이죠. 어떤 땐 서류를 20쪽 가까이 작성해야 한다니까요."

친구의 사랑스러운 옆얼굴을 나는 유심히 바라보았다. 그녀는 재미없는 주제들을 재미있게 논하는 재주를 지녔고, 그러는 와중에도 철저히 진지한 자세를 유지했다.

"피해의 심각성을 굳이 축소하려는 분들도 종종 계세요." 롤라의 말이 이어졌다. "가령 한 남자분은 수표를 받고는 제게 전화해서 다짜고짜 이러더군요. '이건 뭔가 잘못됐어요! 2000달러가 아니라 2만 달러짜리 수표가 왔다니까!' 그래서 전 이렇게 설명했죠. '우리 쪽에서 요구한 액수가 그거'였다고."

나는, 일전에 배상금을 받아냈다고 말하던 폴린의 목소리에서 느낀 특별한 울림에 대해 롤라에게 이야기했다. "아, 뭔지 알 것 같아요." 롤라가 맞장구를 쳤다. "마치 이렇게 말하는 것 같잖아요. '그래도 세상에 정의라는 게 존재합디다'라고. 물론 다들 머리로는 완강히 거부하죠. 그건 피 묻은 돈이라면서요. 하지만 막상 받고 나면…… 제 눈으로 직접 봐왔으니까요. 그분들 세대는 치료에 소극적이에요. 배상은 그나마 도움이 되죠."

롤라는 내게 다정히 웃어 보였다. 굳이 말하지 않아도 우리는 서로의 마음에 켜켜이 쌓인 이야기를 눈빛으로 이해할 수 있었다. 나는 스케넥터디 본가의 푸른 벨벳 카우치에 앉아 『뉴욕타임스』를 읽는 아버지와 마리오 란사의 노래를 들으며 꿈꾸듯 설거지를 끝내고 반지를 다시 끼는 어머니의 모습을 머릿속에 떠올렸다. 롤라가 리마에서 보낸 어린 시절은 아마도 그런 풍경과는 달랐겠지만, 어째서인지 꼭 다르지만은 않았으리라는 생각이 들었다.

다시 폴린의 집으로 돌아가자면, 나는 그녀가 여동생과 함께 매일 밤낮을 난로 뒤나 부엌 흙바닥 아래 지하실처럼, 눅눅하고 어두운 데다 서 있기는커녕 앉아 있기조차 비좁은 공간에 작은 몸을 한껏 웅크린 채 숨어 지냈다는 이야기를 듣고 있었다.

"손님이 찾아오면 우리는 서로를 조용히 시켰어요. 하지만 가끔 소리가 새나갈 때도 있었죠. 그럴 때면 아주머니가 나섰어요. 우리에게 제일 큰 선물을 주신 분이죠. 당신을 마무시카(엄마)라고 불러도 좋다고 허락해준 분이니까요. 아주머니는 '집에 쥐가 있다'고 손님들에게 둘러댔어요. 우리는 쥐보다 더 작고 더 조용해져야 했지요. 숨까지 참으려고 노력했다니까."

나는 다시금 어머니를, 창문 없는 세상에 숨어 있던 또 한 명의 여자아이를 떠올렸다. 어머니는 내게 그 헛간에 대해 자세히 설명해준 적이 단 한 번도 없었다. 그곳에 소나 염소나 양은 있었을까? 그곳에서 지내던 나날 동안 어머니의 손과 손톱은 흙먼지로 더럽혀졌을까? 흙장난을 좋아해서가 아니라 달리 할 수 있는 것이 없어서?

어머니에게는 결코 듣지 못한 이야기들이 폴린의 그것과 뒤섞이고 있었다. 당시를 회상하며 그녀는 바깥 공기가 너무나도 달콤했다고, 더 이상 들키거나 끌려갈 걱정 없이 목욕을 하고 깨끗한 옷을 입고 큰 소리로 웃을 날이 몇 년 뒤에나 올 것처럼 느껴졌다고 말했다. (그리고 실제로도 몇 년이 걸렸다.)

그녀의 이야기를 들으며 나는 흐느끼고 있었다. 참아보려 했지만 부끄럽게도 눈물이 멈추지 않았다. 폴린은 내게 물 한 잔을 건네고 내가 잔을 비우자 한 번 더 채워주었다. 나는 어머니와 외할머니에 대해, 두 분의 이야기가 폴린 모녀의 이야기와 얼마나 닮았는지에 대해 설명하고 싶었지만 도무지 적당한 말이 떠오르지 않았다. 폴린의 어머니가 딸을 살리기 위해 남에게 맡겼던 것처럼, 어머니의 어머니도 딸을 빌나 게토 담장 너머로 밀어올리며, 숨겨줄 농부를 만나기 전에는 걸음을 멈추지 말라고 당부했었다. 다만 결말은 달랐다. 어머니의 부모님은 어머니와 함께 기적처럼 살아남았으니까.

"일전에 랍비를 위한 추도문을 직접 쓴 적이 있어요. 그때 나도 한참을 울었지요. 추도식 이틀 전까지 말이에요. 그런 뒤에야 회당에서 그걸 낭독할 수 있었어요." 폴린은 이런 말로 나를 다독이려 했다. 하지만 이제 그녀의 눈은 말라 있었던 반면 내 눈은 아직도 젖어 있었다. 그녀는 추도문의 인쇄본을 내게 건넸다. 겨우 몇 단락으로 이뤄진 짧은 글이었지만, 진심을 담아 써내려간 한 줄 한 줄에 나는 다시 눈물을 쏟아냈다. "이제 와서 왜 자꾸 이런 기억들을 떠올리는지. 뭐 좋은 일이라고." 폴린이 말했다.

내가 의미를 묻자 그녀는 깊은 한숨을 내쉬었다. "이런 기억들을 터놓는 것만으론 치유가 되지 않는단 뜻이에요. 어쩌면 괴로움을 감수하고서라도, 내 잘못이 아니란 얘길 들어야겠죠…… 하지만 뭐랄까, 난 그냥 현재의 삶에 충실하고 싶어요."

그녀는 햇살 가득한 바깥 풍경을 바라보았다. "그 영상을 봤다고 했죠? 거기서 난 이렇게 말했어요. 내가 그 이야기를 하는 이유는 우리를 구해준 사람들을 기리기 위해서라고. 만약 내용을 더 추가할 수 있었다면, 나는 소피아 피에트리카 아주머니께 그분이 종종 해주시던 말씀을 돌려드렸을 거예요. '유일하신 하느님께서 우리 모두를 보호하고 계심을 믿는다'고 말이죠. 아주머닌 우릴 마지막으로 숨겨주신 분이었어요. 내가 이름을 기억하는 유일한 분이기도 하고. 그렇게 여름과 겨울이 지나고, 다시 봄이 왔지요……." 그녀의 목소리가 잠시 잦아들었다. "그리고 아주 오랫동안, 아무도 우릴 데리러 오지 않았어요."

나는 폴린에게 나이를 물었다. 그녀는 샐쭉하게 웃으며 이렇게 대답했다. "1936년 말 아니면 1937년 초에 태어났지요, 확실하진 않지만."

순간 나는 아연해졌다. 그녀의 이 범상치 않은 대답은 자신의 생일을 정확히 안다는 것이 얼마나 평범하고도 특별한 일인지를 내게 일깨우고 있었다. 나는 그녀에게 휴대전화에 저장된 아버지의 사진 몇 장을 보여주었다. 거기에는 아버지가 열다섯 살 때 찍은 부헨발트 수감기록증용 "머그샷"과 몇 년 뒤 좀더 성숙해진 얼굴로 찍은 미국 이민 서류용 사진도 섞여 있었다.

"세상에, 이 얼굴 좀 봐." 폴린이 말했다. "아버지의 사진을 전부 다 갖고 있군요."

어느새 내 앞에는 화장지가 수북이 쌓여 있었다. 폴린은 내가 참 운이 좋은 사람이라고 말했다.

"그거 알아요? 난 여동생과 찍은 사진이 딱 한 장밖에 없었어요. 그나마도 미국에 올 적에 쫙쫙 찢어버렸죠. 친척 아주머니 몇 분이 전쟁 전에 먼저 이곳에 와서 정착했는데, 그분들이 그러셨거든. 이제 모든 걸 잊으라고, 뼛속까지 미국인이 돼야 한다고."

물론 이는 진실이다. 알고 있지만 받아들이기 어려운 진실. 삶은 우리에게 내려놓음을 가르치고 또 가르친다. 우리에게 선택권이란 없다. 모든 것은 덧없다. 우리 삶도, 우리가 영원하다고 믿고 싶어하는 사랑마저도.

얼마나 지났을까, 우리는 테이블 앞에 말없이 앉아 있었다. 어느새 다시 비어버린 물 잔 앞에서 나는 허전함과 충만함을 동시에 느끼고 있었다. 폴린은 자신의 두 손을 내 두 손에 포갰다. 그러고는 뭐든 얘기하고 싶으면 언제든 자신을 찾으라고 말했다.

"슬플 때든 언제든 상관없어요. 날 그냥 어머니라고 생각해요. 원한다면." 그녀는 어깨를 으쓱하고는 말을 이어갔다. "이유는 나도 모르겠어요. 하지만 가슴에 사랑이 넘치는 걸 어떡해. 온 세상을 안아주고 싶은데."

이따금 나는 내 이름을 부르는 어머니의 목소리를 들으려 안간힘을 쓰곤 했다. 그리고 이날, 나는 그 목소리를 들었다.

———

안네 프랑크가 살아 있었더라면 어땠을까? 폴린처럼 그녀도 이른바 선한 이웃들 덕분에 무사히 숨어 지내다 전쟁이 끝날 때까지 특유의 낙천성을 꿋꿋이 지켜낸 상태로 발견됐더라면? 그리고 마침내 자유롭고 밝은 암스테르담의 햇빛 속으로 두 눈을 깜빡이며 걸어 들어가 온갖 두려움의 입자를 모조리 떨어내고는 새로운 현실의 시작에 안도할 수 있었더라면?

이 부질없는 공상 속에서 안네는 청소년기를 지나 어엿한 어른으로 성장했다. 그녀는 사랑에 빠지고 결혼하고, 어쩌면 아이도 낳았을 것이다. 그녀는 한 권 혹은 그 이상의 저서를 출간했을 것이다. 만약 그랬더라면 안네 프랑크도 폴린과 조금은 비슷한 삶을 살아갔을까? 아니면 어머니처럼 구출된 지 50년 넘게 지난 뒤에도 두려움을 전혀 떨치지 못한 채 살아갔을까?

나는 할머니가 된 안네를 상상했다. 그녀의 얼굴은 내 맞은편에 앉은 노부인의 얼굴과 닮아 있었다. 노부인의 얼굴에는 놀랍게도 세월과 슬픔의 상흔이 남아 있지 않았다. 그녀는 창으로 둘러싸인 부엌에 앉아, 지나온 삶의 경로를, 죽음을 무릅쓰고 자신을 구해준 이들에게 고맙다는 인사조차 전하지 못한 사연을 이야기하고 있었다. 말로는 그들에 대한 고마움을 이루 다 표현할 수 없다고 말하고 있었다.

어쩌면 우리 대화는 그들에게 고마움을 표하는 그녀만의 방식이었는지도 모른다. 나처럼 딸로서 혹은 기록자로서 그녀의 한 마디 한 마디에 꾸준히 경탄하며 귀 기울이는 누군가에게 자신의 이야기를 들려주는 과정을 통해 어쩌면 그녀는 이름 없는 한 사람으로서 그들에게 감사의 인사를 전하려 했는지도 모른다. 여성으로서 나는 자녀나 손주를 갖기보다는 이야기를 품는 삶을 선택했다. 그것만이, 다른 어머니의 아이들에게 소중한 몸을 숨길 안전한 장소와 살아남기에 충분한 음식을 제공해준 여성들이 보인 사랑의 참뜻을 세상에 전하는 것만이, 내가 누구라도 구원할 수 있는 유일한 방법이니까.

4장

그들은 유령처럼 걸었다

내 책상에는 『은행나무 신화The Ginkgo Myth』라는 제목의 작고 반들반들한 양장본 한 권이 (하단에 "여성을 위한 출판"이라는 다소 당혹스런 출판사명이 찍힌 채) 놓여 있다.[52] 하인리히 게오르크 베커의 이 책은 한 손바닥 안에 들어갈 만큼 작다. 나는 이 책을 바이마르의 어느 은행나무 전문점에서 구입했다. 실질적으로나 상징적으로나 역사적으로나 은행나무의 정취가 물씬 풍기는 곳이었다. 바이마르 전역에서 나는, 독일의 가장 존경받는 시인 괴테가 삶과 작품 속에서 찬양한 그 "경이로운 식물"의 자취를, 우뚝 선 거목이나 펄럭이는 깃발의 형태로 어렵지 않게 확인할 수 있었다.

　　신기하게도 은행나무는 도처에서 나와 이어져 있었다. "살아 있는 화석"이라 불리는 이 나무는, 내가 30년 넘게 살아온 버클리의 거리들과, 맨해튼 센트럴파크에 근사한 그늘을 드리우는 나무들, 내 고향 스케넥터디, 히로시마와 나가사키의 영예로운 고목들에 나를 연결시켰다.

일본의 원폭 투하지 중심부에는 천 년의 세월을 견뎌낸 은행나무들이 있다. 이들 "생존자 나무"는 반경 2킬로미터 내 다른 모든 생명체가 타서 재만 남았을 때도 무사히 자리를 지켰다. 이 분명한 회복력을 마주하고 내가 느낀 경외감은 전에 바이마르 거리를 걸으며 느꼈던 감정과 어딘가 닮은 구석이 있었다. 부헨발트에서 겨우 8킬로미터밖에 떨어지지 않은 그 도시는 참혹함 곁에 실재하는 아름다움을 내게 끊임없이 상기시켰다.

이처럼 미묘한 연관성은 언어나 자연, 기상천외한 기념품에서도 심심찮게 발견되곤 한다. 한때 내가 메고 다니던 캔버스 백에는 스텐실로 부헨발트 기념관BUCHENWALD MEMORIAL이라는 글자가 찍혀 있었다. 한때 나는 집단수용소의 황량한 땅 한가운데서 타버린 나무의 그루터기를 옆에 두고 사진을 찍은 적이 있다. 땅속에 묻힐 듯 낮게 세워진 표지판에는 괴테의 떡갈나무GOETHE-EICHE라는 글자가 적혀 있었다. 전해지는 이야기에 따르면, 시인은 부헨발트가 아직 그저 너도밤나무 숲이던 과거 시절에 그 나무 그늘 아래 앉아 사랑의 소네트를 써내려갔다.

"아름답고 강건한 나무보다 더 신성하고 모범적인 존재는 없다"고 헤르만 헤세는 적었다. "나무 한 그루를 톱으로 베어 치명적 상처의 단면을 햇빛에 노출시킨 뒤 그루터기의 밝은 부분과 거뭇한 자국을 들여다보면 나무가 지나온 역사를 이해할 수 있다."[53]

은행나무의 원형原型은 지금으로부터 적어도 3000년 전 지구에 뿌리를 내렸다. 유전적으로 완벽한 생존 전략들을 타고난 데다, 원형적으로 뛰어난 감각 능력을 장착했고, 심미적으로도 아름다운 잎과 가지를 보유한 덕분에 은행나무는 (…) 의약적 연구와 용도의 측면에서든, 예술과 문학의 측면에서든, 아니면 종내 상징의 영역으로 넘어가, 전반적 위험에 처한 세계에서 희망과 사랑의 개별적 징후로 여겨진다는 측면에서든 (…) 오늘날 전 세계 사람들에게 매혹적 인상을 전달한다.

일찍이 알려진 것처럼 아시아에서 그 나무는 수많은 명칭으로 불려왔다. 예컨대 공손수라든가 코끼리 귀 나무와 같은 용어는 오늘날까지도 널리 사용된다. 또한 사찰 등의 종교적 장소 근처에서 흔히 눈에 띈다는 이유로 사찰나무라고 불리기도 한다.[54]

———

종종 나는 "무고하다innocent"의 참뜻이 궁금해지곤 한다. 비단 독일뿐 아니라 헝가리나 폴란드, 리투아니아, 브라질 같은 나라에서도 나치의 휘장이나 상징을 전시하는 행위를 형사범죄로 규정해놓았다. 하지만 먼 옛날 산스크리트 문화권에서는 만卍자가 안녕과 행운, 평화를 뜻하는 징표였다. 만자와 관련된 여러 의미 가운데서도 특히 나를 소름 돋게 만든 한 가지는 바로 '항구적 승리'였다.

가장 오래된 만자는 우크라이나 유적지 메진에서 발견된 약 1만 2000년 전의 소형 상아 조각상 위에 새겨져 있다. 약 8000년 전에 존재했던 빈카 문명은 만자를 사용했다고 알려진 초기 문명 중 하나다. 빈카는 신석기 시대에 남유럽, 그러니까 현재의 세르비아와 크로아

티아, 보스니아, 헤르체고비나 지역에 살았던 부족이다.

불교에서는 끝이 시계 방향으로 꺾인 만자와 반시계 방향으로 꺾인 만자를 모두 사용한다. 두 만자 모두 길운과 번영, 풍요, 영원의 상징으로 간주된다. 만자의 형상은 회전하는 태양을 상징하며, 그 안에 "부처의 마음이 담겨 있다"고 전해진다. 불상의 발바닥과 심장에는 만자가 새겨져 있다.[55]

그래픽디자인 작가 스티븐 헬러는 저서 『만자, 구원 이상의 상징 The Swastika: Symbol Beyond Redemptioin』에서, 서구 사회가 광고와 제품 디자인의 구성적 모티프로 만자를 얼마나 열광적으로 차용했는지에 대해 간략히 소개하고 있다.

헬러의 글에 따르면, "코카콜라도 만자를 사용했고, 칼스버그도 맥주병에 만자 무늬를 넣었다. 보이스카우트도 만자를 차용했고, 미국 걸스클럽은 『만자Swastika』라는 잡지를 발행한 것도 모자라, 판매 부수를 끌어올리기 위해 만자 모양 배지를 어린 독자들에게 경품으로 발송했다."

미군 부대도 제1차 세계대전 기간에는 만자를 사용했다. 또한 영국 공군 비행기에서도 1939년까지는 만자 문양을 볼 수 있었다. 하지만 1930년대 독일에서 나치가 득세함에 따라, 만자의 이 상서로운 본뜻은 퇴색되었다.

나치가 만자를 사용하게 된 유래는 19세기 독일 학자들의 인도 문헌 번역 작업에서 찾아볼 수 있다. 문제의 학자들은 산스크리트어와 독일어 사이에서 유사성을 발견했다. 그들은 인도어와 독일어의 기원이 같다고 결론지었다. 또한 아리아인이라는, 백인 혈통의 신성한 전사 민족이 존재한다고 믿었다.

———

"그들은 유령처럼 걸었습니다." 이사오 아라타니는 열세 살이던 1945년 8월 6일 히로시마에서 겪은 일들을 회고하며 이렇게 말했다. 나는 히바쿠샤와 생존자 나무에 대해 조사하던 중 그의 이야기가 실린 기사 한 편을 발견했다. "비록 우리는 살아남았지만, 죽은 친구들을 생각하면 도저히 행복해할 수 없었습니다. 그래서 오랜 세월 그 기억들을 가슴속에 담아뒀지요. 말하고 싶지 않았으니까요. 하지만 우리가 육십대에 접어들었을 때, 살아남은 동창 가운데 100명 정도가 원자폭탄에 얽힌 기억을 글로 정리해 책으로 출간했습니다. 『포플러 나무는 대대로 이야기를 전하리The Poplar Trees Will Transmit the Story from Generation to Generation』라는 책이죠."56

———

괴테를 비롯한 많은 이가 납작한 은행잎에서 펼쳐진 책장을 연상했다. 은행나무의 껍질과 잎과 열매는 늦어도 11세기부터 약용으로 쓰였다. 은행나무 추출물은 편두통과 혈액순환장애, 천식, 이명, 발기부전, 치매, 암의 치료 목적으로 사용된다.

현존하는 은행나무는 비슷한 종 가운데서도 저항력이 매우 뛰어나, 유해한 박테리아나 바이러스뿐 아니라 해로운 종자나 환경오염에 대해서도 남다른 자연면역체계를 갖췄다고 알려져 있다.

도쿄의 은행나무가 딱딱하게 굳어 고사 직전의 상태로 발견됐을 때에도 현대의 도시들에서 그 나무는 꾸준히 승승장구를 거듭했다. 이를테면 뉴욕 맨해튼 거리에서 가장 흔히 눈에 띄는 가로수는 단연 은행나무다. 죽어가는 나무의 빈자리는 매번 은행나무로 일사불란하게 대체된다.[57]

아침마다 나는 은행나무 추출물이 함유된 캡슐을 하나씩 복용한다. 알려진 여러 효능 가운데서도 특히 기억력 감퇴를 늦춰줄 가능성을 기대해서다. 어느새 나도 이른바 "은행나무 마니아"의 대열에 합류한 것일까? 베커의 손바닥만 한 책을 읽고 또 읽으며, 나는 장장 10여 세기 동안 10여 곳의 문화권에서 은행나무가 어떤 이미지로 비쳐왔는지 살펴보는 일에 꽤 많은 시간을 할애했다.

———

히로시마평화도시기념비에 새겨진 원문은 주어가 생략돼 있어, 영어로 (그러니까 폭탄을 떨어뜨린 사람들의 언어로) 옮기면 다소 복잡한 문장이 만들어진다.

"고이 잠드소서, (우리 혹은 그들은) 잘못을 되풀이하지 않을 터이니."

누군가는 말한다. 이러한 어휘적 모호함에는 이 특정한 전쟁만이 아니라 인류 전체를 아우르려는 의도가 깔려 있다고.

———

"끊임없이 고통을 주는 것만이 기억 속에 머무른다"고 니체는 『도덕의 계보』에서 주장했다.[58] 또한 주디스 루이스 허먼은 "정신적 트라우마의 핵심 원리는 끔찍한 사건들을 부정하려는 의지와 그것들을 소리 높여 알리려는 의지 사이의 충돌"이라고, 『트라우마와 회복 Trauma and Recovery』에 적었다.[59]

———

오래전 먼 땅에서 살아남은 사람이 이 순간 들려주는 목소리와, 테이블 위에서 가늘게 떨리는 손가락, 그곳에 있던 누군가의 미묘한 듯 선명한 눈빛은 결코 그 무엇과도 견줄 수 없다. 그 사람이 어린아이였든, 십대였든, 아니면 누군가의 어머니 혹은 아버지 혹은 아주머니 혹은 아저씨 혹은 자매 혹은 형제였든, 이는 변하지 않는 진실이다. 그들은 그 악몽을 몸소, 그러니까 피부와 뼈와 숨결로 겪어냈다. 나와 당신, 우리 대부분은 그 악몽을 겪지 않았다. 우리는 경청하고 받아들인다. 우리는 깊고도 꾸준한 관심을 기울인다. 하지만 여전히 우리는 그들이 아는 것을 알지 못한다.

생존자 카페에 앉아 이야기를 듣고 받아 적는 일이 괴로웠다고는 말하고 싶지 않다. 비록 눈물과 콧물이 흘렀지만, 그보다 쓸모 있는 고통은 없었다. 말로 다 전할 수 없지만 말로만 전할 수 있는 것들이 있다. 부족해도 말은 우리가 가진 재산이다. 그들의 이야기는 전해져야 하고 어떻게든 남겨져야 한다. 내 고민은 어떻게 해야 그들의 이야기를 최대한 널리 전파할 수 있는가 하는 부분이다. 그리고 이는 가장 중요한 부분이기도 하다.

증인들은 여전히 이곳에 있다. 적어도 지금은 그렇다. 하지만 남은 시간은 그리 길지 않다. 그들이 언제까지 이곳에 더 머무를지는 아무도 알지 못한다. 그러므로 서둘러야 한다. 그것도 아주 급하게. 이는 나의 인생이 걸린 일이다. 나의 세포들은 처음부터 나를 이 여정으로 이끌었다. 내가 말을 배우기 시작한 이후로, 심지어 말을 배우기도 전부터, 그 무엇보다 먼저.

상실, 비탄, 폭력, 혼돈, 증오, 죄악, 슬픔.

살고자 하는 의지. 잎들은 빛을 향해 자라난다. 나를 향해. 우리를 향해.

———

터키의 정치 지도자들은 "아르메니아 학살"에 대한 언급을 범죄로 규정했다. 이 조치의 정확한 의미를 알면서도 단행한 일이었다. 혹시 트라우마를 말하지 못하는 상황을 상상해본 적이 있는가? 심지어 은유적으로 돌려 말한 진실마저 흐릿해지고 의심 받고 삭제될 위험에 처한다면? 그러면 과연 어떤 일이 벌어질까?

2007년 엘리위젤인류애재단Elie wiesel Foundation for Humanity은 아르메니아 학살을 부정하는 터키 정부의 행태를 규탄하는 서한을 전달했다. 서한에는 노벨상 수상자 53인의 서명이 담겨 있었다. 재단의 설립자 위젤 또한 생전에, 그러한 행위를 가볍게 넘기려는 터키 정부의 조직적 움직임을 "이중 살인"이라고 거듭 일컬은 바 있었다.[60]

아르메니아 학살이 벌어진 1915년으로부터 100년하고도 1년이 지난 2015년 4월 24일의 추모식에서 터키 정부는 150만 명에 달하는 희생자에게 "애도"를 표한다면서도, "학살"이라는 단어의 사용만은

단호히 거부했다.[61]

———

이스라엘에서 수입한 무교병이 더 저렴하다는 정보가 터키의 유대인 사회에 퍼지면서 문을 닫게 된 이스탄불의 어느 무교병 공장 내부에 설치미술 한 점이 전시되었다. 무교병 형상이 인쇄된 흰 종이 여러 장을 와이어 여러 가닥에 매달아놓은 그 작품의 제목은 〈유령 무교병〉이었다.[62]

몇 년 전 나는 뉴욕시 로어이스트사이드를 정처 없이 걷다가 문득 눈을 들어 작은 창문의 철망 사이로, 한때 무교병이 맛있기로 유명했던 스트레이츠 사의 공장과 내부의 기계들을 우연찮게 들여다본 적이 있다. 구운 빵조각들이 대롱대롱 매달린 상태로 뜨거운 바람을 맞으며 서서히 건조되고 있었다.

그 공장도 이제는 문을 닫았다고 들었다.

친구 롤라의 이야기에 따르면, 판화 제작자들은 한 번 찍어낸 판 위에 두 번째로 찍어 얻어낸 모노타이프 작품을 고스트 이미지, 그러니까 유령이라고 부른다.

———

유월절 첫날 밤 존더코만도 대원들은 풍습에 따라 만찬을 열었다. 비르케나우 수용소의 오븐오븐은 강제수용소의 시체 소각로를 일컫는 용어다에서는 무교병, 그러니까 이스트를 넣지 않은 빵이 구워졌다. 무교병을 가리키는 또 하나의 번역어는 "고난의 빵bread of affliction"이다. 마침 유월절

대목에 제과점에서 일해본 대원이 무교병 굽는 전통 방식을 알고 있었다.[63]

———

최근에 나는 버몬트주 북부의 울창한 그린산맥에서 열린 어느 워크숍에서 글쓰기를 가르쳤다. 나는 학생들에게 두 가지 목록을 만들어, 한쪽에는 가족이 금기시하는 주제들을 기입하고 다른 쪽에는 후회되는 일들을 나열하라고 지시했다. 그러자 한 여성 참가자가 자신은 적을 내용이 거의 없다며 다음과 같은 해명을 덧붙였다.

"우리 가족의 금기는 딱 하나예요. 제2차 세계대전 당시 무슨 일을 겪었느냐고 할아버지에게 절대로 묻지 않을 것." 그녀는 잠시 쉬었다가 이내 말을 이었다. "그리고 후회되는 일도 딱 하나죠. 제2차 세계대전 당시 무슨 일을 겪었느냐고 할아버지에게 절대로 묻지 않았다는 것."

———

멕시코의 한 스파에서 새로 사귄 지인과 아침을 먹었을 때의 일이다. 대화를 시작한 지 얼마 지나지 않아 우리는 서로에게 각자의 가족사를 털어놓게 되었다. 내가 "유전된 트라우마와 슬픔"이라는 말을 입에 올리자마자 멜라니는 깊은 한숨을 내쉬더니 눈에 눈물이 그렁그렁해졌다.

"저희 아버지는 제2차 세계대전 당시 연합군 폭격수였어요." 이윽고 그녀는 테이블 너머로 말들을 쏟아내기 시작했다.

"아버지의 과거에 대해 저는 제대로 아는 게 하나도 없어요." 이렇게 변명하듯 시작된 그녀의 이야기는 이내 아버지가 과묵하고, 말이 없었던 데다, 오랜 세월 알코올 중독과 극심한 분노에 시달렸고, 노숙인 생활까지 했다는 설명으로 이어졌다.

"전몰장병 기념일 아침이면 아버지는 늘 가족들보다 먼저 일어나 국기를 게양했어요. 한번은 제가 평소보다 일찍 일어나 아버지를 지켜본 적이 있어요. 아버지는 흐느끼고 계셨죠."

그녀는 내게 B-17 폭격기에 대해 아느냐고 물었다. 나는 고개를 가로저었다.

"폭격수의 자리는 전투기 앞쪽이에요. 플렉시글라스를 통해 밖을 내다보며 좌표를 살피고 십자선을 조정할 수 있는 자리죠. 특정 지점에 이르면 파일럿이 조종간을 넘겨요. 그러면 폭격수는 표적과의 일직선을 맞추죠." 멜라니는 허공에 그림을 그려가며 열심히 설명을 이어갔다. 우리 둘 다 음식에는 손도 대지 않고 있었다. "그런 다음 버튼을 눌러 폭탄을 투하하는 거예요."

한동안 우리는 말없이 서로를 바라보았다. 그녀는 네모난 안경을 쓰고 있었다. 반들거리는 렌즈에 가려 눈동자 색깔을 제대로 확인할 수는 없었지만, 나는 그녀와 내가 큰 틀에서 하나의 혈통으로 이어져 있다고 느꼈다. 그녀의 조부모는 우크라이나 출신이었다. "두 분은 집단 학살을 피해 미국으로 탈출했어요. 사람들에겐 일주일 뒤에 떠난다고 해놓고, 그날 밤에 몰래 빠져나왔죠." 그녀는 이렇게 말했다.

나는 우리 집안도 동유럽계로, 친척 가운데 일부는 그녀의 조부모처럼 이른 시기에 그곳을 떠나왔다는 사실을 그녀에게 털어놓았다.

"다음에 기회가 되면 제 얘기도 들려드릴게요." 이렇게 말하고 나는 다시 그녀의 이야기에 귀를 기울였다. 지금은 오직 듣는 일에만 집중하고 싶었다.

"어머니에게 듣기로, 아버지는 죽인 사람들에 대한 죄책감에 악몽을 꾸다가 울면서 깨어나시곤 했대요." 멜라니의 이야기가 이어졌다. "하지만 아버지는 유대인이었어요. 당신의 행동이 어떻게든 '도움이 되었다'는 사실을 알고 계셨죠. '옳은 일을 했다'는 것도요."

나는 그녀에게 홀로코스트 생존자이자 작가인 프리모 레비를 아느냐고, 그의 죽음에 대한 엘리 위젤의 발언―프리모 레비는 아우슈비츠에서 40년 뒤에 죽었다―을 들어봤느냐고 물었다. 멜라니의 아버지도 어쩌면 "전장에 투입된 바로 그때 죽었는지" 모른다고, 나는 그녀에게 말했다.

넓고 북적한 식당의 소음이 우리를 에워쌌지만, 대화에는 방해가 되지 않았다. 마치 그 아침의 그 공간에서 우리만 외따로 떨어져 있는 기분이었다. 밝은 식탁보가 깔린 테이블에는 냅킨과 함께, 열대과일과 우에보스 란체로스를 담은 접시가 놓여 있었다. 심신의 건강을 고려해 고급스럽게 꾸민 스파는 아이러니하게도 멜라니의 이야기 속 모든 상황과 완벽한 대조를 이루었다.

"아버지는 알코올 중독으로 돌아가셨어요." 멜라니는 한숨을 내쉬었다. "항상 궁금했어요. 전쟁 직후 곧바로 치료를 받았더라면, 알코올 중독자가 되는 일만은 막을 수 있지 않았을까."

사실 나는 그런 생각을 해본 적이 없었지만, 그녀의 말에는 일리가 있었다. 전쟁 직후 수많은 군인이 상처받은 마음을 회복할 어지간한 기회조차 갖지 못했다. 또한 여러모로 그 상황은 오늘날에도 달라지지 않았다. 일전에 모르쿠엔데 박사는 이라크 전쟁과 아프가니스탄 전쟁 퇴역 군인의 치료법 중에 "트라우마 기반 요가trauma-informed yoga"라는 것이 있다고 말했었다. "트라우마가 우리 몸에 축적된다는 건 이제 다들 인정하는 분위기예요. 사실 다른 문화권에선 그 문제에 대한 관리가 우리보다 확실하게 이뤄지고 있죠. 그쪽에는 트라우마를 가진 사람들을 방어기제라는 감옥에서 해방되도록 돕는 전통과 의식이 있는 것 같아요."

멜라니의 가족 이야기가 이어졌다. "다들 전쟁만 끝나면 새로운 삶이 시작될 거라고 생각했어요. 아이도 갖고, 유명 브랜드의 식기세척기도 사고, 모든 면에서 멋진 인생을 누릴 거라고." 이 대목에서 그녀는 잠시 말을 멈추었다. "시시때때로 격분하는 아버지 때문에 우린 모두 공포에 떨어야 했어요. 아버지는 며칠 동안 사라졌다가는 뒷골목 부랑자처럼 꾀죄죄한 모습으로 돌아오곤 했죠. 결국 참다못한 어머니는 아버지를 떠나기로 결심했고요."

우리의 대화는 여기서 잠시 중단되었다. 요가와 명상 수업 담당 직원이 주간 스케줄을 공지하려고 마이크를 잡았기 때문이다. 낯익은 그 직원은 3년 전에도 이 스파에서 나를 지도했던 필리스 필그림이었다. 우연찮게도 나는 지난밤 그녀의 자비 출판 회고록 『숨겨진 여권The Hidden Passport』을 읽은 참이었다. 책에서 그녀는 어린 시절 4년 동안 인도네시아의 일본군 치하 "집단수용소"에서 겪은 일들을 연대순으로 서술하고 있었다.

나는 목소리를 낮춰, 저 요가 선생은 이름이 필리스이고, 나이는 저래 봬도 80대이며, 다섯 살 때부터 아홉 살 때까지 어머니랑 남동생과 함께 포로수용소를 전전했다는 이야기를 멜라니에게 들려주었다. 하지만 회고록의 원문을 그대로 인용하지는 않았다. 고질적인 언어 문제가 또다시 발목을 잡은 것이다.

공지가 끝나고 우리는 끊겼던 대화를 다시 이어나갔다. 멜라니는 예전에 항공박물관에서 나이 지긋한 안내인과 나눴다는 이야기를 들려주었다. 안내인은 멜라니에게 유대인이냐고 묻더니, 그녀가 질문의 의도를 되묻자 이렇게 말했다. "유대인은 똑똑하다는 세간의 인식 때문에 특별 테스트를 받고 폭격수로 임명되는 경우가 많았거든요." 우리는 함께 쓴웃음을 지었다.

"제 아들은 열여섯 살이에요. 외할아버지를 쏙 빼닮았죠." 그녀가 말했다. "그 앤 항공 분야에 진출하고 싶어해요. 저도 한때는 공군이 될 생각을 해봤고요. 간호사는 장교로 입대할 수 있거든요. 하지만 저는 전쟁이 싫었어요. 인생과 자유를 통제당하고 싶지도 않았고요."

멜라니는 우리 동네에서 다리 하나 건너면 나오는 마린 카운티에서 조산사로 일하며, 그간 수천 명의 아이를 받아냈다. "이제 은퇴해야죠." 첫 만남에서 그녀는 내게 이렇게 말했고, 직후에 우리 대화는 마치 각본이라도 짜놓은 것처럼 과거로, 전쟁과 폭탄, 죽음에 관한 이야기로 자연스럽게 이어진 터였다. 시간이 흘러, 그때 들은 이야기들을 되새기자니, 혹시 그녀가 조산사의 길을 걷기로 결심하는 데 폭격수였던 아버지의 과거가 어떤 식으로든 영향을 미쳤으리라는 생각을 그녀 스스로 해본 적은 없는지가 못내 궁금해진다.

어쨌든 이틀 밤이 지나고 우리는 다시 저녁 식사를 함께 했다. 멜라니는 성장기를 롱아일랜드에서 보냈고, 롱아일랜드에는 유대인이 많았다. 그중에서도 홀로코스트 생존자들은 특유의 겁에 질린 표정과 슬픈 눈빛이 늘 인상적이었는데, "왠지 모르게 마음을 끄는 뭔가"가 있었다고 그녀는 말했다. 때로는 팔에 찍힌 숫자들이 눈에 들어왔고, 때로는 "대축제일 예배 시간에 흐느끼는 모습"이 눈길을 붙들었다. "그 사람들과 딱히 알고 지내진 않았어요. 하지만 제겐 샘이라는 삼촌이 계셨죠. 집단수용소에 들어갔다가 겨우 탈출했다는데, 언제 어떻게 빠져나왔는지는 저도 잘 몰라요. 아무튼 이후에 삼촌은 셰일라 숙모와 결혼했고, 숙모는 삼촌의 두 번째 부인이었어요. 하지만 저는 이 모든 이야기를 시간이 한참 흐른 뒤에야 알게 됐죠."

멜라니는 앉은 의자를 살짝 뒤로 빼더니 "삼촌은 항상 이렇게 어깨를 으쓱하곤 했어요"라면서 손사랫짓을 했다. 마치 이제 질렸다고, 다 부질없고, 삶은 어차피 거기서 거기라고 힘주어 말하는 것 같았다. "무슨 뜻인지 아시겠어요?" 그녀는 잠시 웃음 지었다.

"샘 삼촌은 무기력했어요. 매사에 부정적이었죠. 그러던 어느 날 끔찍한 사고를 당했어요. 숙모랑 차를 타고 가다 그만 트럭과 부딪친 거예요. 숙모는 결국 돌아가셨죠. 정말이지 끔찍했어요." 우리는 함께 깊은 숨을 들이쉬었다. 또 한 번의 비극. 또 한 번의 상실.

"몇 년 뒤 삼촌은 플로리다에 정착했어요. 그제야 저는 용길 내서 삼촌에게 물었죠. 전에 그곳에서 무슨 일을 겪었느냐고. 삼촌은 부인과 자식들이 있었는데, 모두 죽었다고 했어요. 아마 수용소에서 그렇게 됐겠죠. 셰일라 숙모는 아이를 낳지 않았어요. 이미 '과년한 처녀'일 때 삼촌을 만났다나요. 삼십대 후반이나 사십대 초반이었나봐요.

제 생각엔 삼촌이 더는 아이를 원하지 않았던 것 같아요.

여하튼 우린 가까웠어요. 샘 삼촌과 저 말이에요. 제 몫으로 유산을 좀 남겨주고 싶다는 말씀을 하신 적도 있고요. 하지만 이제 삼촌도 여든여섯이에요. 그사이 재혼도 하셨고요. 삼촌은 지금의 숙모를 사랑하지 않는댔어요. 하지만 결국 삼촌을 돌볼 사람도, 모든 재산을 물려받을 사람도 그분인걸요. 삼촌은 당신이 제정신이고, 돌아가는 사정을 꿰뚫고 있다는 걸 제가 알아주길 내심 바라셨어요."

멜라니의 얼굴에 조금씩 쓴웃음이 번졌다. 나는 아버지의 아버지를 생각했다. 할아버지에게도 세 명의 아내가 있었다. 첫 번째 아내는 우리 할머니였고, 1936년에 이혼했다. 두 번째 아내였던 애니 할머니는 많은 사람의 사랑을 받으며 살다가 할아버지보다 먼저 세상을 떠났다. 홀로 남겨진 할아버지는 결국 세 번째 아내인 피리 할머니를 맞아들였고, 할아버지가 돌아가신 뒤 모든 재산은 그녀 차지가 되었다.

멜라니는 다시 아버지와 그 전쟁으로 대화의 주제를 돌렸다. "아버지는 총 스물여섯 번의 비행 임무를 수행했어요. 각각의 목표물과 임무가 적힌 카드를 한 장 갖고 계셨는데, 그게 어떻게 됐더라. 아무튼 훈장도 제법 받으셨어요. 전부 제 조카가 갖고 있죠. 전상자 훈장인 퍼플하트도 있다니까요. 1944년에 도버 상공에서 격추된 적이 있거든요. 회복될 때까지 1년을 군병원에서 지내셨죠."

그녀는 어머니에게 들었다는 이야기, 그러니까 아버지가 죽인 사람들에 대한 죄책감에 울면서 깨어났다는 이야기를 다시 끄집어냈다. 모르긴 해도 그녀는 이 대목을 가장 슬프게 느끼는 듯했다. 어쩌면 이 사소한 일화 덕분에 그녀는, 결코 진심으로 이해할 수 없었던 한 남자와 비로소 공감하게 됐는지도 몰랐다.

"아버지의 과거가 궁금해졌을 무렵에는 이미 아버지의 정신이 온전치 않았어요." 멜라니는 이렇게 말했다.

나는 내 아버지의 이야기를 짤막하게 들려주었다. 아버지와 아버지의 남동생은 1943년 연합군의 함부르크 폭격에서 용케도, 그러니까 두 분이 머물러 있던 지하실이 그 건물에서 유일하게 무너지지 않고 버텨준 덕분에 간신히 살아남았다. 이 대목에서 멜라니는 나를 뚫어지게 바라보았다.

"저희 아버지도 함부르크에 출격했을 거예요." 그녀는 두 손을 테이블에 올리고는 앞에 놓인 접시의 테두리를 감싸 쥐었다. "그때 아버님께 폭탄을 떨어뜨린 사람이 어쩌면 우리 아버지였는지도 몰라요."

———

멜라니와의 만남은 내게 1985년 타호호 부근 고지대 시에라네바다에서 작가회의가 열렸을 때 가졌던 제2차 세계대전 퇴역 군인과의 만남을 상기시켰다. 평소 패튼 장군의 제3군 소속 부대원과 대화해보고 싶어했던 나를 배려해 선생님 한 분이 마련해준 자리였다.

우리는 그의 스키용 별장으로 초대되었다. 알프스 양식 오두막의 거실 한쪽 벽에는 고풍스러운 크로스컨트리 스키들이 우리 키보다 높은 위치에 마치 미술품처럼 걸려 있었다. 버넷은 빛나는 벽안과 편안한 웃음을 가진 남자였다. 얼굴에는 주름이 깊게 파여 있었고, 지난 40년간의 습관이 남아서인지 군인 특유의 꼿꼿한 자세가 인상적이었다.

버넷은 우리 아버지가 독일의 집단수용소에 수감됐던 생존자라는 사실을 선생님에게 미리 들어 알고 있었다. 전쟁 말엽의 기억을 공유해달라는 내 요청에 그는, 그때껏 한 번도 입 밖에 내지 않았지만 결코 잊을 수 없었다는 기억들을 우리 앞에 꺼내놓았다. "가족에게도 하지 않은 이야깁니다." 그가 목소리를 낮추었다.

나를 믿어준 그에게 내가 감사 인사를 했는지는 확실히 기억나지 않는다. 어쨌든 나는 말하기보다 듣기에 집중했고, 30년 전 그가 했던 말들을 지금도 어제 일처럼 또렷이 기억한다.

"사실 우린 애들이나 마찬가지였어요. 겨우 열아홉 살이었으니까. 린츠 외곽에 있다가, 히틀러가 죽었다는 소식을 듣게 됐지. 4월 말이었소. 독일군은 연일 항복을 선언했고, 우리는 곧 집에 돌아갈 생각에 그야말로 축제 분위기였어. 하지만 갑자기 나치 잔당이 포획을 피해 숲으로 도주하고 있다는 정보가 들어왔어요. 마우타우젠 집단수용소라는 곳이었지. 현장에 도착해보니 정문은 활짝 열려 있고, 웬 남자들이 눈에 들어오더군. 마치 살아 있는 뼈다귀 같았소. 더러운 줄무늬 옷을 입고 있었지. 그런데 그 사람들이 우리 쪽으로 달려오는 거야. 반갑다면서, 고맙다면서 말이오.

처음에 나는 눈앞의 광경을 믿을 수가 없었소. 물론 이전에 사진을 몇 장 봐두긴 했지. 하지만 우리 군인들은 하나같이 그게 일종의 선전이라고 생각했어요. 적을 물리치고 싶어지게끔 우리에게 동기를 부여하기 위한 방편이라고. 그런데 눈앞에서 시체 같은 사람들이 걸어오고 있었으니……."

버넷의 푸른 눈동자는 갈수록 눈물이 차올라 더욱 밝게 빛나는 듯했다. 하지만 그는 울음을 삼키고 이야기를 이어갔다.

"내가 지금 지옥에 들어가고 있구나, 생각했지. 살면서 그보다 최악의 상황은 본 적이 없었으니까. 나는 무작정 걸었어요. 어느새 눈앞에 건물 하나가 나타나더군. 얼핏 들여다보니 안에는 장작더미가 아주 높이, 서까래에 닿을 정도로 높이 쌓여 있었소. 하지만 악취가 코를 찔렀지. 그래서 살펴보니 그게 다 시체였던 거야. 피부와 뼈가 산더미처럼 쌓여 있더라니까.

나는 다시 밖으로 뛰쳐나갔소. 건물 주위에도 시체들이 누워 있더군. 그런데 보니까 조금씩 움직이더라고. 아직 목숨이 붙어 있었단 얘기지.

그제야 깨달았어요. 좀 전에 정문을 향해 달리던 사람들은 그나마 제일 건강한 축이라는 걸. 적어도 그이들은 두 발로 설 수 있었으니 말이오."[64]

버넷은 잠시 말을 멈추었다. 나는 주머니에서 화장지를 꺼내 조심스럽게 코를 풀었다. 외부자의 관점에서, 그것도 기반 지식이 전무한 상태로 집단수용소에 갔다가 의도치 않게 참상을 목격한 어느 군인의 관점에서 이야기를 들은 것은 그때가 처음이었다. 이전까지는 수용소 정문 안에 있던 사람들의 이야기만 들어온 터였다. 언젠가 아버지는 해방군이 부헨발트에 도착해 우선 손에 잡히는 대로 음식을 나눠주기 시작했을 때 그 음식을 먹다가 죽는 사람들이 생겼다는 이야기를 해준 적이 있었다. 몸이 그 음식을 배겨내지 못했다는 것이다. 그리고 버넷도 내게 같은 이야기를 하고 있었다. 버넷과 그의 동료들은 굶주린 수감자들에게 자신들이 가진 모든 것을, 군대의 식량이든 초콜릿 바든 가리지 않고 모조리 내주었다. 자신들의 도움으로 오히

171

려 사람들이 죽어가고 있다는 사실을, 그러니 그 어쭙잖은 도움을 멈춰야 한다는 사실을 스스로 깨달을 때까지.

———

해방 후 몇 달이 지났다. 그사이 미군은 각지의 수용소를 "난민" 수용 시설로 재편했다. 또한 그 몇 달 사이 전시 수감자들은 질병과 장기적 굶주림의 여파로 끊임없이 죽어나갔다. 처음에는 과식한 탓에 죽는 이들도 있었다. 망가질 대로 망가진 소화 계통이 음식물을 감당해내지 못한 것이다. 군인도 의사도 무력감에 망연자실할 수밖에 없는 상황이었다.

그러다 소련군에게 관리 권한이 넘어가면서 부헨발트는 나치 전범 수감장으로 쓰임새가 바뀌었고, 그런 상태는 이후로 3년 동안 지속되었다. 하지만 결국 막사들은 철거되고 불태워져 역사의 유해로 남겨졌다. 그러나 어찌된 일인지 막사들의 어렴풋한 윤곽만은 보존해야 한다는 결정이 내려졌다. 한때 건물이 있던 자리에는 어두운 색 자갈을 깔아 방문객들이 네모난 윤곽을 확인할 수 있게 해두었다. 그곳에서 수백만 명이 노역으로, 혹은 굶주림으로 끝내 목숨을 잃었다. 살해당한 이들도 있었다.

———

제2차 세계대전 당시 일본계 미국인 조앤 미우라의 가족은 일본인 격리수용소로 끌려가기 전에 세간 중 일부를 자신들 손으로 불태웠다고 한다.[65] 혹여 가족의 다른 구성원들을 연루시키는 데 악용될 만

172

한 서류와 물건을 선별적으로 훼손했다는 것이다. 미우라의 이 해명과는 별개로, 나는 그 행위가 일종의 자발적 삭제일 수 있다고 생각했다. 자신의 손때가 묻은 물건들을 타인이 불태우거나 파묻거나 빼앗는 꼴을 무력하게 지켜보느니, 차라리 스스로 불을 질러 얼마간 자기 결정권을 행사하고 행위주체성을 지켜내기 위한 고육지책일 수도 있다고 말이다.

그녀의 사연에서 나는 폴란드와 체코슬로바키아, 우크라이나 출신의 홀로코스트 생존자들을 머릿속에 떠올렸다. 고초 끝에 살던 마을로 돌아갔지만, 그사이 집과 살림이 폴란드인과 체코인, 우크라이나인의 "소유"로 넘어갔다는 사실을 알게 됐을 때, 그네들은 과연 어떤 심정이었을까? 자신들의 물건이며 집이며 사업을 가로챈 것도 모자라, 가로챘다는 사실 자체를 부정하는 사람들을 보며 그들은 어떤 생각을 했을까?

"너 아직 살아 있었니?" 집으로 돌아가는 기차에서 폴린에게 한 노파는 이렇게 물었다. 마치 그 열 살짜리 소녀의 무사한 귀향이 못내 아쉬운 것처럼. "전부 다 죽인 줄 알았더니."

———

아버지와 나는 비교적 최근에 사귄 지인들과 저녁을 함께 했다. 세스 로즈너와 그의 새로운 아내 주디스는 프라하 출신으로 우리 가족과 성이 같았지만, 서로 간에 친척인지는 확인하지 않은 상태였다.

주디스는 얼마 전에 어머니를 잃었다. 향년 98세였다. 그녀는 어머니가 영면 직전까지 사용하던 지갑을 정리하다가, 안쪽 깊숙이 끼워진 작은 신분증 하나를 발견했다. 그녀는 이내 거기 인쇄된 글귀를 읊기 시작했는데, 익숙한 문장이어서 나도 중간에 목소리를 보탰다. "귀하의 무사 귀환을 위해 본 증을 항상 휴대하십시오."

"저희 아버지도 똑같은 걸 갖고 계세요." 내가 말했다. 크기와 질감이 오래된 도서관 회원증을 연상시키는 그 신분증은, 부헨발트 수용소가 해방된 직후 몇 달 동안 남은 수감자들의 관리를 맡았던 연합국 해외파견군 측에서 제공한 것으로, 스탬프로 찍은 등록번호와 함께 아버지의 자필 서명이 적혀 있었다.

"저희 어머닌 그걸 평생 지갑에 넣고 다니셨어요." 주디스가 말했다.

화가이자 작가였던 렌케 로스먼은 바로 그 기념품으로 인해 자신이 경험한 모순을 다음과 같이 묘사했다. "심지어 요즘도 저는 이 신분증을 볼 때면 마치 집을 잃은 듯한 기분에 휩싸입니다…… 물론 이게 우리를 걱정하고 염려하는 마음에서 발부됐다는 건 알지요. 하지만 현실과의 괴리감이 너무 컸어요. 여기 적힌 문장만 보면 금방이라도 집에 돌아갈 수 있을 것 같았으니까요. 돌아갈 집은 이미 사라지고 없는데."[66]

———

2016년 가을 헤이그에서는 이른바 문화유산 훼손죄로 기소된 건에 대한 최초의 심리가 열렸다. 가해자는 말리 통북투의 이슬람 극단주의자로, 어느 능묘를 파괴했다고 알려진 인물이었다. 국제형사재판소는 졸지에 비판의 대상이 되었다. 말리에는 고통받는 사람이 넘쳐나는데, 정작 그들을 위한 재판은 제쳐두고 "돌과 흙을 위한 재판"을 밀어붙인다는 이유에서였다. "이 소송이 국제형사재판소에 새로운 영역을 개척했다는 사실과는 별개로, 우리는 2012년 이래로 말리에서 시민을 상대로 자행된 살인과 강간, 고문을 포함한 국제법상의 다른 범죄들을 반드시 책임지고 다뤄야 할 필요성을 망각하지 말아야" 한다고, 국제사면위원회의 상임법률고문 에리카 버세이는 말했다.[67]

———

캄보디아의 크메르 루주 지도부에 대한 재판은 알려진 케이스가 소수에 불과하다. 더욱이 폴 포트를 비롯한 정권 수뇌부는 기소가 가능해지기도 전에 사망했다.

이른바 킬링필드로 알려진 캄보디아 땅 곳곳에서 사람들은 살해되고 파묻혔다. 학살 피해자의 상당수는 남녀노소를 막론하고 총알을 아낀다는 미명 아래 곤봉으로 머리를 맞아 사망했다.

1975년에서 1979년 사이에만 170만 명의 캄보디아 국민이 목숨을 빼앗겼다. (보고서에 따라서는 사망자 수가 300만 명까지 치솟기도 한다.) 동남아시아의 비교적 작은 나라에서 벌어진 일이지만, 집단 학살이 불러일으킨 파장은 오늘날까지도 지속되고 있다. 추정컨대 당시 캄보디아 인구의 20퍼센트가량이 문제의 학살로 인해 사망했다. (또한 300만 명이라는 수치를 적용하면, 인구의 25퍼센트가량이 살해되거나 굶어 죽었다는, 그러니까 존재가 지워졌다는 계산이 나온다.)

극단적인 예로, 악명 높은 S-21 수용소의 수감자 1만4000명 가운데 생존자는 단 7명에 불과했다. 크메르 루주가 어느 고등학교를 개조해 만든 그 감옥은 가히 "고문과 심문, 처형의 중심지"였다.[68]

오늘날 S-21 수용소는 투올슬렝제노사이드박물관Tuol Sleng Museum of
Genocide으로 개조되었다. 정문을 들어서면 여느 고등학교와 다름없어 보
이는 그곳은 도합 다섯 채의 건물로 이뤄져 있다. 건물들 맞은편으로는 철
봉이 있는 안뜰과 초록 잔디밭, 론볼링 경기장이 보인다. 한 건물 1층에
위치한 교실들은 1977년의 모습이 그대로 보존돼 있다. 취조실의 가구는
단출하다. 각각 책걸상 한 세트와 맞은편에 놓인 철제 침대틀이 전부다.
침대틀 양 끝에는 수갑과 족쇄가 달려 있다. 안쪽 벽에 전시된 몇 장의 사
진에는 퉁퉁 부은 상태로 썩어가는 시체들의 섬뜩한 모습이 담겨 있다. 그
들이 묶인 침대틀 아래로는 핏물이 고여 군데군데 웅덩이를 이뤘다. 이 끔
찍한 장면들은 1979년 1월 S-21 수용소를 처음으로 발견한 두 베트남 사
진 기자에 의해 촬영되었다.

———

캄보디아 방문과 "다크 투어리즘Dark Tourism" 혹은 "데스 투어리즘
Death Tourism"을 중점적으로 다룬 『내셔널지오그래픽투데이』의 한 기
사에서 호주인 여행자 스콧 해리슨은 "캄보디아에 가면 반드시 봐야
할 두 가지"로 "앙코르와트" 유적지와 "프놈펜 외곽에 자리한 킬링필
드"를 꼽았다.[69]
　피터 호헨하우스는 다크 투어리즘의 면면을 폭넓게 다루는 웹 사
이트의 개설자다. 그의 "간략한 정의"에 따르면, 다크 투어리즘이란
죽음이나 재난에 관련된 (혹은 "분위기가 으스스한") 장소들과 의도적
으로 관계를 맺는 행위다.
　재난은 자연재해나 산업재해, 혹은 이 두 가지가 병합된 형태로 나

타날 수 있다. (이를테면 환경재해는 인간의 개입에 의해서도 유발될 수 있다.) 또한 2004년 인도양을 휩쓴 쓰나미처럼 파괴력이 막강한 대참사의 형태로 나타날 수도 있다. 동남아시아에서 어림잡아 15만 명의 목숨을 앗아간 이 해일의 위력은 "히로시마에 투하된 원자폭탄 약 2만 3000개가 방출하는 에너지와 맞먹는다."[70]

죽음과 관련된 장소는 무덤이나 묘지, 능묘, 납골당처럼 실제로 시체나 유해가 안치된 곳이라든가, 암살 현장처럼 (이를테면 존 F. 케네디를 향해 총알이 발사된 댈러스의 6층 박물관처럼) 관념적 성격이 더 짙은 장소를 일컫는다. 혹은 재난의 경우와 마찬가지로 이 두 가지가 병합된 장소일 수도 있다. 이를테면 (두개골이 들어찬 위령탑으로 유명한) 캄보디아의 킬링필드 기념지처럼.

명확한 하위 범주를 몇 가지 소개하자면 다음과 같다.

- 무덤 투어리즘
- 홀로코스트 투어리즘
- (그 밖의) 제노사이드 투어리즘
- 감옥 및 박해 현장 투어리즘
- 공산주의 투어리즘
- 개인 숭배 투어리즘
- 냉전 및 철의 장막 투어리즘
- 핵 투어리즘
- 재난지역 투어리즘

아래 글은 캄보디아 사진 기자 디스 프란의 편찬서 『캄보디아 킬 링필드의 아이들Children of Cambodia's Killing Fields』에서 발췌한 내용이다. (서구세계에서 디스 프란은 오스카 수상에 빛나는 영화 「킬링필드」의 실제 주인공으로 유명하다.)

크메르 루주는 매우 영리하고 잔혹했다. 그들의 전략은 효과적이었다. 우리 대부분은 그들의 사악한 의도를 믿으려 하지 않았으니까. 그들의 목적은 우리를 해방시키는 것이었다. 그들은 "정의"와 "평등"을 위해 스스로의 목숨을 위험에 빠뜨렸고 가족마저 포기했다. 어떻게 이런 벌레들이 우리 한테서 나올 수 있었을까?

한 캄보디아 남자는 이렇게 말했다. "우리 이야기를 모두 적으려면 강물만큼의 잉크가 필요합니다."[71]

1994년 르완다에서는 겨우 100일 남짓한 기간 동안 무려 80만 명의 국민이 후투족 극단주의자들의 손에 학살되었다. 살인자들은 소수민족인 투치족뿐 아니라 정치적 반대자들까지 겨냥했고, 이들 반대자 중에는 후투족도 포함돼 있었다.

정확한 수치는 알려지지 않았지만, 어림잡아 25만에서 50만 명의 여성이 강간을 당했다.[72] 강간은 정서적 고통과 건강 문제를 동시에 유발한다는 점에서 투치족을 파괴하는 또 하나의 수단으로 여겨졌다. (정서적 고통은 피해 여성을 "슬픔으로 죽게" 만들 수도 있다고 그들은 생각했다.) 하지만 정작 강간의 여파로 죽음에 이른 여성은 그리 많지 않았다. 대개는 강간당한 직후에 살해되었으니까.

후투족 극단주의자들은 라디오 방송국과 신문사를 설립해 증오의 프로파간다를 24시간 내내 퍼뜨렸다. "바퀴벌레를 박멸하라"고, 다시 말해 투치족을 죽이라고 사람들을 선동한 것이다. 라디오에서는 죽어 마땅한 사람들의 이름이 울려 퍼졌다. 르완다 인구의 대부분이 문맹인 상황에서, 시도 때도 없이 자극적인 폭력을 유도하는 이 비인간적 목소리는 가히 최면적인 효과를 발휘했다. "심지어 성직자와 수녀들조차 살인으로 유죄 판결을 받았고, 희생자 중에는 피난처를 찾아 교회로 숨어든 이들도 포함돼 있었다."[73]

어림잡아 10만 명의 어린이가 부모를 잃거나 납치되거나 버려졌다. 오늘날 르완다 인구의 26퍼센트는 여전히 외상후 스트레스 장애에 시달리고 있다.[74]

"르완다 이야기Rwandan Stories"는 호주인 존 스튜어드의 도움으로 개설된 웹 사이트다. 사이트에는 르완다 대학살의 기원과 상세한 내용 및 후유증을 생존자와 가해자 양쪽의 시각에서 분석한 여러 동영상과 사진, 기사가 올려져 있다. 사이트의 일차적 목표는, 트라우마에 대응하고 사람들을 교육해 과거와의 화해를 도모하는 것이다.[75]

내가 이 글을 작성할 무렵 국제 인권 활동가들은 남수단의 상황이 "제2의 르완다" 사태로 번지기 일보 직전이라고 경고하고 있었다. 남수단 유엔 인권위원회 상임이사 야스민 수카는 세계 지도자들의 개입을 촉구하는 한편, "남수단 여성의 70퍼센트가 강간을 당했다"고

말했다.[76]

"지난 수십 년 동안 세계는 르완다 대학살의 불씨가 된 잘못들을 그대로 답습해왔다. 남수단의 위기를 알리는 징후들이 곳곳에서 포착되는 지금 또 다른 비극을 방지하기 위해서는 아프리카 지도자들이 앞장서서 행동해야 한다. 더불어 미국과 유엔, 세계 지도자들의 강력한 외교와 확실한 개입도 필요하다.

안타까운 사실은, 하필 대학살의 망령이 출몰하는 이때 미국과 유엔, 아프리카연합이 하나같이 중대한 과도기에 놓여 있다는 점이다."[77]

———

친구 중에 르완다에서 꽤 오랫동안 고아들과 손잡고 재난 국가에 책을 보내기 위한 모금운동을 벌여온 이가 있다. 그녀는 대학살이 그토록 무서운 속도로 자행되는 근본적인 이유 중 하나로 문맹을 꼽았다. 이른바 "증오의 라디오"는 1993년부터 본격적으로 방송되기 시작했다. 비록 벨기에 대사와 몇몇 구호 단체 직원들이 "위험을 인지하고 문제의 방송을 중단시키기 위한 국제적 공조를 요청하기는 했지만 (…) 서구의 외교관들은 설득에도 불구하고 사태를 심각하게 받아들이지 않았다. 그들은 그 방송을 사실상 묵인했다. 미국 대사 데이비드 로슨은, 방송의 완곡한 표현들은 얼마든지 다양하게 해석될 수 있으며 미국은 언론의 자유를 신봉한다고 말했다."[78]

친구는 "아이들이 읽는 법을 배워야" 한다고 말했다. "그래야 스스로는 물론 가족의 목숨까지 구할 수 있다"고, 그녀는 믿고 있었다.

———

　스탠퍼드대학에 다닐 때 나는 종종 팰로앨토(키 큰 나무라는 뜻)에 자리한 중고품 할인점에 들러 빈티지 옷이나 싸구려 물건들을 구입하곤 했다. 하루는 숲속 풍경이 파스텔 색상으로 프린트된 액자 하나가 눈에 들어왔다. 가물거리는 빛과 나풀거리는 나뭇잎, 군데군데 보라색 그늘로 얼룩진 흰색 줄기들이 마음을 사로잡았다. 가게는 괴이쩍게 어수선했고, 문제의 판화가 담긴 액자는 때 묻은 벽 위에 비뚜름하게 걸려 있었다. 나는 손으로 액자를 내려 자세히 살펴보았다. "부헨발트 I, 구스타프 클림트, 1902"라는 글자가 뒷면의 작고 흰 라벨에 적혀 있었다. 그 흠집 난 금속 액자의 모서리를 쥐었던 두 손의 떨림과 코끝을 자극하던 먼지와 좀약 냄새, 곁눈으로 흐릿하게 보이던 모자 상자들과 해진 신발들의 형체를 나는 지금도 기억한다. 가게의 라디오에서는 오케스트라 음악이 희미하게 흘러나왔다. 도로의 소음이 공기를 타고 들어왔다. 심장의 쿵쾅거림이 느껴졌다.

　그때 나는 처음으로 깨달았다. 아주 오래전 그 수용소의 이름은 순수하고 무고했다는 사실을. 부헨발트는 그저 아름답고 평화로운 풍경을 묘사하는 단어에 불과했다. 나는 그 판화를 가져다가 기숙사 벽에 걸었다. 그리고 몇 년 동안 간직했다.

5장

너도밤나무 숲 I

1983년 6월

아버지에게 장거리 전화를 걸어 독일에 가고 싶다고, 또한 가게 된다면 아버지와 함께 가고 싶다고 말했다. 아버지는 확답을 주지 않았다. 상황을 지켜보자는, 아직은 모르겠다는 대답이 전부였다.

이 대화는 1982년 늦가을, 그러니까 내가 캘리포니아주 남부의 한 대학에서 예술학 석사 과정을 밟기 시작한 첫해에 이뤄졌다. 앞선 봄에 나는 혼자서 3개월 동안 북유럽을 여행하며 스웨덴과 덴마크, 네덜란드, 프랑스를 돌아보고 온 참이었다. 하지만 내가 탄 기차가 아버지의 출생 도시인 함부르크 역에서 정차했을 때 나는 마치 몸이 마비된 것처럼 그곳의 플랫폼에 단 1분도 발을 디딜 수 없었다.

당시 스물두 살이었던 나는 학생용 유레일패스를 끊은 상태라 원하면 아무 역에서나 타고 내릴 수 있었지만, 그 도시, 그 나라에서 하루를 보낸다는 생각만으로도 나는 옴짝달싹할 수가 없었다. 더욱이 전날 밤에는 기차가 갑자기 멈추는 바람에 칠흑같이 캄캄한 어둠 속에서 깜짝 놀라 꿈에서 깨어난 일도 있었다.

그때 우리는 한 시간 남짓을 그렇게 멈춰 있었다. 우리를 태운 기차는 사고로 엉뚱한 선로에 들어섰고, 그 바람에 북해의 어느 황량한 땅, 선로가 끝나는 지점을 향해 가고 있었다. 나는 이 사실을 어느 승무원의 입을 통해 전해 들었다.

선로의 끝. 독일의 기차.

결국 우리는 기차를 후진시켜 원래의 선로로 돌아갔다. 독일 국경 순찰대가 발소리도 요란하게 객실을 돌며 여권을 검사했다. 그들의 입이 독일어 음절을 내뱉을 때마다 내 몸은 움츠러들었다. 내게 그것은 살인자들의 언어였다.

캘리포니아에 돌아와서야 나는 내가 독일 땅을 어디든 돌아보려면 아버지와 함께, 아버지의 안내로 여행하는 수밖에 없다는 사실을, 혼자서는 도저히 갈 수 없다는 사실을 깨달았다.

그 무렵 나는 소설가가 되기 위해 애쓰고 있었다. 하지만 내가 지은 이야기들은 하나같이 부자연스럽고 개연성이 부족하게 느껴졌다. 빈 페이지를 보고 있노라면 나의 관심과 상상력은 자연스레 우리 가족의 이야기로, 내가 아무리 열심히 조립해도 늘 불완전해 보였던 직소퍼즐의 조각들로 자꾸만 쏠리곤 했다.

예의 그 유럽 여행에서 나는 파리를 방문해 종조할아버지 시몽과 고모할머니 로지아로부터 친할아버지 다비드에 관련된 자잘한 정보들을 수집했고, 들은 내용을 꼼꼼하게 일지에 기록했다. 우리 조부모님은 1936년 나치 치하의 독일에서 이혼했고, 할머니 라헬은 졸지에 어린 형제를 홀로 돌보게 되었다. 하지만 그 이유에 대해서는 누구도 완벽하게 설명해주지 못했다. 시몽 할아버지는 당신의 형 다비드가 "루마니아에 아들들을 데려가려고 굉장히 열심히 노력했다"고 힘주어 말했다. 하지만 몇 년의 다툼 끝에 소식이 끊기는 바람에 어쩔 수 없이 포기했다는 것이다. "다 죽었다고 생각하신 거야." 이렇게 말하며 종조할아버지는 한숨을 내쉬었다.

스웨덴에서는 부모님의 오랜 친구들을 만났다. 그들은 두 분이 만나 사랑에 빠지는 과정을 지켜보았고, 우리 부모님에 대해 내가 아는 것보다 더 많은 것을 알고 있다고 자부했다. 어느 밤 우리는 스톡홀름의 한 유대인 식당에서 저녁 식사를 함께 했고, 그들 중 누군가는 우리 아버지가 "운 좋게 제때 떠났다"고 말했다. 발언의 주인공은 바로 나를 초대한 요세프 씨였다. 그는 스웨덴 스톡홀름에 사는 걸출한 유대인 가문의 일원으로, 그의 부모님은 동유럽에 갇힌 유대인들을 구해내려는 노력에 적극적으로 동참한 바 있었다.

뜻밖의 발언에 어리둥절해진 나는 오류를 바로잡으려고 이렇게 말했다. "하지만 아버지는 집단수용소에 계셨어요. 부헨발트에 계셨는걸요."

"그럴 리가." 요세프는 주장을 굽히지 않았다. "그랬다면 우리가 알았어야지."

"제가 알아야 맞죠." 나는 테이블의 모든 사람을 향해 떨리는 목소리로 언성을 높였다. "저는 아버지의 딸이에요."

캘리포니아로 돌아오는 비행기 안에서 나는 정성스레 주석을 달아둔 일지들을 꼼꼼히 읽어 내려갔다. 내 목소리에 대한 설명이며, 나중을 대비해 기록해둔 문장의 디테일과 질감까지 허투루 넘기지 않았다. 그 여행에서 경험한 모든 일과 나눴던 모든 대화를 분명한 것이든 모호한 것이든 가리지 않고 머릿속에 담아두고 싶었다. 정독을 마친 나는 그 공책들을 비행기 좌석 주머니 안에 넣었다가 무심결에 그곳에 두고 내렸다. 그리고 다시는 그 일지들을 보지 못했다.

하지만 그 여행에서 가장 뼈아픈 부분은 내가 독일 방문의 기회를 눈앞에서 놓쳤다는 사실이었다. 관광은 고사하고 아예 발을 들이지도 않았다. 나는 아버지를 설득하기 시작했다. 일주일에 한 번씩 통화할 때마다 같이 여행을 가자고 성가시게 졸라댔다. 결국 아버지는 살면서 처음으로 내게 이제 다른 이야기를 하면 안 되겠느냐고 사정하는 지경에 이르렀다. 나는 한동안 입술을 매만지다가, 내가 너무 강하게 밀어붙였다는 사실을 깨달았다. 아버지는 내게 제발 그만하라고 부탁하고 있었다. 그래서 나는 그만두었다. 그러고는 아버지가 마음을 굳히고 이야기를 꺼낼 때까지 기다리기로 했다.

6개월이 흘렀다. 그리고 마침내 1983년 봄, 우리는 여행을 준비하고 있었다. 갑작스레 마음을 바꾼 아버지가 "독일에 가려면 계획을 세워야 한다"고 통보해온 것이다. 아버지는 누렇게 빛바랜 봉투 속에 담긴 사진들과 친할머니의 오래된 엽서 묶음, 출생과 결혼, 이혼의 이력을 간략하게 설명해줄 증명서들을 다시 살펴보는 중이라 했다. 온갖 종이에 파묻혀 지내는 동안 아버지는 이런저런 과거사를 단속적으로 기억해냈다. 또한 어머니에게 전해 듣기로는, "알레르기 발작"에 시달렸다. 이는 감당할 수 없는 슬픔이 아버지를 덮쳤다는 징후라는 걸 어머니도 나도 잘 알고 있었다. 나는 캘리포니아에서 동쪽으로 날아가 아버지 곁에 머물며 추억의 물건들 틈에서 이틀을 보냈다.

이것 좀 보세요. 이건 또 뭘까요.

우리는 티켓을 샀고, 여권을 챙겼고, 짐을 싸두었다. 하지만 떠나기 전날 밤 아버지는 돌연 일정을 취소하자고 말했다.

"직장에 위급한 일이 생겨서, 자리를 비우기 힘들 것 같구나."

재난 앞에서는 모든 계획이 부질없었다. 하지만 사실 아버지의 본심은 따로 있었다. 아버지는 내심 여행의 모든 것을 바꾸기를 원했다. 주제를 고치고 방향을 돌리기를 바랐다. 나는 아버지가 확신을 갖기를, 그래서 나와 함께 가장 그늘지고 감춰진 곳을 향해 나아가주기를 기다렸다.

과거는 아버지를 뒤로 잡아당기는 동시에 앞으로 밀어붙이고 있었다.

결국 우리는 함께 비행기에 올랐다.

———

우리 호텔은 셰퍼캄프살레 가에 자리했다. 함부르크의 이 거리는 한때 아버지가 살았던 곳이었다. 택시 안에서 창밖을 가리키며 아버지는 그 거리가 원래 이렇게 넓었는지 기억이 가물가물하다고 말했다. 트롤리버스가 없어졌다는 사실에 놀랐다고도 했다. 가늘게 뻗은 트롤리폴이 복잡하게 얽힌 전깃줄에 연결된 풍경을, 자갈길에 묻힌 선로와 머리 위에서 타닥거리는 전선을, 나는 머릿속으로 그려보았다.

아버지는 독일 태생이지만 독일어를 입에 담는 일만은 의식적으로 피하며 살아왔다. 나는 나대로 학교에서 독일어 학습을 금지한 탓에 대안으로 스페인어만 배워둔 상태였다. 집에는 독일제 물건이 하나도 없었다. 전쟁이 끝나고 25년이 지나서야 아버지는 크룹스 사의 강청색 면도기를 구입해 욕실의 조악한 조명 아래서 수염을 깎았다.

"인정할 건 해야지. 독일 사람들이 일은 또 확실히 하니까." 면도기를 사오던 날 아버지는 이렇게 말했었다.

지하철 특유의 악취만은 예나 지금이나 똑같다고 아버지는 내게 말했다. 푹 익은 과일 냄새와 축축한 나뭇잎 냄새, 소금기와 습기를 머금은 바닷바람 냄새가 한데 뒤섞여 있다나. 갠저마르크트 역에서 우리는 햇살에 눈을 깜빡이며 광장으로 올라왔다. 아버지가 길 건너 빵집을 가리켰다.

"저 집의 특제 페이스트리는 세상 어디에도 없는 맛이란다." 이렇게 말하고 아버지는 가장 가까운 건널목을 찾아 고개를 두리번거렸다. 마치 좋아하는 과자를 받을 생각에 잔뜩 들떠 있는 어린아이를 보는 듯했다.

"비넨슈티히라는 빵이야." 아버지는 문제의 페이스트리를 한가득 베어 문 채 이렇게 설명했다.

나도 조그맣게 한입 베어 물었다. 크림과 버터와 꿀 향이 한꺼번에 밀려들었다.

"풍미가 너무 강한데요." 내가 웅얼거렸다. 아버지는 그런 것 같다면서도, 남은 빵을 냅킨에 고이 싸더니 늘 메고 다니는 숄더백에 신문이며 잡지며 책이며 지도를 헤치고 살뜰히 챙겨 넣었다. 비로소 아버지는 마음이 편안해 보였다.

———

함부르크는 물의 도시였다. 그림처럼 아름다운 알스터 호수 둘레를 따라 이런저런 상점과 카페가 여행자를 유혹했다. 근 100년의 역사를 자랑하는 채식주의자 식당도 그런 곳들 중 하나였다.

"너희 할머니 단골 식당이 여기 있구나." 아버지의 목소리에서 애정과 경이감이 묻어났다. "시대를 앞서가는 분이었지."

하지만 식당의 인상은 첨단과는 거리가 멀었다. 입구 양쪽으로는 유리 진열장이 하나씩 놓여 있었고, 그 안에는 없던 식욕도 떨어뜨릴 만큼 밝은 형광등 조명 아래, 잘게 찢은 비트와 양배추들이 정체 모를 액체에 절여진 상태로 접시에 담겨 있었다. 얼굴 한번 본 적 없는 할머니에게 식성을 물려받아서인지, 평소에 나는 고기보다 채소를 즐겨 먹는 편이었다. 하지만 어째서인지 그 식당에서는 조금도 입맛이 돌지 않았다. 아버지는 챙겨온 페이스트리를 슬쩍슬쩍 한 입씩 베어 물었다.

"배가 별로 안 고파요." 나는 이렇게 말했다.

우리는 알스터 호수에서 페리를 타기로 했다. 변화무쌍한 그곳의 하늘처럼 아버지의 표정도 시시각각 달라졌다. "언젠가 한번 이 도시에 돌아온 적이 있단다. 그냥 잠깐 들러서 주말을 보낼 생각이었지. 하지만 너무 외롭고 낯설게 느껴지더구나. 결국 단 하룻밤도 머물지 못했어."

아버지가 여행을 중단하고 집에 돌아오던 날이 희미하게 머릿속에 떠올랐다. 안식일이었다. 우리 다섯 식구는 식탁에 둘러앉았다. 어머니는 촛불을 붙이고 두 손을 동그랗게 모은 채 기도문을 낮게 읊조렸다. 내 기억이 맞는다면 아버지는 1970년대에 독일 여행을 다녀왔다. 그때 나는 아직 고등학생이었다. 영어 선생님은 존경하는 인물의 전기를 써오라는 과제를 내주었다. 나는 자연스럽게 아버지 이야기를 쓰기로 마음먹었다. 언니 모니카도 2년 전 같은 선생님에게 같은 과제를 받고는 아버지의 생애 전반에 관해 써낸 적이 있었다. 나는 언니보다 기간을 축소해 전쟁기, 그러니까 1933년부터 1945년까지의 생애에 초점을 맞추었다.

정식 명칭으로 자유한자도시 함부르크Freie und Hansestadt Hamburg는 아버지가 태어난 장소이자 아버지가 결코 돌아가지 못한 장소였다. 죽은 영혼들이 도처에서 출몰했고, 아버지의 발밑에서는 깨진 유리가 서걱거렸다.

우리를 태운 페리가 화려한 다리 밑을 통과할 때마다 다리 위에 서 있던 아이들이 키득거리며 손을 흔들었다. 다른 승객들은 모두 고개를 들어 아이들을 향해 웃음 지었지만, 아버지는 생각에 잠긴 듯 표정이 무거웠다. 그랬다. 이곳에서 아이들은 마치 아무 일도 없었던 것처럼 해맑게 자랄 수 있었다.

"저기", 아버지가 호수 저편을 가리키며 말했다. "저기서 우린 둑길을 따라 뛰놀곤 했단다. 그러다 내가 물에 빠진 적도 있었지. 하지만 그것도 한때였어. 얼마 뒤부터 우리에겐 물놀이가 허용되지 않았으니까."

배는 희고 근사한 집들을 미끄러지듯 지나쳤다. 집집마다 우아한 장미정원이 비탈에서 호수를 내려다보고 있었다. "대체로 아름답구나." 아버지는 이렇게 말했다.

처음으로 아버지의 독일어를 듣게 됐을 때 나는 어리둥절한 나머지 가만히 듣고만 있었다. 나중에 식당으로 자리를 옮겼을 때였다. 내가 메뉴 번역을 부탁하자 아버지는 무척 유창한 독일어로 직원과 대화를 이어갔다. 나는 내용을 이해하지 못한 채 말없이 앉아 답답해했고, 아버지는 내게 하나부터 열까지 통역해야 하는 상황을 조금 귀찮아하는 듯했다.

"아직도 이해가 안 가요. 왜 제게 독일어를 배우지 못하게 하셨죠? 충분히 배울 수 있었잖아요." 내가 물었다.

아버지는 한숨을 쉬더니 나를 바라보았다. "그럼 네가 집 안에서 독일어를 하며 돌아다녔을 것 아니냐. 언어를 연습하고 독일과 독일 문화에 대해 더 배우고 싶어했겠지. 그러다 결국 이곳에 오고 싶어하고, 이곳을 좋아하게 됐을 거야. 이곳에 와서 이곳을 좋아하게 됐을 거라고. 한동안 이곳에 살고 싶어했을지도 모르지."

아버지는 마치 이것만이 유일한 시나리오라는 듯 말하고 있었다.

"결국은 아버지랑 오게 됐네요." 내가 말했다. "아닌 게 아니라 이곳이 정말 마음에 들어요. 사랑스런 도시라고 할까요. 아버지도 좋아하시는 것 같고."

"봐라, 이러니 내가 너를 여기 오게 하고 싶었겠니?" 아버지는 이렇게 말했다.

———

안식일 아침이었다. 길 건너에 경찰차 한 대가 서 있었다. 함부르크 유일의 유대교 회당으로 추정되는 건물의 맞은편에서 쌍안경을 댄 두 눈이 정면의 출입구 계단을 오르는 우리의 걸음을 뒤쫓았다. 도 대체 왜 이렇게 경비가 삼엄하냐고 묻는 나에게 아버지는 어깨를 으 쓱하더니 "독일에서는 유대인 과잉보호가 미덕인 모양"이라고 웅얼 거리듯 대답했다.

입구에 들어서자 경비로 보이는 두 남자가 눈에 띄었다. 한 명은 배가 불룩한 대머리였고, 한 명은 더 날씬하고 젊어 보였다. 그들은 아버지가 기도용 숄을 고르고 성소 정문을 통과하는 모습을 지켜보 았다. 아버지는 목적에 지나치게 심취한 나머지 내게 돌아와 절차를 일러주지도 않은 채 안으로 들어가버렸다. 하지만 나도 어리숙하지 만은 않았다. 나는 여신도 전용 입구를 찾아 고개를 두리번거렸다. 이 윽고 젊은 경비가 다가와 독일어로 질문을 던졌다. 나는 "죄송하지만 영어밖에 할 줄 모릅니다"라고 대답했다.

그는 이스라엘 억양이 섞인 영어로 내게 이곳에 처음 왔느냐고, 방 문 사유는 무엇이냐고 물었다. 나는 함부르크 출신의 아버지를 모시 고 방문했다고 대답했다. 그러자 그는 방문 계획을 사전에 알리지 않 은 이유를 캐물었다.

"사전에 알려야 하는지 몰랐어요." 내가 대답했다.

그는 내게 신분증을 요구하며 유대인이냐고 물었고, 여권을 꼼꼼 히 살피더니, "입증할 증거가 없다"고 말했다.

우리는 서로를 물끄러미 바라보았다. "아, 히브리어를 할 줄 알아 요." 나는 그에게 그의 언어로 말했다. "이만하면 증거로 충분할까 요?"

그는 겸연쩍게 웃더니 "때로는 그것으로도 충분"하다고 말했다.

위층에 마련된 여신도 구역에는 나무 벤치 몇 줄이 비어 있었다. 나는 외따로 서서 두 손에 기도서를 펼친 채 아래층에서 올라오는 성가 소리에 귀를 기울였다. 솔직히 그 휑한 공간에서는 일말의 경건함도 느껴지지 않았다. 장엄하게 울리는 메아리도 별 감동을 일으키지 못했다. (나는 정통파 유대교도로 길러졌다. 회당에서는 남자들과 떨어진 자리에 비켜 앉았고, 토라를 만지는 일은 허락되지 않았다.) 스컬캡을 쓴 아버지의 머리를 수십 명의 남자들 사이에서도 나는 알아볼 수 있었다. 그들은 다 같이, 어린 시절 스케넥터디의 회당에서 항상 들리던 굵직하고 음울한 목소리로 노래하고 히브리어 문장을 읊조렸다. 아버지는 단 한 번도 위를 올려다보지 않았다.

———

일요일에 아버지는 많이 아팠다. 극심한 복통에 시달렸고, 아버지의 표현을 빌리자면 "일상적인 위장병"으로 괴로워했다. 하지만 이른 저녁이 되자 아버지는 내게 함부르크의 악명 높은 홍등가이자 "환락의 거리"인 레퍼반Reeperbahn을 보여주겠다며 고집을 부렸다. 이유는 좀처럼 말해주지 않았다. 우리는 얼마간 지하철을 타고 이동하다가 지상으로 나와 삼삼오오 무리지은 뱃사람들로 빽빽하게 붐비는 보도에 들어섰다. 마지못해 따라나서긴 했지만, 나는 내심 아버지가 밤의 피로에 굴복하기를, 그래서 나와 함께 안락한 호텔로 돌아가기를 바랐다.

"여기서 좀 쉴까?" 이렇게 말하고 아버지는 줄무늬 차양이 설치된 작은 카페의 문을 열었다. 하지만 음식이나 음료를 주문하는 대신, 곧

장 뒤편의 화장실로 향했다. 나는 자리를 잡지 않고 가게 안을 서성이며 온갖 걱정 속에 꽤 오랜 시간을 기다렸다. 이윽고 아버지가 다시 모습을 드러냈다.

"정말 괜찮으세요?" 내가 물었다. 가라앉은 기분 탓으로 돌리기에는 아버지의 안색이 너무 나빴다. 너무 칙칙하고, 너무 창백했다. 느낌이 좋지 않았다.

"걱정 마라. 그보다 보여주고 싶은 게 있다." 아버지는 완고했다.

여기서 더 입씨름을 해봐야 소용없는 일이었다. 가게 문을 나서는 우리를 향해 여종업원이 눈살을 찌푸렸다. 굳이 말하지 않아도 그녀의 표정에 담긴 생각을 나는 읽을 수 있었다. 나는 다시 아버지를 묵묵히 따라갔다. 급기야 아버지는 표지판도 없는 골목으로 방향을 돌리더니 마치 주차장이나 벙커의 진입로처럼 굽은 내리막길로 들어섰다. 보랏빛 조명은 나를 당혹게 했다. 아버지는 발길을 되돌리며 "내가 실수한 것 같구나"라고 말했다. 나는 지체 없이 거리로 향했다. 더 이상은 참을 수 없었다.

그때였다. 뒤쪽에서 하이힐이 또각거리는가 싶더니 원피스를 입은 나의 등 위로 느닷없이 축축한 액체가 쏟아졌다. 내 시야를 벗어난 위치에서 한 창녀가 내게 오렌지 소다를 뿌린 것이다. 그녀의 웃음소리가 들려왔다. 나는 혐오감에 진저리를 냈지만, 어찌할 도리가 없었다. 살면서 처음이자 마지막으로 독일어 욕설을 모른다는 것이 한스럽게 느껴지는 순간이었다. 어둠 속에서 내 피부는 라벤더 색으로 번들거렸고, 달콤하고 끈적한 액체가 다리를 타고 흐르는 동안 나는 격분에 휩싸여 몸서리를 쳤다.

무엇이 그녀의 심기를 그토록 거슬렀는지는 알 수 없었다. 그저 나로 인해 잠재적 손님 하나를 놓쳤다고 생각한 탓이 아닐까, 짐작만 할 뿐이었다. 그녀로서는 우리가 부녀 사이라는 사실을 알 수 없었을 테니 말이다. 그런데 다시 보도로 나왔을 때 아버지도 그녀처럼 웃고 있었다. 마치 그곳이 환락의 거리라는 사실이 그로 인해 확실해진 것처럼. 독일인 창녀가 끼얹은 소다 자국이 쉽게 닦이지 않는다는 사실도 아버지의 웃음을 자극했다. 이 순간은, 한때 아버지가 사랑했지만 그를 품어주기는커녕 죽음 직전까지 내몰았던 도시를 방문한 나에게 오점으로 기억될 것이었다. 또한 이 도시는, 나를 이유 없이 혐오할 수 있는 사람들로 가득한 곳으로 나에게 기억될 것이었다.

"어떠냐, 이제 마냥 아름답게 보이지만은 않지?" 아버지는 이렇게 말했다.

———

함부르크의 마지막 밤. 아버지의 신장결석이 마침내 탈출을 결행하면서 아버지의 몸은 그것만의 언어로 밤새 비통함을 호소했다. 결국 이른 새벽 아버지는 소변에서 작고 어두운 알갱이를 발견했고, 귀국하면 주치의에게 보일 생각으로 문제의 알갱이를 잘 건져 챙겨두었다.

우리는 새벽 수산시장을 배회했다. 은빛으로 반짝이는 생명체들이 물에게 영원한 작별을 고하고 있었다. 아버지는 천천히 걸었다. 결석을 몸에서 내보내느라 진이 빠질 대로 빠진 상태였다.

———

　우리는 렌터카를 몰고 함부르크 교외에서 체크포인트 찰리, 그러니까 분단 독일의 베를린 장벽에 있던 동독 입국 검문소를 향해 나아갔다. 아버지는 벌써 몇 시간째 운전대를 붙들고 있었다. 아버지의 부탁으로 나는 앞좌석 사물함에 넣어둔 렌터카 서류의 안위를 확인했다. 어느새 제복 차림으로 정렬해 있는 독일인들이 시야에 들어왔다. 우리가 접근하자 그들은 손을 내밀어 정지 신호를 보냈다. 나는 발 옆에 둔 카메라를 향해 손을 뻗었다. 그때였다. 아버지가 갑자기 카메라를 만지지 말라고, 만질 생각도 하지 말라고 고래고래 소리를 질렀다. 불안과 격노의 감정이 뒤섞인 아버지의 목소리는 나를 아연하게 만들었다. 일찍이 나는 사진 촬영을 위험한 행동으로 간주하는 장소에는 가본 적이 없었다. 계엄령이 선포된 필리핀에서 교환학생으로 지냈던 1년과 이스라엘의 키부츠에서 생활했던 여름을 포함하더라도 내 인생에서 제복 입은 병사들과 장전된 무기들에 이 정도로 빽빽하게 둘러싸여본 적은, 내가 기억하는 한, 그때가 처음이었다.

　젊고 턱이 다부진 검문소 경비가 운전석의 열린 창문을 통해 아버지 쪽으로 몸을 기울였다. 그의 두 손에는 기관총이 다소 무심하게 들려 있었다. 우리를 향해 총부리를 겨누지는 않았지만, 아버지 입장에서는 겨눈 것이나 매한가지였다. 아버지의 신경과민은 전염성이 있어서, 우리 부녀는 마치 금방이라도 체포될 사람들처럼 바짝 긴장해 있었다. 경비는 먼저 독일어로 질문을 던졌다. 하지만 아버지는 고개를 흔들더니 경비가 다시 영어로 고쳐 물은 뒤에야 비로소 대답을 시작했다. 우리는 차에 탑승한 채 여권을 제출하고는 페인트로 표시된 검문소 경계선 안에서 대기했다. 경비는 작은 사무소 안으로 홀연히 사라졌다. 그리고 그가 돌아올 때까지 초조하고도 지루한 기다림이 이어졌다.

"왜 독일어로는 대답하지 않으셨어요?" 내가 물었다.

아버지는 "너 지금 제정신이냐"라고 묻는 듯한 눈빛으로 나를 힐끗 보더니, 이내 차분한 목소리로 이렇게 되물었다. "미국 시민권자인 내가 왜 그래야 하니?"

이윽고 우리는 여권을 돌려받았다. 경비의 표정은 여전히 험악했다. 하지만 게이트는 활짝 열렸고, 우리 차는 문들을 차례로 통과해 앞으로 조금씩 나아갔다. 몇 블록쯤 지났을까. 아버지가 차를 세우고 지도를 펼쳤다. 아우토반 위에서 우리를 안내해줄 지도였다. 아버지는 손을 떨지 않았다. 하지만 나는 손을 떨고 있었다.

어느덧 우리는 널찍한 도로에 진입했다. BMW와 벤츠들이 괴성을 내며 우리를 앞질렀고, 나름의 노력에도 불구하고 우리는 흐름을 따라잡는 데 실패했다. 우리 차의 속도로는 어림도 없었다. 황홀한 풍경이었다. 녹음이 우거진 골짜기에 자리 잡은 마을들과 새로 경작한 밭들, 그 곁에서 웅크린 헛간들, 하늘을 찌를 듯한 교회 첨탑들이 옆을 스쳐갔다. 하지만 우리는 멈추지 않았다. 우리는 관광객이 아니었다. 우리는 쉬지 않고 바이마르를 향해 차를 몰았다.

엘리펀트 호텔에 체크인할 무렵에는 사위가 이미 어두워져 있었다. 침침한 로비에서는 어렴풋이 역사의 향취가 느껴졌다. 식당은 닫혀 있었다. 하지만 설령 열려 있었더라도, 식사를 하기에는 둘 다 너무나 지쳐 있었다. 평소처럼 아버지는 가방에 과일 몇 쪽을 챙겨둔 터였다. 우리는 그것으로 대충 허기를 채우고는 꿈도 없이 깊은 잠에 빠져들었다. 적어도 나는 그랬다.

아침에도 호텔의 세세한 내력은 나의 관심을 끌지 못했다. 이번 여정과는 무관해 보였던 데다, 우리는 곧바로 체크아웃을 할 예정이었다. 어쩐지 이런 장소에는 길게 머무르고 싶지 않았다. 호텔 프런트에서 나는 영어로 된 안내 책자 한 부를 집어들었다. 괴테나 실러, 리스트의 집 같은 지역 명소들을 설명하는 책자였다.

팸플릿은 "근처에서 가볼 만한 또 다른 기념지로 부헨발트 수감자 기념탑"을 소개하고 있었다. "파시즘에 맞서 공산주의가 거둔 승리를 기념하는 장소"라나.

아버지는 기념탑에 호기심을 느꼈다. 하지만 막상 차를 몰고 도착한 그곳은 추모지보다는 유원지에 가까워 보였다. 넓게 깔린 콘크리트와 석재 바닥 위로 종탑과, 승리를 기뻐하며 하늘을 향해 팔을 뻗은 수감자들을 형상화한 거대 조각상이 우뚝 서 있었다. 그야말로 사회적 사실주의의 전형이었다. 정부에서 승인한 예술작품 특유의 결연함이 돋보이는 그 조각상은 이른바 "레지스탕스 스토리"를 시각적으로 전달하고 있었다. 물론 공산주의자들이 나치스를 패망시키고 권력을 차지했다는 사실은 부인할 수 없었다. 하지만 현판에 적힌 해설을 아무리 훑어봐도 부헨발트의 유대인 수감자들이나 홀로코스트에 대한 언급은 전혀 찾아볼 수 없었다.

다시 차를 타러 돌아가는 길에 아버지는 수용소가 있던 자리에 찾아갈 경로를 이리저리 궁리했다. 거리상으로는 기념탑에서 1킬로미터쯤 떨어진 곳이었다. 표지판은 보이지 않았다. 우리는 무턱대고 차를 돌려가며 주변을 살폈다. 행인에게 물어볼까도 생각했지만, 아버지는 그럴 마음이 없어 보였다.

"너희 삼촌과 나는 1944년 6월 함부르크에서 체포됐단다. 그래도 짐을 쌀 시간은 주더구나." 아버지가 입을 열었다. "처음에는 바이마르까지 실려 갔지. 거기서 밤새 갇혀 있다가 날이 밝자 가축 열차에 태워졌어. 차 안은 이미 러시아인 수감자들로 빽빽했다. 며칠 전부터 그 가축 운반차에 실려온 터라 다들 반쯤 미쳐 있었어. 기차는 부헨발트에서 멈췄고, 모든 사람이 내렸지.

나는 누군가에게 말했어. 뭔가 착오가 생긴 것 같다고, 우리는 이런 장소에 보내질 이유가 없다고. 그랬더니 그 남자가 이러더구나. '아니, 착오가 아니다. 이제 우리가 있을 곳은 여기뿐이야.'"

그때도 6월이었다. 아버지가 이야기한 날로부터 채 40년도 지나지 않은 6월. 사실 여행 전만 해도 나는 반드시 아버지와 함께 오겠다는 의지를 불태웠었다. 하지만 막상 이곳에 온 뒤에는 아버지를 죽음 직전까지 내몰았던 현장에서 내가 느끼게 될 감정을 두려워하기 시작했다. 아버지의 몸 상태도 걱정이었다. 만일 누군가에게 도움을 요청해야 한다면? 그런데 저쪽에서 내 말을 이해하지 못한다면?

우리는 에터스베르크 숲 가장자리를 따라 이동하다가 붉은 벽돌 건물 옆에서 주차장 한 곳을 발견했다. 표지판 따위는 없었지만, 아버지는 그곳의 내력을 알고 있었다.

"나치 친위대 막사가 있던 자리로구나." 아버지가 말했다.

지금 그곳은 아파트 건물로 변해 있었다. 한 무리의 십대들이 뾰로통한 얼굴로 앉아 버스를 기다리고 있었다. 당혹스러울 만큼 평범하기 그지없는 장면이었다. 문득 궁금해졌다. 이 독일 젊은이들은 자신들의 집이 어떤 곳이었는지 알고 있을까? 혹시 알지 못했을 가능성도 있을까? 마치 언젠가 들은 전후 독일 국가國歌에 관한 농담의 이 터무니없는 변주처럼 말이다. "우리는 아무것도 몰랐노라. 우리는 아무것도 몰랐노라. 우리는 아무것도 몰랐노라."

건물들과 버스 정류장, 십대들을 벗어나 몇 분을 더 헤맨 뒤에야 비로소 우리는 수용소 입구를 마주할 수 있었다. 생각해보니 나는 이 문을 여태 사진으로도 본 적이 없었다. 단지 내 음울한 상상력과 유전된 악몽을 통해 머릿속으로 그려본 경험이 전부였다. 막상 마주하게 된 수용소 정문은 무시무시한 요새의 입구와는 거리가 멀었다. 그저 아버지의 키보다 살짝 높은 주철 대문에 불과했다. 안으로 들어서려는데 문 위쪽의 글귀가 시선을 사로잡았다.

JEDEM DAS SEINE

아버지는 뚜벅뚜벅 정문을 통과했다. 그러고는 뒤돌아 나를 보았다. 나는 서둘러 카메라 셔터를 눌렀다. 그때 그 사진 속 아버지의 표정은 이후로 수년 동안 나를 생각에 잠기게 했다. 아버지가 결코 말할 수 없는 이야기들이 전부 그 표정에 실려 있는 느낌이었다.

그곳에 사람은 우리뿐이었다.

황량한 자갈밭 앞에서 아버지는 수감자용 막사가 1945년 해방 이후 러시아인들의 손에 모조리 철거된 모양이라고 말했다. 건물이 사라진 자리마다 거뭇한 돌들이 흉터처럼 덮여 있었다. 하지만 모든 건물이 무너진 것은 아니었다. 우리 오른쪽으로 멀리 나지막한 벽돌 건물 한 채가 눈에 들어왔다. 지붕에는 기다란 굴뚝이 외따로이 솟아 있었다. 사방에서 가시철망이 창백한 하늘을 할퀴었다.

검은색 금속 액자에 담긴 사진 한 장을 우리는 유심히 바라보았다. 점호 시간의 풍경을 찍은 사진이었다. 어림잡아 몇천 명은 되어 보이는 사람들의 얼굴이 사진 속에 흐릿하게 담겨 있었다. 그 틈에서 아버지를 찾아내기란 불가능했다.

"내 자리는 뒤쪽이었어. 하루 두 번, 점호가 끝날 때까지 다들 몇 시간이고 그렇게 서 있었지." 아버지는 사진을 가리키며 이렇게 말했다.

문득 내 옷차림이 그곳에 어울리지 않는다는 생각이 들었다. 담녹색 면 원피스는 치맛단이 짧아 가벼운 바람에도 나풀거리기 일쑤였고, 그물 모양으로 발등을 감싸는 플라스틱 샌들은 누가 봐도 최악의 선택이었다. 발등을 타고 들어온 흙먼지가 양말을 신지 않은 발가락 사이를 더럽혔다. 목에 건 카메라도 애물단지였다. 더욱이 그것으로는 우리의 행적과 경로를 만족스럽게 기록해낼 수 없었다.

우리는 6월의 텁텁한 공기를 헤치며 느릿느릿 움직였다. 수용소의 뒤쪽 끝자락에는 박물관으로 개조한 단층 건물이 서 있었다. 우리는 열린 바깥문을 통해 안으로 들어갔다. 사람은 보이지 않았다. 경비도, 안내원도. 하다못해 다른 방문객도 없었다. 마치 살아 있는 모든 사람이 갑자기 사라지거나 지하로 숨어든 것 같았다.

"너희 삼촌과 내가 처음 도착해서 '분류'되던 건물이 바로 여기였어." 아버지의 목소리가 벽과 돌바닥에 부딪혀 메아리로 되돌아왔다.

"우리에게 번호를 매기고 죄수복을 주더니 머리카락을 밀어버리더구나."

진열장에는 파란색과 흰색이 섞인 줄무늬 죄수복이 흉물스럽게 걸려 있었다. 상의의 가슴 주머니에 덧댄 천 조각에는 마치 장식처럼 수감 번호가 적혀 있었다. 아래쪽에는 투박한 나막신 한 켤레가 놓여 있었다. 수감기록증도 눈에 띄었다. 아버지의 수감기록증처럼 이들 서류의 하단에도 작은 사진이 한 장씩 붙어 있었다. 나는 그 해진 서류를, 손끝으로 잡으면 나방의 날개처럼 힘없이 바스러지던 종잇조각을 생각했다.

한쪽 벽에 걸린 액자에는 하늘에서 내려다본 수용소의 배치도가 끼워져 있었다. 마치 더는 실물로 볼 수 없는 건물들을 청사진으로나마 대면하는 기분이었다. 막사들이 찍힌 흑백 사진도 몇 장 전시돼 있었다. 얼핏 헛간처럼 생긴 건물의 내부에는 널빤지로 만든 이단침대가 빽빽이 들어차 있었다. 부헨발트 수감자의 대부분은 정치범이었다. 공산주의자라든가 사회민주주의자, 레지스탕스 활동가처럼 이른바 국가 전복 세력들이 주를 이뤘다. 어윈 리프만이라는 수감자가 그곳으로 이송된 부분적인 이유도, 그가 수용소의 운영 방식을 충분히 파악해둔 덕분에 아버지와 삼촌이 무사히 살아남을 수 있었던 이유도 바로 거기 있었다.

하지만 수용소의 공식적 기록보관소나 다름없는 이 건물의 내부에서도 유대인 수감자나 유대인의 죽음에 관한 언급은 찾아볼 수 없었다.

우리는 다시 밖으로 나갔다. 풍경은 여전히 음울한 잿빛이었다. 유채색이라고는 가시철망을 향해 끈질기게 뻗어나가는 나무들의 선명한 초록색이 전부였다. 나는 입구를 돌아보았다. 수용소는 어느새 처음 봤을 때보다 훨씬 거대해져 있었다. 정문은 아득히 멀어졌고, 나치 친위대의 막사들은 이제 감시탑 너머 보이지 않는 세계의 일부가 되어 있었다.

"이제 네 눈에도 이곳이 더 크게 보이니?" 아버지가 물었다. "돌이켜보면 그때 우린 늘 너무 약하고 너무 지쳐 있었어. 그래서 한참을 걷고 또 걸어야 수용소 이 끝에서 저 끝까지 가로지를 수 있었지."

아버지는 해방 전 마지막 주의 이야기를 들려주었다. "한마디로 최악이었어. 1945년 4월 4일, 그러니까 내 열여섯 살 생일에 수감자들이 봉기를 일으켰으니까. 누군가 나를 깨우더니 선물이라면서 자기 몫의 빵을 건네더구나. 나는 그걸 나중에 먹으려고 매트리스 아래에 숨겨두었지. 그날 아침은 분위기가 굉장히 어수선했어. 연합군이 아주 가까이 다가왔다는 소문이 돌았거든. 유대인은 모두 정렬하라는 지시가 떨어졌지만, 사람들은 무시하고 숨기 시작했지. 경비병들은 당황한 나머지 아무에게나 총을 쏘아댔고. 나중에 겨우겨우 침대로 돌아가 숨겨둔 빵을 찾아봤지만, 누군가 알고 벌써 가져가버렸더구나."

아버지는 이야기를 멈추고 회색빛 땅을 응시했다.

이후에 나는 다른 이야기들도 듣게 되었다. 10년 전 예의 그 고등학교 프로젝트를 준비하며 아버지를 인터뷰하다가 토막토막 알게 된 내용이었다. 아버지는 어린 삼촌을 데리고 수용소 하수도에 숨어들었다는, 새로 도착한 수감자 무리에 합류해 번호를 바꾸고 신분을 위장했다. 아버지와 동갑이었던 한 소년은 탄환 몇 개를 발견하고는 안을 살펴보려다가 폭발로 목숨을 잃었다. 하룻밤은 굶주림에 이성을 잃은 수감자들이 사체를 입에 대는 일도 있었다.

하지만 이런 이야기는 훗날 부헨발트를 벗어난 이후에 듣게 된 내용들이다.

우리가 조심히 걸음을 옮길 때마다 발밑에서 자갈이 자그락거렸다. 우리는 경사진 언덕과 수천 사람이 점호를 위해 지겹도록 서 있었다는 공터를 지나 정문을 향해 느릿느릿 나아갔다. 그러다 우리는 일순간 뒤를 돌아보았다. 흡사 만 명이 울부짖는 듯한 목소리가 바람에 실려왔기 때문이다. 처음에 나는 환청을 들었다고 생각했다. 하지만 그때 아버지가 말했다. "사람들의 비명처럼 들리지 않니?"

더 이상 우리는 뒤돌아보지 않았다. 정문을 통과한 우리는 다시 차를 타고 구불구불한 숲길을 되짚어갔다.

나뭇가지 사이로 아주 잠시 햇살이 비쳤다. 바람 한 점 없었다.

6장

3세대 그리고 망각의 반대말

그리고 누가 기억하는 이들을 기억할 것인가?

-예후다 아미하이

유대인을 절멸하겠다는 히틀러의 강박은 유대인의 존재에 관한 기록을 모조리 말소하겠다는 극단적 목표까지 아우르는 것이었다. 그에게 절멸이란 대상의 과거와 현재뿐 아니라 미래까지 없애는 것을 의미했다. 마치 유대인이라는 종족이 아예 존재하지 않았던 것처럼 그들의 역사에 관한 기억을 모조리 소멸시켜야 했다. 하지만 역설적이게도, 수 세기에 걸쳐 매우 귀중한 보물들을 발굴하여 수집해온 프라하의 유서 깊은 유대인 공동체는 이 물건들을, 종교적인 것이든 세속적인 것이든, 향후 설립될 "멸종민족 박물관Museum of an Extinct Race" 에 보존하도록 나치스를 설득해내는 데 성공했다.

홀로코스트로 비명에 사라진 유대인 600만 명 가운데 실제로 가문의 마지막 후손이었던 이들이 몇 명인지는 아무도 모른다. 이 같은 대량학살의 목적이 실제로 어디까지 달성되었는지 설명할 수 있는 자료는 (적어도 내가 아는 한) 존재하지 않는다.

확실한 것은 이스라엘이라는 국가가 1948년 5월 14일에 세워졌다는 사실이다. 유대인 난민이 가장 많았던 시기는 1947년으로, 그 수가 어림잡아 25만 명에 달했다. 여기에는 집단수용소에서 살아남았거나 은신처에서 생활했던 이들과, 전후의 반유대주의와 홀로코스트로 인한 공동체의 파괴로 동유럽에 돌아갈 길이 막혔거나 돌아갈 의지를 상실한 이들까지 포함돼 있다. 이스라엘의 초대 수상 다비드 벤구리온은 "유럽 유대인 수백만의 목숨을 집어삼킨 나치의 홀로코스트는, 유대인 국가를 새롭게 건립하여 모든 유대인에게 국경을 개방하고 국가라는 공동체 안에서 유대인들에게 평등한 지위를 부여함으로써 집 없는 유대인 문제를 긴급히 해결할 필요성을 다시금 입증했다"고 선언했다.[79]

유럽에서 시오니즘 운동은 홀로코스트 수십 년 전부터 이미 활발하게 전개되고 있었다. 그럼에도 일각에서는 이스라엘이라는 나라가 (비단 은유적으로만이 아니라 실질적으로도) 쇼아Shoah 절멸 혹은 학살이라는 뜻의 히브리어로 20세기 나치가 자행한 유대인 학살, 즉 홀로코스트를 가리킨다의 잿더미 위에 세워졌다는 주장을 심심찮게 제기해왔다. 사람들이 그 주장의 타당성을 인정하는지 여부와는 별개로, 시오니스트와 홀로코스트 생존자들은 그들의 시민권과 기본적 생존권을 누구도 박탈할 수 없는 지구상 단 하나의 장소를 확보하는 일에 심혈을 기울였다. 그런가 하면 유럽에 남은 생존자들은 세계 각지에 밀알처럼 흩어진 유대인들과 더불어 집단적으로, 또한 개별적으로 "최종적 해결", 즉 나치의 유대인 말살 계획을 무산시키는 일에 나름의 총력을 기울였다. 그들은 죽지 않고 살아남아야 했다. 그리고 나아가 필사의 운명을 초월해 존속해야 했다.

지금은 고인이 된 캘리포니아 국회의원 톰 랜토스는 홀로코스트 생존자로는 처음이자 마지막으로 미국 의회에서 활동했다. 랜토스는 헝가리 부다페스트에서 나고 자란 유대인으로, 가족 가운데 유일한 생존자였다. 그의 아내 역시 나치의 손에 가족이 몰살되는 아픔을 겪었다. 두 사람은 슬하에 세 자녀를 두었다. 또한 손녀 가운데 두 명은 각각 아홉 명의 자녀를 출산했다. 그들은 이 같은 대가족이 부모님의 상실감을 달래기 위한 선물이자 무너진 가문을 재건하는 자신들만의 방식이라고 공공연히 말했다고 전해진다.

———

이따금 은행나무는 알려진 동족 중에 유일하게 살아남은 단일종으로 묘사된다. 또한 유일한 생존자라는 개념은 역설적으로 은행나무에 생명체 중 가장 나이가 많은, 이른바 살아 있는 화석이라는 관념을 덧입혔다. 얼핏 불멸을 연상시키는 그 나무의 유전 성분은 수 세기 동안 식물학자들의 흥미를 자극하는 동시에 당혹감을 유발해왔다.[80]

———

마사의 포도밭에서 만난 어느 홀로코스트 생존자의 딸은 자신의 어머니가 "히틀러는 최고의 중매쟁이"였다는 농담을 버릇처럼 입에 올렸다고 말했다. 그녀의 부모는 전쟁 직후 난민 수용소에서 처음 만났다. 둘 다 굶주림과 심각한 질병, 훗날 외상후 스트레스 장애라고 명명된 정신적 후유증에 시달리는 와중에도 새롭게 시작하겠다는 결심만은 누구보다 확고했다. 두 사람의 첫아이(그녀의 언니)는 부친이 부헨발트에서 해방된 날로부터 꼭 1년 뒤에 태어났다. 그녀는 언니보다 2년 뒤에 세상에 나왔고, 아래로 두 명의 형제가 더 태어났다. 한편 우리 부모님은 1947년 스웨덴에서 처음 만나 슬하에 삼남매를 두었다. 삼촌 요세프(예전 이름은 볼프강이다)는 아버지와 마찬가지로 십대 시절 부헨발트에 수감되었다가 살아남았고, 지금은 이스라엘에 살고 있다. 삼촌은 슬하에 손주 서른 명을 두었다.

―――

혹시 지인 가운데 폭력으로 가족을 잃은 사람이 있는가? 친구나 친척 중에 무덤이나 표지는 고사하고 자신이 존재했음을 입증하는 그 어떤 자취도 남기지 못한 채 죽은 사람은 몇이나 되는가? 한 세대 전체가 고인이 된 가족을 찾아가고 싶어도 묘지가 없어서 가지 못하는 상황을 상상할 수 있는가? 친척과 친구와 이웃이 수천 명이나 살해됐지만, 정작 그들을 위해 기도하거나 속삭이거나 흐느끼며 서 있을 땅이 한 뼘도 존재하지 않는다면?

해마다 욤 하쇼아Yom Hashoah라는 기념일에는 600만 유대인의 죽음을 애도하는 사이렌이 오전 10시 정각부터 2분 동안 이스라엘 전역에 구슬피 울려 퍼진다. 그 2분 동안 이스라엘 국민은 장소를 불문하고 집단적 슬픔을 공유한다. 혹시 이 설명이 잘 이해되지 않고 그 집단적 애도를 간접적으로나마 눈과 귀로 경험하길 원한다면, 방법은 간단하다. 이 연례 의식의 관련 동영상을 온라인으로 검색해보면 되니까. 일례로 어느 봄비는 고속도로를 하늘에서 찍은 동영상에서는 일상적 속도로 물 흐르듯 달리던 승용차며 버스며 트럭들이 어느 순간 다 같이 속도를 늦추다가 멈춰버리는 장면을 확인할 수 있다. 사이렌이 울리는 동안만큼은 모든 자동차가 이동을 중단한다. 운전자의 상당수는 엔진을 끄는 정도에서 만족하지 않는다. 차문을 열고 나가 정지된 세상 한복판에 선다. 카메라 앵글의 바깥에서도 한결같은 장면이 펼쳐진다. 기찻길에서도, 지하철역에서도. 도시에서도, 시골 마을에서도. 학교에서도, 백화점에서도. 이유는 분명하다. 우리가 있는 곳 어디에서든 시신은 발견될 수 있고, 그 죽음이 남긴 후유증은 끈질기게 지속되기 때문이다. 어디에서도. 그리고 어디에서나.

사이렌 소리가 잦아들고 사위가 조용해지면, 사람들은 저마다 중단했던 활동을 재개한다. 운전자들은 다시 핸들을 잡고, 승용차와 트럭은 다시 전진하기 시작한다. 삶은 정상적 외형을 회복한다. 하지만 흉터는 사라지지 않는다. 세상에 남은 영구적 상흔을 우리는 수천 마일이 떨어진 곳에서 카메라 렌즈를 통해 보는 화면으로도 똑똑히 확인할 수 있다.

앞으로 수년 동안, 특히 제2차 세계대전의 마지막 생존자들이 세상을 떠나게 될 향후 10년 안에 비로소 홀로코스트는 몸에서 분리된 역사로 변해갈 것이고, 홀로코스트의 기억은 마치 메아리처럼 상시적이고 부차적인 성격을 띠게 될 것이다. 히로시마와 나가사키의 폭격으로 뼈와 살이 방사능에 노출된 사람도 마지막 한 사람까지 죽어 없어질 것이다. 미국 남북전쟁에 대한 개인적 기억을 간직한 마지막 사람은 이미 오래전 세상을 떠났다. 아프리카계 미국인 노예 중 마지막 생존자도 눈을 감은 지 오래고, 아르메니아 대학살의 마지막 생존자도 더는 세상에 존재하지 않는다.

"도대체 누가 아르메니아인들의 죽음을 기억하는가?" 히틀러의 이 유명한 발언은 한편으로는 옳고 한편으로는 틀렸다. 기억상실은 지금도, 아니 어쩌면 그 어느 때보다 지금 우리를 실제적으로 위협한다. 망각하기는 기억하기보다 훨씬 더 쉽다. 이는 비단 타인의 기억을 물려받은 사람에게만 해당되는 이야기가 아니다. 스스로의 정신적 상처로 너무 고통스러운 나머지 그것을 봉쇄하려는 심리를 갖게 된 이들에게도 해당되는 이야기다.

비교적 최근 개봉작인 「나는 부정한다」는 데이비드 어빙이 역사학자 데버라 립스탯을 명예훼손죄로 고소한 사건에 대한 2000년의 재판을 주제로 다루었다. 고소의 사유는 립스탯이 저서에서 홀로코스트 부정론자로 어빙의 이름을 거론했다는 것이었다. 영화 속에서 립스탯의 법정 변호사들은 아우슈비츠 생존자들을 증언대에 세워서는 안 된다고 강한 어조로 그녀를 설득한다. 요컨대 그들의 기억력을 신뢰할 수 없다는 것이다. 이러한 피해자들이 반대 심문을 받으며 자신들의 경험을 스스로 완벽하게 기억해내지 못한다는 이유로 부정당하고 법정에서 굴욕감을 느끼는 모습을 보고 싶냐고 변호인단은 의뢰인을 다그친다. 립스탯은 평결에서 승리한다. 법원이 어빙의 거짓말에 철퇴를 내리고 생존자들의 손을 들어준 것이다. 하지만 내게는 더 큰 딜레마가 남았다. 훗날 생존자들이 모두 세상을 떠나고 그들의 직접적 증언을 더 이상 육성으로 들을 수 없게 되면, 더 많은 부정론자가 창궐하지 않으리라고 그 누가 장담할 수 있겠는가.

214

전쟁 직후에는 홀로코스트 생존자들의 저서를 어디서도 찾아볼수 없었다. 당시에는 앞으로 나아가려는 욕구와 과거를 잊어선 안 된다는 감정 사이에 미묘한 긴장감이 조성돼 있었다. 호르헤 셈프룬은 공산주의자로서 부헨발트에 수감되어 겪은 일들을 몇 권의 책을 통해 직간접적으로 풀어냈다. 책에서 그는 기억하려는 마음과 기록하려는 마음, 기억상실을 "선택"하려는 마음 사이에서 갈팡질팡했던 자신의 경험에 대해 상술했다.[81] 엘리 위젤은 홀로코스트 관련 작가 가운데 다작으로나 유명세로나 (픽션과 논픽션을 막론하고) 단연 돋보이는 인물로, 아우슈비츠와 부헨발트에서 몸소 경험한 일들을 바탕으로 수많은 저작을 남겼다. 하지만 이런 위젤도 해방 후 처음 10년 동안은 펜을 들지 못했다고 전해진다. 1961년에 출간된『밤』은 수감자의 내부적 관점에서 기록한 글 가운데 널리 읽힌, 당시로서는 몇 안 되는 작품 중 하나였다.

같은 해에 즈데나 베르거는『새로운 아침에 말해주세요』라는 책을 출간했다. 주인공은 일련의 수용소를 전전하며 4년을 보낸 젊은 여성으로, 다른 두 명의 여성과 함께 힘든 시절을 견디고 살아남았다. 베르거는 그 책을 자전적 소설이라고 일컬었다. 다시 말해 책에 나오는 모든 일화가 사실이라는 얘기다.

프리모 레비와 빅터 프랭클과 파울 첼란. 타데우시 보로프스키와 샤를로트 델보와 호르헤 셈프룬(이 세 사람은 유대인이 아니다). 이 여섯 명은 (이 밖에도 많은 이가 있지만) 홀로코스트 생존자로서 한 권 이상의 책을 집필하여, 자신들이 경험한 박해와 감금, 육체적 상처와 정신적 상처, 기적이라고밖에 설명할 수 없는 인고의 세월에 대한 기억을 사람들에게 전파했다. 누군가는 서사적으로 썼고, 누군가는 단편적으로 썼다. 때로는 분석적으로 썼고, 때로는 철학적으로 썼다. 어떤 글에서는 비통한 감정이 고스란히 드러났고, 어떤 글에서는 뚜렷한 거리감이 느껴졌다. 요컨대 그들은 말할 수 없는 무엇에 대해 말하기 위해, 침묵을 뚫고 나아갈 저마다의 방법을 찾아내야 했다.

프리모 레비의 통렬한 설명에 따르면,

수감자는 거대하고 조직적인 폭력과 위협에 짓눌렸지만, 혼자 힘으로는 그 실체를 온전히 그려낼 수 없었다. 순간순간을 버텨내는 데 급급한 나머지 고개를 들어 주위를 살필 여유가 없었기 때문이다. (…) 그로부터 수년이 지난 오늘날 내가 분명히 말할 수 있는 부분은, 각 수용소의 역사가 거의 독점적으로 나처럼 그런 장소들의 실체를 결코 심도 있게 헤아려보지 않은 사람들에 의해 쓰였다는 사실이다. 정작 그렇게 했던 사람들은 돌아오지 못했다. 아니면 그들의 관찰력이 고통이나 몰이해로 인해 마비돼버렸거나.[82]

셈프룬 또한, 우리 아버지처럼 전쟁 말기에 부헨발트에 수감되었던 인물로서 수용소 생활에 관련된 사실을 "그려내는" 작업의 방법적 어려움에 대해, 말로 그려낼 수 없는 이야기를 말로 그려내게 해줄 "묘술"의 필요성에 대해 장황하게 설명한 바 있다. 그는 "그 이야기가 말로 전해질 수 있을까? 그 이야기를 말로 전할 수 있는 사람이 과연 있을까?"라고 묻고는, "이 투명하고도 농밀한 실체에 어떻게든 도달할 법한 사람이라고는 오직 자신의 자취를 가공하여 하나의 예술적 대상, 하나의 창작물로 승화시킬 역량을 갖춘 이들뿐일 것"이라고 자답했다. 또한 그는 같은 책 뒷부분에 다음과 같은 설명을 곁들였다. "글쓰기의 즐거움은 (…) 결코 기억하기의 슬픔을 지워주지 않았다. 오히려 정반대였다. 글쓰기는 그것을 더 뚜렷하고 깊어진 슬픔으로 되살려놓았다. 견딜 수 없게 만들었다. 오로지 망각만이 나를 구원할 수 있었다."[83]

셈프룬은 부헨발트가 해방될 때의 풍경을 기록한 뉴스릴을 보면서 새롭게 자유를 얻었다고 말했다. 그리고 이렇게 덧붙였다. "모든 것은 진실이었다. 그러므로 그것은 지금도 모두 진실이다. 그 무엇도 꿈은 아니었다."

———

상기anamnesis |ˌanəmˈnēsis|

명사(복수형 anamneses |-siːz|)

회상, 특히 과거에 있었다고 추정되는 일들을 기억하는 행위

———

아우슈비츠 생존자 샤를로트 델보는 『우리 중 누구도 돌아가지 않으리Aucun de nous ne reviendra』라는 원고를 전쟁 후 불과 몇 년 만에 완성하고도 책의 출간은 1965년까지 미루는 자제력을 발휘했다. 여기 그녀의 3부작 『아우슈비츠와 그 이후Auschwitz et après』에 등장하는 시의 일부 구절을 소개한다.

우리가 하는 말을 당신은 믿지 않습니다

우리가 하는 말이 진실이라면

굳이 그 말을 하러 이곳에 오지 않았으리라는 이유로

우리는 설명할 수 없는 것을 설명해야 하겠지요

"내가 쓴 글이 진실인지는 나도 확신할 수 없다. 다만 진실하게 쓴 것은 확실하다." 그녀는 책의 제사에 이렇게 썼다.[84]

———

유니버시티칼리지런던의 명예교수이자 『과거는 외국이다The Past Is a Foreign Country』의 저자 데이비드 로웬설은 이런 글을 썼다. "트라우마를 초래할 만한 기억을 억누르는 행위의 정신적 대가는 비단 개인뿐 아니라 국가에게도 혹독할 수 있다. 때때로 역사는 소화하기 어렵다. 하지만 우리는 역사를 통째로 삼켜야 한다. 그래야 현재의 오해를 깨우치고 미래에 진실을 전할 수 있다."[85]

자신의 경험을 글로 공유했던 생존자들이 결론적으로 위안이나 해답을 얻었는가 하는 문제와 관련해서는 다음과 같은 사실에 주목할 필요가 있다. 타데우시 보로프스키는 28세의 나이에 자살했다. 파울 첼란은 1970년 물에 빠져 스스로 생을 마감했다. 또한 1987년 4월 11일 프리모 레비가 3층 아파트에서 떨어져 사망하고 공식적 사인이 자살로 발표되었을 때 엘리 위젤은, "프리모 레비는 아우슈비츠에서 40년 후에 죽었다"고 말했다.[86]

그의 사망일이 부헨발트 수용소의 해방 기념일이라는 사실은 사람들의 이목을 끌었고, 나도 그런 사람 중 하나였다.

레비의 친구 페르디난도 카몬은 한 인터뷰에서 이렇게 말했다. "사실상 프리모는 1945년에 이미 자살했다고 봐야 합니다. 그때 그러지 못한 이유는 글을 쓰려는 욕구(그리고 의무감) 때문이었죠. 그런데 이제 할 일을 다 끝마친 거예요(『가라앉은 자와 구조된 자I sommersi e i salvati』[1986]로 그는 대장정의 마침표를 찍었다). 그래서 생을 마감할 수 있었던 겁니다. 실제로 그렇게 했고요."[87]

레비의 아들 렌조 역시 비슷한 취지의 발언을 했다. "이제 다들 이해하고, 납득하고, 규명하고 싶어하시는군요. 저는 아버지께서 이미 당신 생의 이 마지막 행동에 대해 글로 써놓으셨다고 생각해요. 『휴전La tregua』(1963)의 결말을 읽어보세요. 제 말이 이해되실 겁니다."

1962년 11월 레비는 이렇게 썼다.

그리고 나는 여전히 끔찍한 악몽에 시달린다. 때로는 자주, 때로는 드물게. 그것은 꿈속의 꿈이다. 세부적인 내용은 달라도 본질적으로는 같은 꿈. 나는 가족과, 혹은 친구들과, 혹은 직장에서, 혹은 푸르른 시골에서 어느 테이블 앞에 앉아 있다. 평화롭고 느긋하게, 긴장이나 고통에서 자유로운 모습으로. 하지만 나는 깊고도 미묘한 고뇌 속에서, 임박한 위협을 뚜렷이 감지한다. 그리고 실제로 꿈이 진행될수록 매번 다른 방식으로, 느리고도 잔혹하게, 모든 것이 무너져 내린다. 풍경이, 벽들이, 사람들이 내 주위에서 산산이 부서진다. 그사이 고뇌는 더 극렬하고 더 명확해진다. 이제 모든 것은 혼돈으로 바뀌었다. 나는 잿빛으로 흐릿한, 존재하지 않는 어떤 것의 한가운데에 홀로 존재한다. 그리고 나는 이제 이것의 의미를 안다. 내가 그 의미를 줄곧 알고 있었다는 것도. 나는 다시금 수용소 안에 있다. 그리고 수용소 밖에서, 진실은 존재하지 않는 어떤 것이다. 그 밖의 것들은 모두 잠깐의 멈춤이었다. 감각의 속임수였다. 꿈이었다. 나의 가족도, 꽃이 만발한 자연도, 나의 집도. 이제 이 내면의 꿈, 이 평화의 꿈은 끝났다. 그리고 계속되는 외면의 꿈속에서 싸늘하고도 익숙한 목소리가 울려퍼진다. 단 하나의 낱말. 고압적이지는 않지만, 간명하고도 절제된 목소리. 새벽의 명령, 아우슈비츠, 외국어, 예기된 두려움. 기상, "Wstawách."

레비의 죽음을 자살로 추정하는 문제에 관해서는 여전히 의견이 분분하다. 디에고 감베타는 "홀로코스트 생존자의 자살률이 상대적으로 높다는 주장은 사실과 다르다"면서, 이와 관련해 장문의 의견을 개진한 바 있다. 그는 미국 내 홀로코스트 생존자 58명을 대상으로 실시한 아론 하스의 연구와 인터뷰를 인용했다. "인터뷰에 응한 이들 가운데 '귀하는 전후에 한 번이라도 자살을 생각한 적이 있습니까?'라는 질문에 그렇다고 대답한 사람은 단 한 명도 없었다. 오히려 아우슈비츠 생존자 잭 살츠먼은 다음과 같은 대답으로 많은 이의 심금을 울렸다. '그놈들이 좋아할 짓은 하지 않을 겁니다.'"[88]

———

생존자들의 트라우마가 자손들에게 유전되는 현상을 비교적 초기에 다룬 책 중에는 1979년에 초판이 출간된 헬렌 엡스타인의 저서 『홀로코스트의 아이들Children of the holocaust』이 있다.[89] 책은 주로 전쟁 직후 몇 년 안에 태어난 사람들에게 초점을 맞추었다. (유럽 내 난민 수용소나 과거의 나치 점령지에서 태어난 아이들도 대상에 포함되었다.) 1947년 프라하에서 태어난 엡스타인은 문제의 저서에서 홀로코스트가 생존자와 생존자 가족에게 미치는 장기적 영향—오늘날 보편화된 표현으로 바꿔 말하면 "트라우마의 세대 간 전이"—에 대해 다루었다.

엡스타인의 책에 소개된 인터뷰와 대화를 통해 우리는 생존자들에게 특징적으로 나타나는 행동의 범위와 공통된 맥락을 동시에 확인할 수 있다. 부모들 중에는 스스로의 공포에 관해 침묵하는 이들이 있는가 하면, 너무 많은 말을 하는 이들도 있었다. 엡스타인의 책은 회고록과 르포, 구술사의 경계를 넘나든다. 또한 지금껏 단 한 차례도 절판되지 않았다.

위젤을 비롯한 많은 이의 견해에 따르면, 집단수용소에 수감되었던 이들 가운데 그 경험을 완전히 극복한 사람은 단 한 명도 없다. 결과적으로 피해자들의 가족은, 명시적으로든 암시적으로든 이른바 "부재의 존재"를 일상처럼 느끼며 살아간다.[90]

해리엇 체스맨의 소설 『그녀의 어머니는 아닌 누군가Someone Not Really Her Mother』는 기억상실이 어느 수용소 생존자에게 초래한 복합적 영향에 관해 고찰한다.[91] 문제의 생존자에게 망각은 단순한 잊기 이상의 의미를 지닌다. 그녀에게 망각은 일종의 역설적 치유법이다. 부지불식간에 떠오르는 트라우마는 참기 힘든 고통인 동시에 정체성의 근간이기 때문이다. 또한 최근의 신경학 연구에 따르면, 알츠하이머는 가장 고통스러운 기억을 완전히 잊게 해준다는 점에서 일부 환자에게는 비극인 동시에 축복이 될 수 있다.

트라우마 기억하기와 트라우마 망각하기 중 어느 쪽이 더 나쁠까?

뇌 손상으로 인한 기억상실과 고통스러운 과거를 잊기 위한 기억상실 중에서는? 남아프리카공화국 진실화해위원회Truth and Reconciliation Commission가 개최한 청문회의 일부 참석자는 "그러한 절차가 오히려 그간 잊으려고 애써왔던 끔찍한 과거를 사람들에게 상기시키는 결과만 불러일으켰다"고 말했다.[92]

또한 연극 「위뷔와 화해위원회Ubu and the Truth Commission」를 연출한 저명한 예술가 윌리엄 켄트리지의 말을 빌리면, 역설적이게도 "완전한 자백은 자행된 범죄에 대한 기소나 민사 소송에서 사면과 면제를 야기할 수 있다. 치유화해위원회의 핵심적인 아이러니는 바로 이것이다. 사람들이 자신들의 범행에 대해 더 많은 내용을 증언할수록, 그들의 사면 가능성은 더 높아지고, 그런 사람들의 사면 가능성이 높아질수록, 상황은 더욱더 견디기 힘들어진다."[93]

———

내가 역사기록학에 매료된 것은 1979년 봄, 그러니까 대학 새내기 시절부터였다. 브라운대학에서 러시아 역사학을 수강하면서 나는 트로츠키가 참여했던 최초의 소련 코민테른에 대해 알게 되었다. 그때 교과서에 실려 있던 단체 사진 한 장을 나는 아직도 기억한다. 트로츠키가 뒷줄에 서 있는 사진이었는데, 몇 장 뒤에 나오는 동일한 단체 사진에서는 트로츠키의 얼굴과 어깨가 에어브러시로 지워져 있었다. 내 생애 처음으로 역사수정주의를 접하게 된 순간이었다. 그로부터 채 1년도 지나기 전에 나는 밀란 쿤데라의 소설 『웃음과 망각의 책』을 읽었고, 조지 오웰의 『1984』를 다시 읽었다. 이미지뿐 아니라 언어로도 과거를 삭제하고, 사실을 고쳐 쓸 수 있었다. 오웰의 소설에서 평화부는 전쟁을 관장했고, 진리부는 정보를 통제했다.

역설적이게도 나치스는 이른바 유대인 문제의 최종적 해결을 진행하면서 관련 기록들을 꼼꼼하게 보존했다. 일례로 아버지의 집단수용소 수감기록증에는 홀러리스HOLLERITH라는 낱말이 빨간색 스탬프로 찍혀 있는데, 알고 보니 그것은 전산화된 데이터의 초창기 저장방식 중 하나였다. 이런저런 소규모 단체들은 압도적인 증거에도 아랑곳하지 않고 홀로코스트가 꾸며낸 이야기라고, 유대인의 음모이자 날조된 거짓이라고 목소리를 높인다. 제도적 차원의 기억 지키기라는 역설은, 이른바 사실의 통제뿐 아니라 그 사실 이후의 역사를 힘으로 조작하는 일까지 가능케 한다.

———

미국의 41대 대통령 조지 허버트 워커 부시는 취임 연설에서 "모름지기 위대한 국가는 하나의 기억에 오랫동안 얽매여 있을 수 없다"며, 국민에게 베트남 전쟁을 잊으라고 독려했다.[94] 오바마 대통령은 문예지 『뉴욕리뷰오브북스』에 실린 작가 메릴린 로빈슨과의 문학 대담에서, 지속적인 적의가 얼마나 치명적인 결과를 유발하는지 설명하던 와중에 이런 발언을 했다. "미국은 역사에 무심하기로 유명합니다. 우리는 지난 일들을 쉽게 잊어버리죠. 그리고 이건 우리가 가진 힘입니다."[95] 확실히 인간은 집단적 기억상실, 집단적 부인이 가능한 동물이다. 도대체 누가 아르메니아인들의 죽음을 기억하는가? 역사가라는 직업을 만들어낸 인물이 독일인 레오폴드 폰 랑케라는 사실은 꽤 아이러니하다. 뿐만 아니라 (이제 적어도) 겉보기에는 과거를 돌이켜 보는 임무를—책임감에 의해서든, 미래 세대를 맑은 눈으로 마주하기 위해서든—세계에서 가장 착실하게 수행 중인 이들도 다름 아닌 독일인이라는 사실 역시 아이러니하기는 마찬가지다.

———

부헨발트 수용소가 해방된 뒤 미군은 인근의 바이마르 주민들을 수용소에 강제로 불러들였다. 그토록 끔찍한 장소가 실재했다는 명백한 증거를 직접 보여주기 위해서였다. 패튼 장군의 준엄한 명령을 받들어 "독일 시민들은" 무장한 미군의 호송을 받으며 "비탈진 오르막길을 8킬로미터도 넘게 행진해야 했다. 꼬박 이틀 동안 바이마르 주민들은 현장의 구석구석을 줄지어 돌아보았다. 당시 수용소에는 발진티푸스가 유행 중이었지만, 그들을 위한 별도의 예방 조치는 생략되었다."96

사진작가 마거릿 버크화이트는 1945년 4월 15일 부헨발트에 도착했다. "『부헨발트 보고서Buchenwald Report』에 따르면, 마침 독일 시민들의 행렬이 수용소에 들어선 시점이었다. 그녀가 찍은, 워킹슈즈와 단정한 원피스 차림에 수치심으로 두 눈을 가린 어느 독일 여성의 사진은 다른 몇 장의 사진과 함께 『라이프』지에 실렸다."

강제 견학이 실시되던 며칠 동안 "몇몇 유대인 수감자는 줄무늬 죄수복을 입은 채 어느 막사의 테이블 앞에 앉아 독일 시민들과 마주할 준비를 하고 있었다. 나치의 손아귀에서 자신들이 어떤 고초에 시달렸는지를 그들에게 이야기하기 위해서."

이러한 글들을 읽고 있자니, 2015년 아버지와 부헨발트를 찾았던 일이 자연스레 머릿속에 떠올랐다. 그때 보았던 몇 안 되는 생존 피해자들을 나는 마음의 눈으로 다시금 바라보았다. 그들 가운데 두 명은 그때껏 보관해온 죄수복을 찾아 입고 각자의 테이블에 앉아 바이마르 시민들과의 허심탄회한 대화를 준비하고 있었다. 그들의 존재는 그 자체로 강화된 기억의 한 형태, 증거의 한 형태라고 나는 생각했다.

"우리는 몰랐습니다." 모르긴 해도 독일 시민들은 이 문장을 말하고 또 말했을 것이다. 1945년 4월 집단수용소가 해방된 이후로 몇 달 동안. 그리고 그 이후로도 몇 년 동안. 몇십 년 동안.

놀랍고도 불편한 사실은, 실제 사건들과 우리 사이의 시간적 거리가 갈수록 벌어지고 있는데도, 이전에는 알려지지 않았던 증거(다시 말해 이전에는 감춰져 있던 증거)가 끊임없이 발견되면서, 우리가 가진 지식의 빈틈을 조금씩 메우고 있다는 점이다. 예를 들어 새롭게 개편된 지도들은 독일 전역에 얼마나 많은 노동수용소가 동시다발적으로 존재했는지를 낱낱이 우리에게 공개한다. 몰살의 중심지들은 평범한 삶의 터전에서 그리 멀리 떨어져 있지 않았다. 달리 말하면, 시민 대부분이 알지 못했을 가능성은 제로에 가깝다는 얘기다.

이른바 이 무고한 방관자들을 우리는 어느 정도까지 비난할 수 있을까? 듣기로 1960년대에 학교를 다녔던 우리 세대의 독일인 전후 세대는 「밤과 안개Nuit et Brouillard」라는 다큐멘터리 영화를 의무적으로 봐야 했다고 한다. 「밤과 안개」는 집단수용소와 유대인 말살의 잔혹한 전말을 가감 없이 다룬 작품이다.

"일주일에 세 번, 우리는 죄책감을 느꼈습니다. 금요일에는 수치심을 느꼈죠." 독일 희극배우 미카엘 미터마이어의 이 발언은 버커드 빌저의 『뉴요커』지 기사에 인용되었다.

(우리 언니와 동갑인) 1957년생 카린의 발언도 빌저의 기사에 인용되었다. 그녀는 열여섯 살 때 "다카우 수용소의 화장터에 현장학습을 갔다가 안내원이 소각로 문을 비틀어 여는 순간 그 자리에서 기절하고 말았다. 그녀는 '당시의 참전 군인들이 모조리 죽어버리길 바랐다'고 (빌저에게) 말했다. '마지막 한 명까지 죽고 나면, 비로소 죄책감에서 벗어날 수 있으리라고 생각했다'는 것이다."[97]

타인이 잊고 싶어하는 과거를 기억하게 만드는 일이 실제로 가능할까? 만약 기억이 하나의 영역이라면, 자발적 회상과 비자발적 회상 사이의 경계선을 우리는 어떻게 그릴 수 있을까? 의도적인 부인과 의도치 않은 기억상실을 구별할 방법은 무엇일까? 가깝거나 먼 미래에도 다양한 세대가 둘러앉아 카페에서처럼 대화를 지속할 방법은? 이때 테이블 앞에 앉을 사람은 누구일까?

———

릴리 브렛의 소설 『너무 많은 남자들Too Many Men』 속 어느 홀로코스트 생존자는 딸과 함께 폴란드를 두루 여행하며 가슴 아픈 상실의 발자취를 되짚어본다.[98] 한 장면에서 딸은 여행 가이드들이 "아우슈비츠 박물관"이라는 현재의 명칭을 입에 올리자 강한 반감을 드러낸다. 그녀는 거듭거듭 "아우슈비츠 죽음의 수용소"로 바로잡기를 고집한다. 원래의 용어를 완곡한 표현으로 대체하기를 거부하고, 그 장소에서 실제로 벌어진 일에 대한 진실을 내포하는 척하는 용어들을 물리친다.

"이곳은 박물관이 아니에요. 현대미술관도 박물관이고, 자연사박물관도 박물관이고, 구겐하임미술관도 박물관이지만, 이곳은 박물관이 아니라고요. 이곳은 죽음의 수용소예요."

가이드는 어깨를 으쓱한다.

그녀의 아버지는 한때 아우슈비츠에 수감되었던 당사자로서 딸에게 이렇게 대꾸한다. "뭐라고 부르든 그게 무슨 상관이냐?…… 어차피 같은 장소인데." 그녀는 물러서지 않는다. "박물관이라고 부르면 사람들이 이곳을 뭔가 다르게, 뭔가 추상적으로 생각하기 쉽잖아요. 인간을 학살하던 장소라는 걸 잊게 될 수도 있다고요."

———

최근에 나는 캘리포니아주 버클리의 어느 근사한 야외 풀장에서 수영을 하다가 의도치 않게, 러시아 여성 둘이서 탄식조로 나누는 대화를 듣게 되었다. 하지만 억양만 겨우 알아차렸을 뿐 구체적인 내용은 이해할 수 없었다. 확실히 알아들은 내용이라고는 수영을 계속하고 싶은데 체력이 바닥났다는 것 정도가 전부였다.

그때였다. 갑자기 한 명이 친구를 향해 "Arbeit Macht Frei!"라고 외쳤고, 두 사람은 이내 킬킬거리기 시작했다.

나는 숨이 가빴고, 말문이 막혔다. 아이러니하게도 "노동이 그대를 자유롭게 하리라"라는 뜻의 이 독일어 문장은 아우슈비츠 정문에 걸린 간판의 글귀였다. 일찍이 멜빈 줄스 부키엣은 "유대인 홀로코스트 생존자 후손들의 글"을 집대성하면서 그 문장을 활용한 바 있다. 2002년에 출간된 그 편찬서의 제목은 이것이다. 『그 무엇도 그대를 자유롭게 하지 못하리라Nothing Makes You Free』.[99]

———

나와 같은 이들이 2세Second Generation라고 불린다는 얘기를 내가 언제 처음으로 들었는지는 정확히 기억나지 않는다. 하지만 그 용어가 내게 상당한 혼란을 불러일으켰다는 것만은 확실히 기억한다. 미국인으로서 내가 가진 모호한 정체성에 나는 언제나 당혹감을 느꼈다. 우리 부모님은 1950년대에 미국으로 건너와 시민권자가 되었고, 우리 삼남매는 그 후에 미국 땅에서 태어났다. 나는 두 분의 둘째 딸이다. 나는 미국 이민 1세일까, 2세일까? 하지만 더 복잡한 문제가 있다. 과연 나는 스스로를 미국인이라고 느끼고 있을까? 우리 가족의 배경에는 홀로코스트가 자리한다. 또한 내 몸의 세포는 내가 유럽인이라고 주장한다. 부모님의 억양은—비교 대상에 따라 강약의 차이는 있지만—대체로 꾸준하게 유지돼왔다. 일곱 살 때 나는 두 분의 억양이 독특하다는 이야기를 다른 사람의 입을 통해 듣게 되었고, 그때 이후로 두 분의 목소리가 자아내는 알쏭달쏭하고 경쾌한 멜로디와 귓가에 들려오는 온갖 사람들의 억양에 내 음조를 맞추며 살아왔다.

우리 가족과 다른 생존자들 사이의 전후 유대감은 무척이나 끈끈해서, 나는 오히려 답답함을 느꼈다. 그러다 열여섯 살이 되었을 때 나는 마치 탈출하듯 비행기에 올라 지구 반대편으로 날아갔다. 하지만 심지어 그런 시절에도 나는 호기심에 못 이겨 스스로의 인내력을 시험하고, 어엿한 십대로서 나의 끈기를 가늠해보려 했다. 결론적으로 나는 필리핀에서 교환학생으로 지내는 동안에도, 어려서 익힌 유대교식 식습관을 고수함으로써 스스로의 정체감을 그럭저럭 유지할 수 있었다. 또한 집을 떠나 지구라는 행성 안에서 닿을 수 있는 가장 먼 땅까지 가 있는 동안에도, 나는 언제나 내 나라와의 일체감을 느꼈다.

대학에 들어가고 이십대가 된 이후에는 부모님이 정착한 땅에서 가장 먼 해안으로 영구히 주거지를 옮겼다. 하지만 그때도 나는 스스로도 놀랄 정도로, 트라우마를 초래하는 이야기—이를테면 게토나 은신, 수용소, 죽은 친척들에 대한 이야기—에 둘러싸여 자라는 삶에 대해 내가 아는 것들을 아는 사람이 더 있는지 여부를 확인하고 싶어 했다. 다시금 나는 언제나처럼, 집에서 아무리 멀리 떨어져 있어도 여전히 부모님의 딸로서 두 분의 과거에 옭매인 삶을 살고 있었다.

1983년 4월 (그러니까 아버지와 처음으로 독일 여행을 떠나기 겨우 2개월 전에) 나는 "미국 유대인 홀로코스트 생존자와 후손들의 모임 워싱턴 지회The American Gathering of Jewish Holocaust Survivors and Their Descendants in Washington D.C."에 참석했다. 그런 행사는 내게 상반된 감정을 불러일으켰다. 이는 내가 이 집단 속 집단과의 동일시를 주저했기 때문이 아니었다. 모임이라는 개념 자체가 생존이라는, 언제나 나를 항상 불편하게 했던 무엇과 관련하여 일종의 자의식을 자극할 것이 확실해 보였기 때문이다. 하지만 그럼에도 나는 그 현장에 마음이 끌렸고, 명료한 호기심은 막연한 두려움을 압도했다.

한쪽 벽을 뒤덮은 게시판은 손글씨로 쓴 메모들로 빼곡했다. "제

여동생 레이철 소넨셰인을 보셨나요? 아시는 분은 부디 제게 연락해 주세요. 그 애를 마지막으로 본 것은 1941년 7월입니다." "제 사촌 시무엘 그라빈스키입니다. 1941년 3월 9일 우치 게토에서 실종됐습니다. 어디에든 살아 있는지라도 알고 싶습니다."

이처럼 짤막한 호소문들을 읽고 있자니 눈물이 고이고 배가 뒤틀리는 듯했다. 위와 비슷한 내용의 메모들이, 때로는 아이나 부모, 단란한 가족의 흑백 사진을 동반한 채 그 벽을 가득 메우고 있었다. 떨리는 손으로 그린 화살표가 유령 같은 얼굴들을 가리켰다.

더러는 그 모임을 위해 특별히 제작된 티셔츠를 입었는데, 사랑하는 이들을 애타게 찾는다는 메시지가 스텐실 기법으로 환하게 찍혀 있었다.

3일 내내 귓가에서는 셀 수 없이 많은 언어로 나지막한 대화들이 오고 갔다. 네임태그와 배지를 단 사람들이 회의장을 가득 메웠다. 생존자들의 입에서는 그들이 수감되었던 온갖 수용소의 이름이 흘러나왔다. 우리는 그들의 이야기를 경청했다. 엘리 위젤이 말했다. 레이건 대통령이 말했다. 수천 명이 말없이 서서 죽은 이들의 넋을 기렸다. 누군가는 그 행사를 "재회"라고 일컬었다. 그리고 나는 묘사할 수 없는 무언가를 그럴듯하게 묘사하려 할 때 언어가 얼마나 부적절할 수 있는지를 다시금 절감했다.

기억을 돌이켜 그 길고도 어색했던 주말을, 생존자와 자손들이 어우러졌으나 끝내 서로 간의 벽을 허물지 못했던 그날의 풍경을 머릿속에 그려본다. 내 또래의 참석자 중에는 전쟁 직후 난민 캠프에서 태어난 이들도 있었다. 미국에 건너올 무렵 그들은 영어를 배우고 억양을 고쳐야 했다. (그들은 미국 이민 1세였을까?)

그 모임에서 특히 인상적이었던 부분은 "어린이 생존자"라는 카테고리였다. 곱씹을수록 그 용어는 우리 가족과 결코 풀 수 없는 매듭으로 묶여 있다는 생각이 들었다. 어머니는 열두 살 때 빌나 게토를 탈출해 열네 살이 될 때까지, 그러니까 러시아군이 폴란드에 들어와 나치스를 몰아낼 때까지 시골에서 숨어 살았다. 그렇다면 어머니도 어린이 생존자일까? 아버지도 상황이 비슷했다. 열다섯 살 때 부헨발트로 강제 이송되었다가 열여섯 살 때 수용소에서 풀려났으니까.

물론 전시 트라우마가 부모님을 생물학적 나이보다 훨씬 어른스럽게 만든 것은 사실이다. 그렇지만 두 분은 정말 어른이었을까? 또한 두 분이 어느 카테고리에 속했든 대체 거기에 무슨 의미가 있을까?

나는 다시 캘리포니아 북부로 돌아와 홀로코스트 생존자의 (성인) 자녀를 대상으로 진행되는 집단치료 프로그램에 참가했다. 프로그램의 지도자는 자신도 홀로코스트 생존자의 딸인 사회사업가였다. 풍성한 흑발을 텔레비전에서 유행하는 스타일로 자른 그녀는 두 발을 엉덩이 밑에 깔고 앉아 억양이 미세하게 도드라지는 영어로 우리 여덟 명에게 다음과 같이 조언했다. 내용인즉, 설령 우리 부모님이 우리에게 각별하고 세심한 배려를 필요로 하는 존재, 과거의 상처와 악몽으로 인해 온갖 악행과 좌절에 한없이 취약해진 존재로 보이기를 원한다고 하더라도, 실상은 세상 누구보다 강인한 분들이라는 사실을 명심하라는 얘기였다. 그분들은 지옥보다 더한 현실을 견디고 살아남았다.

"여러분이 무슨 짓을 해도 여러분의 부모님은 죽지 않습니다. 심지어 속상해하지도 않을걸요. 스스로가 불굴의 존재라는 걸 이미 몸소 증명해냈으니까요." 사회사업가는 이렇게 말했다.

하루는 빨강 머리의 여성 참가자가 모친의 집요한 욕구를 설명하던 중에 "손가락 하나를 내주면 팔 전체를 가지려든다"는 표현을 쓴 적이 있다.

순간 나는 참지 못하고 괴이한 웃음을 터뜨렸다. 종종 우리는 가족의 기벽을 서로에게 털어놓으며 소리 내어 웃었고, 또 그만큼 울었다. 살면서 이런 경험은 처음이었다. 너무 많은 것이 당연한 진실로 여겨지고 있었다. 애써 해독하지 않아도 우리는 서로가 말하는 이야기와 장면을 어렵지 않게 이해할 수 있었다.

나는 (비록 그때가 처음은 아니지만) 부모님의 친한 친구들은 모두가 유럽 출신인 반면, 내 친구들은 대개가 미국인이라는 (그것도 이민 3세 혹은 4세라는) 사실을 깨달았다. 생각건대 나는 위안이나 동화同化, 혹은 그 둘의 조합을 갈구하며 살아온 듯하다. 모르긴 해도 친구들 눈에 나는 언제나 괴짜로 보였을 것이다. 유대교 율법에 따라 음식을 가려 먹고 안식일을 엄수하는 모습이 그들에겐 낯설었을 테니까. 하지만 나는 나대로 친구들 집을 방문할 때면 외계를 여행하는 듯한 기분을 느꼈다. 친구 부모님이 식탁에서 나누는 점잖은 대화와 마티니를 홀짝이며 즐기는 브리지 게임이 오히려 내게는 낯설었으니까.

홀로코스트 생존자 2세 집단치료에서 내가 배운 것들은 더 있었다. 나의 심리적 탄력성이 유전이라는 사실을 알게 되면서, 역경을 버텨내려는 이 의지의 정확한 이름을 말할 수 있게 되었고, 우리 부모님이 니체의 "나를 죽이지 못하는 것은 나를 더 강하게 만든다"라는 금언의 살아 있는 증거라는 근본적인 깨달음을 얻었다. 이러한 생각이 그 집단치료의 참가자 모두를 온전히 위로했다고는 할 수 없지만 한 가지 확실한 것은, 감당이 불가능한 일조차 감당해낼 잠재력이 우리에게 있다는 사실이었다. 부모님에게도 우리에게도 더 나쁜 일이란 절대 일어날 수 없었다.

최근에 나는 "세대에서 세대로Generation to Generation"라는 신규 단체에 가입했다(약칭은 "대대로Gen to Gen"다). 한번은 그 단체의 행사에서 아먼드와 애나라는 연극인 커플이 약 10분 동안 짧은 공연을 펼쳤다. 그들은 천천히 교대로 회전하며 양옆과 앞뒤로 걸음을 옮겼다. 그러면서 자기 조상들이 태어난 장소를 세대별로 차근차근 읊더니, 마지막에는 서로를 마주보며 자신들의 첫 만남 장소가 로스앤젤레스라는 사실을 알렸다. 나는 그 이상하고도 친숙한 지도의 정체를 알아차렸다. 그것은 탈출과 추방과 피란과 사랑의 지도였다.

이후의 토론 시간에 아먼드는 우리 같은 2세들의 직업이 대체로 두 가지, 그러니까 심리치료와 예술 분야에 쏠려 있다고 말했다. 억눌린 감정과 씨름하면서, 혹은 그것을 표현하고 싶어 안달하면서, 우리 또래의 생존자 자녀들은 과거가 현재에 미친 영향과 지속적인 관계를 유지하고 있었다. 우리는 저마다의 마음속 짐에 이름을 붙이려 노력하고 있었다. 그것을 아름답고 치유적인 무엇으로, 아주 놓을 수도 없고 마냥 붙들 수도 없는 무엇으로 바꿔보려 애쓰고 있었다.

죽음 직전까지 갔던 부모님의 경험을 토대로 나의 정체성이 규정된다는 생각은 심지어 지금도 내게 당혹감과 확신을 동시에 안겨준다. 홀로코스트와 보이지 않는 끈으로 연결돼 있다는 개념은 오로지

비유적으로만 타당하다고 여겨질 수 있다. 하지만 심각한 트라우마의 후성유전학적 영향을 입증하는 연구 결과가, 무엇보다 수학적 증거를 암시적 현상보다 우위에 두는 학계에서 새롭게 발표될 때마다, 나의 유전적 토대를 이루는 사실이 과학적으로도 사실이라는 근거는 더욱더 명확해진다.

내가 "세대에서 세대로"에 가입하고 활동하기 시작한 1980년대 초반에 우리는 우리의 트라우마가 유전이라는 사실을 추호도 의심하지 않았다. 그리고 30여 년이 지난 지금은 그 믿음의 실증적 증거가 손에 잡힐 듯 가까이 있다. 연구는 불안감을 덜어주는 동시에 증폭시킨다. 연구가 진척될수록 안도와 체념의 감정이 복잡하게 뒤얽힌다. 어린 시절의 굶주림이 우리의 신진대사를 영원히 바꿔놓을 수 있다면, 몸의 기억은 마음의 기억만큼 끈질기게, 아니 어쩌면 더 오래 지속될지도 모르니까.

———

일본계 미국인들은 과거를 기준으로 각 세대를 잇세이, 니세이, 산세이, 그러니까 1세, 2세, 3세라고 일컫는다. 잇세이는 일본에서 태어나 다른 나라로 이주한 세대를 일컫는다. 니세이는 일본에서 태어난 부모가 이주한 나라에서 태어난 세대를 일컫는다. 산세이는 일본에서 태어난 조부모와 외국에서 태어난 부모를 둔 자손 세대를 일컫는다. 이들 일본계 미국인 1·2·3세와 나 사이에는 비단 이민의 양태뿐 아니라 일본인 격리수용소Japanese Internment Camp라는 놀라운 연결 고리가 존재한다. 일본인 격리수용소는 제2차 세계대전 당시 인종주의에 대한 우려와 통제를 명목으로 미국 정부가 미국 땅에 설치했던 일본계 미국인 수감시설이다.

다시금 나는 이들 수용소를 가리키는 용어의 선택을 놓고 복합적 감정에 휩싸인다. 인정하건대, 죄라고는 민족성이 전부였던 사람들을 새장처럼 가두던 철망 울타리 속 세상을 가리키기에 "격리수용소internment camp"라는 표현은 다소 완곡한 느낌이 있다. 하지만 이런 곳들을 유대인 강제수용소와 같이 "집단수용소concentration camp"라고 일컫는 일만은 어쩐지 망설여진다. 용어를 곱씹을수록 이상하고 부적절하게만 느껴지는 것이다.

나는 "절멸수용소extermination camp"와 "노동수용소labor camp"의 구분법을 처음 알게 된 날을 떠올린다. 그때 아버지는 부헨발트 수용소에는 가스실이 없었다고, "단지" 죽을 만큼 고된 노동과 굶주림에 시달렸을 뿐이라고 내게 설명했었다.

이어서 아버지는 "그래도 화장터는 있었다"고 나직이 덧붙였다. 훗날 아버지와 함께 부헨발트 수용소를 찾아가 그 낮은 벽돌 건물에 조심스레 들어섰을 때 나는 아무 말도 할 수가 없었다. 기다란 굴뚝 하나가 마치 원망하듯, 휑한 하늘을 가리키고 있었다.

———

전후와 전후 이후. 이제 홀로코스트 생존자 3세들은 자신들의 이름을 스스로 고안하여 서로의 관계를 의식적으로 표현한다. 새로운 축약어도 거침없이 만들어낸다. 2nd Gen과 Gen to Gen을 거쳐 이제 3G(이하 3세대)까지 등장했다. @3GWorldWide라는 페이스북 페이지와 트위터 계정도 있다. 어찌 보면 (구식) 스마트폰의 세대명이나 앱의 이름, 갱단의 표시 같기도 하다. 두 음절의 문구(3rd Gen)는 숫자 하나와 글자 하나의 조합(3G)으로 줄어들었다. (그래도 문신을 새기거나 노란 별을 다는 경우는 없다고, 나는 생각했다.)

하지만 생각은 빗나갔다. 알고 보니 적지 않은 생존자의 손주 세대가 늙고 죽어가는 조부모의 수감 번호를 자신들 몸에 문신으로 새기고 있었다. 짤막하게 나열된 숫자들이 똑같은 파란색으로 너울거렸다. 불완전하고 투박하게, 위아래가 뒤집혔으면 뒤집힌 채로, 그들은 조부모의 팔에 영구히 새겨진 희미한 숫자들을 눈에 보이는 그대로 기억하려 애쓰고 있었다.[100]

기억하기 위해서. 피부로 증언하기 위해서.

무엇을 새기고 무엇을 주장할지를 다음 세대가 선택할 때까지.

"오랜 세월 저는 홀로코스트가 어머니와 많은 사람의 심신을 약화시켰다고 생각했어요." 기자 앨리슨 나자리안은 자비로 출판한 저서 『후유증Aftermath』에 관한 인터뷰에서 이렇게 말했다. 책에서 그녀는 100명이 넘는 홀로코스트 생존자 3세들의 삶을 고찰한 터였다.

"그러다가 홀로코스트를 짐이 아니라 책임이자 명예로운 훈장이라고 생각하는 3세대들을 만나면서 관점이 바뀌었죠. 홀로코스트를 타인이 내게 얹어놓은 무엇이 아니라 내게 꼭 맞는 나의 일부로 삼을 수도 있겠다는 생각을 하게 됐다고 할까요."[102]

나자리안의 외할머니 파울라는 우치 게토와 아우슈비츠, 베르겐벨젠 집단수용소를 두루 거친 홀로코스트 생존자였다. 파울라는 나자리안의 어머니를 베르겐벨젠 난민 수용소에서 출산한 뒤 1951년에 미국으로 이주했다. 딸의 이름은 아우슈비츠에서 살해된 어머니의 이름을 따서 릴리라고 지었다.

"저희 어머니(릴리)는 생존자 부부의 외동딸이었어요. 평생 홀로코스트의 그늘을 벗어나지 못하셨죠." 나자리안은 이렇게 말했다. 안타깝게도 그녀의 어머니 릴리는 51세의 나이에 자살로 생을 마감했다.

"3세대 집단은 분위기가 긍정적이에요. 사람들은 서로를 만나며 자부심을 느끼죠. 저희 어머니와 같은 2세대, 그러니까 생존자의 아들딸 세대와는 분위기가 다르다고 할까요." 나자리안은 이렇게 말했다.

3세대 구성원의 요건을 내게 처음으로 말해준 사람은 조카 에즈라였다. 사실 2015년 4월의 독일 여행도 에즈라가 나서준 덕분에 성사될 수 있었다. 해방 50주년 기념식에는 온 가족(아내와 세 자녀)을 대동하고 참석했던 아버지가 70주년 기념식에는 초대받지 못한 이유를 부헨발트기념위원회에 문의하고 답변을 받아낸 사람이 바로 에즈라였으니까.

"제가 3세대니까 이모는 2세대죠." 바이마르에서 함께 보낸 첫날, 조카는 내게 이렇게 설명했다. 행사를 조직한 그 애 또래의 독일인들 역시 3세대로 간주되었다. 그들은 전쟁 이후에 태어난 사람들에게서 태어난 사람들이었다. (전시세대도 아니고, 전후세대도 아니고, 전범세대도 아니었다.)

문득 궁금해졌다. 과연 3세대는 "조직하다"라는 동사가 집단수용소에서 수감자의 부족한 음식과 의복을 습득한다는 의미로 쓰였다는 사실을 알고 있을까? 시신의 물건을 절도하고, 팔아넘기고, 제거하는 행위, 새로 도착한 수감자들의 물건(다시 말해 도착하자마자 가스실로 보내진 사람들이 강제로 두고 간 소유물)을 보관하던 장소, 일명 "캐나다"에 접근하는 행위를 뜻하던 복잡미묘한 단어라는 사실을 알고 있을까?

모든 3세대에게 "전쟁"은 오직 한 가지 전쟁만을 가리켰고, "수용소"와 같은 단어는 오직 한 가지 뜻으로만 통하는 듯했다. 물론 차이는 있었다. 미국과 캐나다의 3세대는 그 전쟁을 논할 때 "독일인"이라는 용어를 가끔 사용하는 반면, 독일의 3세대는 "나치스"라는 용어를 사용함으로써 나치스를 언급하려는 의도를 구체적으로 밝히고 있었다. 또한 그들은 독일민주공화국과 "구소련"이라는 용어도 사용했다.

1938년 11월 9일 유대인 공동체와 사업체가 조직적으로 공격당한 사건을 독일인들은 더 이상 크리슈탈나흐트Kristallnacht(깨진 유리의 밤)라고 지칭하지 않았다. 3세대 독일인들의 설명에 따르면, 그것은 "선전 용어"였다. 이제 그들은 "집단 학살의 밤"이라는 용어를 사용하고 있었다.

독일인 기자 겸 작가 사빈 보데의 첫 책 『망각된 세대Die vergessene Generation』에는 (1930년부터 1945년 사이에 태어난) 전시세대 독일인의 다양한 이야기가 담겨 있다. 이후에도 그녀는 『전쟁 이후의 아이들 Nachkriegskinder』과 『전쟁 3세들Kriegsenkel』이라는 저서를 잇달아 출간했다.[103]

"우리는 전쟁에 대한 기억과 함께 성장했지만, 정작 그 기억들을 자세히 들여다보지는 않았어요. 우리에게 끔찍한 일이 벌어졌다는 데는 동의했지만, 거기에 무게를 실어줄 수는 없었던 겁니다." 보데는 예의 『뉴요커』지 기자 빌저에게 이렇게 말했다.

　나는 그녀가 사용한 "무게"라는 낱말이 은유적인 동시에 적당히 물리적인—의무나 강조처럼 꽤 추상적이고 관념적인 동시에 짐이나 중량처럼 구체적이고 감각적인—용어라고 생각했다. 조카 에즈라가 이른바 독일인 3세대와 사회적으로 교류하는 방식—어느 밤 엘리펀트 호텔에서 조카는 "우리끼리 시내에 나가 한잔하기로 했어요"라고 아버지에게 말했었다—을 지켜보면서, 나는 나와 같은 2세대들이 화해를 위해 놓았던 어설픈 다리들이 이제 기념일을 함께 축하하는 정도의 파격은 거뜬히 버텨낼 만큼 견고해졌다는 점을 인정하지 않을 수 없었다. 우리 2세들은 독일인과 대화할 때면 항상 그들에 대한 지나친 신뢰나 (섣부른) 용서를 경계하는 부모 세대의 시선을 (직간접적으로) 느껴왔던 반면, 이른바 "전쟁 3세들"과 "생존자 3세들"은 생존자들의 경계심 어린 눈빛으로부터 멀찍이 떨어져 서로 격의 없이 의견을 교환할 수 있었다.

　그들에게 홀로코스트는 명예로운 훈장이었다.

　그들은 홀로코스트를 자신에게 꼭 맞는 자신의 일부분으로 만들 수 있었다.

　그들은 과거에 대해서도 서로를 대할 때와 마찬가지로, 조상들의 방식과는 철저히 다른 관계를 맺을 수 있었다. 그들은 함께 시내에 나가 술잔을 기울일 수 있었다. 그들은 시선을 의식하지 않고 과거를 돌아볼 수 있었다. 그들은 정체성을 문신으로 새기며 낯선 자부심을 느낄 수 있었다.

———

피터 노빅의 책에 소개된 한 여성 생존자는 집단수용소에서 새긴 문신의 제거 비용을 마련할 목적으로 1950년대의 텔레비전 게임 쇼 「일일 여왕Queen for a Day」에 출연했다. 비르케나우에 수용되었던 그녀는 마취 없는 시술을 원했다. 수감 번호가 새겨질 때 깨어 있었듯, 지워질 때도 깨어 있기를 원했다.[104]

그것은 삭제였고, 또한 기억이었다.

———

베트남에서는 베트남전쟁을 미국전쟁이라고 부른다. 나는 이런 사실을 퓰리처상 수상 작가 비엣 타인 응우옌 덕분에 뒤늦게나마 알게 되었다. 그는 저서 『아무것도 사라지지 않는다: 베트남과 전쟁의 기억』을 통해 이처럼 수정된 인식을 세계에 전파했다. 미국에서는 종종 "베트남"이라는 단어가 전쟁의 약칭으로 통하지만, 사실 베트남은 그들의 국호다.[105]

그리고 이 관점에서 보면 미국인은 제국주의적 침략자다. 미국인들은 네이팜탄을 투하했고, 고엽제를 살포했으며, 강간과 살인을 저질렀다. 그것도 베트남 사람들의 땅에서. 그들은 그들만의 기념관을 지었고, 그 과정에서 베트남인 방문객뿐 아니라 미국인 방문객도 쉽게 납득할 수 있도록 이야기를 다각도에서 면밀히 고찰했다. 참전 용사와 자손들의 이야기를. 민간인과 목격자의 이야기를. 과거와 현재, 그리고 미래의 이야기를.

최근에 나는 어느 베트남전 참전 미군의 여동생을 만났다. 그녀의 오빠는 60대 후반에 접어든 요즘에야 자신의 경험을 털어놓기 시작했다. 인생의 끝과 심판의 날이 가까워지면서 마침내 지난 행적을 고백하기로 결심한 것이다. 처음으로 그는 "그곳에서" 자행된 일들을 자녀에게 들려주고 있었다. 여태껏 꽁꽁 숨겨왔던 진실을 너무 늦기 전에 공개해야 한다는 압박감에 굴복한 것이다.

미군 병사로서 그는 직접 지하 터널에 들어가 숨은 베트콩을 "몰아내는" 작전에 투입됐다. 그리고 처음 몇 번은 공포심에 뻣뻣하게 굳은 상태로 임무를 마쳤다. 하지만 오래지 않아 그는 자신이 그 임무를 내심 원하고 있다는 사실을 깨달았다. 작전을 수행할 때마다 아드레날린이 솟구쳤고, 마치 "거친 서부"에 뛰어든 듯한 기분이 그의 몸과 마음을 에워쌌다. 적의 얼굴을 베개로 눌러 질식시켰던 기억이 아직도 생생하다고 그는 자신의 여동생에게 고백했다. 그가 죽인 사람 중에는 여자와 아이도 있었다.

나는 우리가 이 모든 이야기를 반드시 경청해야 한다고 믿는다. 또한 가해자를 비판하려는 본능을 되도록 억제해야 한다고도 믿는다. 우리는 피해자의 호소에 귀 기울이듯 가해자의 사연에도 귀 기울여야 한다. 우리는 그들이 곧 우리이고 우리가 곧 그들이라는 사실을 받아들여야 한다. 만약 그들의 이야기가 침묵 속에 묻히고, 잔혹 행위의 피해자와 가해자가 함구한다면, 우리는 결코 인간의 실상에 관해, 영구적이고 유전적인 트라우마에 관해, 특정 상황에서 적정 수준의 세뇌를 당하고 군중심리와 극심한 공포, 의무감, 일시적 광기에 사로잡힐 때 우리 인간이 어디까지 견딜 수 있고 무슨 짓까지 저지를 수 있는지에 관해, 진정으로 이해할 수 없을 것이다.

우리는 나치스 가운데 혼자서 유대인을 수백 혹은 수천 명까지 죽인 이들이 존재했다는 사실을 알고 있다. 우리는 수만 명에 달하는 군인과 부역자와 회계원과 관료가 존재했다는 사실을 알고 있다. 우리는 자신의 목숨을 위험에 빠뜨리면서까지 유대인의 강제 이송과 가스실행을 막아보려 했던 가족과 공동체와 마을이 존재했다는 사실을 알고 있다. 또한 우리는 수많은 시민과 국민이 아무런 말도, 행동도 하지 않음으로써 암묵적으로 집단적 범죄에 가담했다는 사실을 알고 있다.

지금까지 기억은 우리에게 어떤 영향을 미쳤을까? 운명적으로 우리는 최악의 악몽을 반복해서 꾸는 듯하다. 악몽은 전쟁과 폭탄과 비인간화와 말살에서 그치지 않는다. 여러 세대에 후유증을 남긴다. 이라크 전쟁과 아프가니스탄 전쟁(혹시 두 나라의 국민도 두 전쟁을 미국 전쟁이라고 부르는 것은 아닐까?)의 퇴역 군인들은 이른바 실생활로 복귀하는 과정에서 외상후 스트레스 장애와 정신적 상처에 시달린다. 살인과 자살 충동을 느끼는가 하면, 아직 단정하기 어려운 심신의 손상으로 괴로워한다. 항상은 아니더라도 때때로 우리는 그들의 이야기를 듣는다. 그들의 상처도 그들의 자녀에게, 또한 그들의 자녀의 자녀에게 대물림된다.

기억하는가? 3세대의 복잡한 의미를?

———

대니얼 멘델슨은 『잃어버린 것: 육백만 중의 여섯을 찾아서The Lost: A Search for Six of Six Million』라는 상세하고도 복잡한 회고록에서 한 가정을 둘러싼 미스터리를 해결하기 위해, 정확히는 그의 친척 일가족이 몰살된 사건의 전말을 밝혀내기 위해 고군분투한다.[106] 그는 후사뿐 아니라 전사에 관해서도 파고든다. 그들이 누구고 어떻게 살았는지 조금이라도 알아낸 뒤에는, 그들이 언제 어디서 죽었는지 밝혀내려고 애를 쓴다.

그가 살해된 친척들의 (그중에서도 특히 대니얼과 얼굴이 꼭 닮아, 살아남은 가족 모두가 대니얼을 볼 때마다 눈물을 터뜨리게 만들었던 종조부의) 이야기를 파헤치는 길고 험난한 여정은, 결코 완전히 밝혀질 수 없는 진실의 음울한 영역으로 자꾸만 그를 이끌었다. 이야기들은 유실되었다. 살해된 이들의 기억은 파괴되었다. 살아 있는 이들의 기억은 흐려져갔다. 과거는 파묻혔다. 현재는 가로막혔다. 미래는 소멸되었다.

가끔 나는 부모님의 이야기를 망각하는 것이 나의 이야기를 잊는 것보다 두려울 때가 있다.

우리는 살아 있는 기억과 물려받은 이야기를 동시에 아우를 수밖에 없는 운명이다. 나는 망각에 저항하는 법을 연습한다. 또한 학대와 가해의 복잡한 유산을, 생존이라는 행운과 승리를 인정할 방법을 궁금해한다. 어떻게 하면 우리는 아버지 세대의 죄악을 거울삼아 무고한 아이들이 그들의 전철을 밟지 않도록 가르칠 수 있을까?

———

영화 「밀크 오브 소로우-슬픈 모유La teta asustada」(스페인어로 '겁에 질린 모유'라는 뜻)는 유전된 슬픔에 관한 이야기다.

수십 년 동안 정신분석가들은 우리가 꿈에서 보는 유령들이 불완전한 애도의 상징적 표상이라는 가정을 세우고, 이에 관해 연구해왔다. 누군가는 "그 유령들이 망자가 아니라, 타자들의 비밀이 우리 안에 남긴 여백들"이라고 주장했다.[107] 비교적 최근에 정신분석가 갈릿 아틀라스가 『뉴욕타임스』 기사에서 소개한 어느 환자는 죽음에 대한 그의 끊임없는 집착이, 그가 출생하기 얼마 전에 죽은 형에게서 비롯되었다는 사실을 만년에야 비로소 알게 되었다. 이전까지 그는 부모님에게 그런 아들이 존재했다는 사실 자체를 모르고 있었다. "노아 원은 (…) 44년 전, 겨우 8개월의 나이에 땅에 묻혔습니다. 그로부터 몇 달 뒤 제가 태어났고, 형의 이름을 물려받았죠. (부모님은) 제가 그 일 때문에 부담을 갖길 바라지 않으셨어요. 행여 고통이나 충격을 받을까봐 걱정하셨죠."[108]

최근의 후성유전학 연구가 점점 명확히 보여주듯이, 우리에게 유전되는 것들은 비단 반복적으로 들려오는 생존기나 외적으로 드러나는 트라우마와 상실, 슬픔, 심리적 탄력성에 그치지 않는다. 슬픔으로 채워진 모유를 마신다는 비유는 우리의 상상 이상으로 정확한 표현이다.

실제로 외상후 스트레스 장애는 뇌의 신호전달체계에 영향을 미치고, 이러한 변화는 자손들에게 대물림된다. 부인하고 침묵해도 소용없다. 출산을 아예 포기하지 않는 한, 상실과 절망의 유산, 충격과 고통의 잔해를 조금도 물려주지 않을 방법이란 없어 보인다. 극심한 정신적 충격은 결코 없던 일로 되돌릴 수 없다. 사실 최근에야 우리는 이와 같은 충격을 인지하고 명명하기 시작했다.

하지만 일전에 모르쿠엔데 박사가 일깨운 것처럼 생물학적 현상에는 반드시 나름의 이유들이 존재한다. 비록 아직은 밝혀지지 않았다 해도 말이다. 현재 후성유전학적 조절을 연구하는 학자 중 적어도 일부는 외상후 스트레스 장애를 (원형뿐 아니라 유전적 변형까지) 치료할 방법도 함께 모색 중이다. 또한 그들은 탄력성이 유기체에 이롭다는 사실에도 여전히 주목한다.

니체의 금언을 되새기자면, "나를 죽이지 못하는 것은 나를 더 강하게 만든다".

그럼에도 세대 간 전이는 때로 헤아리기 힘든 대가를 수반하는 듯하다. 내가 본 어느 단편 영화의 여주인공(3세대)은 어머니(2세대)와 떨어져 있으면 뭔가 끔찍한 일이 생기리라는 두려움에 시달렸다. 그녀는 "혹시 어머니가 죽을지도 모른다"는 불안감에 어머니 곁을 한시도 떠나지 않으려 했다.[109] 그러지 않고는 견딜 수 없다면서 말이다. 분명한 것은, 그녀가 우연히 할머니의 가족사를 알게 되었다는 사실이다. 그녀의 증조할머니는 할머니의 가족이 게토에 도착하자마자 안식일 양초를 밝힌 채 기도를 하고는 급작스레 숨을 거두었다.

———

해마다 이스라엘의 홀로코스트 기념일에는 20분간 사이렌을 울리는 의식 외에도 최근에 고안된 지카론 바살론Zikaron BaSalon(직역하면 히브리어로 "거실에서 기억하기"라는 뜻)이라는 행사가 치러진다. 지카론 바살론은 "홀로코스트에 대한 기억과 현재의 연결 고리가 갈수록 약해져간다"는 인식에서 비롯되었다.[110] 달리 말하면, 심지어 이스라엘처럼 전후 수많은 생존자가 정착한 땅에서도 생존자들은 어쩔 수 없이 죽음을 향해 다가간다. 오늘날의 이 현실은, 이제 성인이 된 3세대와 더불어, 새로운 기념 방식을 요구하는 듯하다.

나는 그런 행사에 직접 참여해본 적이 없다. 하지만 온라인의 설명으로 미뤄보건대, 지카론 바살론은 유대인 공동체가 이야기와 노래를 매개로 함께 모이고 성찰하고 말하고 귀 기울인다는 점에서, 이집트의 노예 상태에서 해방된 이후로 유구히 이어져온 유월절 축제를 어렴풋이 닮아 있었다. 특히 인상적이었던 부분은 다음과 같은 공식 과제를 외견상 스스럼없이 장려한다는 점이었다. "당신의 지카론 바살론에 적합한 홀로코스트 생존자를 찾으십시오. (…) 만약 직접 증언해줄 생존자를 찾지 못하면, 여기 대안으로 추천해둔 인물들을 분석해도 좋습니다. 기억하세요. 지카론 바살론과 거기서 나누는 대화는 설령 살아 있는 생존자를 행사에 초대하지 못하더라도 그 의미가 깊습니다."

———

"우리 부모님은 두 분에게 지울 수 없는 흔적을 남긴 전쟁 이야기를 되도록 입에 올리지 않았다. 하지만 두 분이 아무리 말을 아껴도 기억은 삶 속에서 자연스럽게 힘을 발휘했다." 비엣 타인 응우옌은 『아무것도 사라지지 않는다』에 그렇게 적었다.[111]

어두운 밤 조용한 차 안에서, 그의 어머니는 옆자리에 앉은 채 아무 말이 없었다. 그녀는 직전에 20시간 근무를 마치고 온 참이었다. "어머니는 무슨 생각을 하고, 무슨 기억을 떠올렸을까. 이제 나는 물어볼 수 없다. 어머니의 기억들은 사라져간다. 어머니의 몸은 좀처럼 말을 듣지 않는다. 어머니는 전쟁 난민으로 인정되지 않을 것이다. 하지만 전쟁으로 인해 조국을, 재산을, 가족을, 부모를, 딸을, 마음의 평화를 잃은 누군가에게 달리 어떤 이름을 붙일 수 있을까."

이어서 응우옌은 자신이 여태 고향을 방문하지 못한 나름의 복잡한 이유에 대해 설명한다. 가장 큰 이유는 아버지의 반대였다. "너무 많은 사람이 아버지를 기억하고 나를 힘들게 할 거라고, 아버지는 생각했다." 앞서 소개한 『쥐』의 저자이자 그래픽 아티스트인 아트 슈피겔만도 비슷한 이야기를 한 적이 있다. 그의 아버지도 홀로코스트 생존자로서 섣부른 귀향의 위험을 경고했었다. "아버지가 자란 곳에 대한 이야기를 아버지에게 들어보기는 했지만, 그곳을 찾아낼 단서란 내게 존재하지 않았다. 개중에 쓸 만한 정보라고는, 유대인을 죽이는 곳이니 절대 가지 말라는 조언 정도가 전부였다. 여기서 주목할 부분은 아버지가 현재형을 사용했다는 점이다. '유대인을 죽이는 곳이다. 가지 마라!' 아버지는 우리를 걱정하고 있었다."

응우옌은 조용한 체념으로 책을 끝맺는다. "어쩌면 어떤 사실들은 결코 기억되지 않을 것이다. 하지만 그렇다고 결코 잊히지도 않을 것이다. 어쩌면 어떤 사실들은 이야기되지 않은 채로 남을 것이다. 하지만 그럼에도 어디선가 항상 들려올 것이다. 어쩌면 나는 아버지가 돌아가신 뒤에야 비로소 나의 고향을 찾게 될 것이다. 그때쯤이면 아버지가 기억하는 모습은 사라진 지 오래일 것이고, 재기억의 유효 기간도 마침내 종료되었을 것이다. 이것은 과거의 역설이다. 트라우마의 역설이다. 상실의 역설이다. 전쟁의 역설이다. 알려지지 않은 결말과 끝낼 수 없는 대화만이 존재하는 진짜 전쟁의 이야기다."

———

　호르헤 셈프룬은 저서 『글쓰기 혹은 삶L'Écriture ou la vie』의 말미에 이렇게 적었다. "부헨발트 수용소의 생존자가 단 한 명도 존재하지 않게 될 날도 이제 멀지 않았다. 부헨발트에 대한 직접적 기억은 더 이상 존재하지 않을 것이다. 그곳의 실상을 (…) 일종의 이론적 재구성이 아니라 물리적 기억에서 비롯된 단어들로 말할 수 있는 사람은 더이상 존재하지 않을 것이다.

　깨어보니 엘리펀트 호텔의 객실이었다. 나는 더 이상 꿈을 꾸고 있지 않았다. 눈뜨기 전에 나는 다시 꿈속으로, 한때 나의 삶이었고 앞으로도 나의 삶일 그곳으로 돌아가 있었다."[112]

　셈프룬은 부헨발트가 막 해방되었을 때, 수용소와 너도밤나무 숲으로부터 불과 몇 마일밖에 떨어지지 않은 장소에서 이 문장들을 써내려갔다. 그곳의 바람과 철조망이, 그곳의 재와 눈이 손에 닿을 듯 가까운 곳에서. 2세대 딸로서, 그가 묵었던 호텔에서 낯선 베개를 베고 잠을 청한 3세대 조카와 복도 안쪽 방에 혼자 묵었던 아버지를 생각하니, 그렇듯 삭막한 단어들이 나를 과거로, 또한 미래로 불러내는 듯한 느낌이 들었다. 과거는 온몸으로 가지들을 뒤틀며 미래를 향해 나아가고 있었다.

7장

걸림돌

사람이 잊히는 것은 오로지 그 사람의 이름이 잊힐 때뿐이다.

-건터 뎀니그, 『탈무드』에서

그 예술가는 국가사회주의의 희생자들을 추모하기 위해, 그들이 선택한 마지막 거주지에 기념 황동판을 설치한다. 황동판은 일부러 발에 걸리도록 제작하는데, 행인들이 그것을 발견하고는, 나치에게 추방되거나 살해된 사람들을 떠올리게 하기 위해서다. 2015년 7월 무렵에는 독일뿐 아니라 오스트리아와 헝가리, 네덜란드, 벨기에, 프랑스, 이탈리아, 폴란드, 루마니아, 그리스, 스페인, 슬로베니아, 스위스, 체코, 노르웨이, 우크라이나의 1400여 장소에 5만3000여 개의 걸림돌이 설치되었다.

———

길가의 추모비를 상상해보라. 그곳에 놓인 조화와 양초와 쪽지를, 혹은 나무 십자가를, 누군가의 사망 장소를 보존하려는 세심한 손길의 흔적들을. 그것은 사사로운 표지물이다. 고인을 사랑한 이들이 정성스레 꾸린, 그러나 시들지 않는 조화가 무색하게도 필경 사라질 표지물이다. 하지만 그 표지물의 목적은 사람들의 눈길을 사로잡는 것이다. 무심한 시선을 끌어당기는 것이다. 그곳은 누군가 걷거나 자전거를 타다가, 대개는 음주 운전자의 차에 치인 장소다. 그곳은 누군가 살해된 장소다. 사고로 사망한 장소다. 부당한 죽음의 장소다.

그곳을 표시하라.

웹 사이트에 기재된 출생일을 토대로 나는 스톨퍼슈타인, 즉 걸림돌 프로젝트의 기획자 건터 뎀니그가 독일인 전후세대, 즉 2세대라는 사실을 확인할 수 있었다. 그가 스스로를 2세대라고 여기는지, 혹은 살면서 그런 호칭을 사용한 적이 있는지에 대해서는 나도 알지 못한다. 단지 나는 그가 1947년 베를린에서 태어났다는 사실을 알아냈을 뿐이다. 그의 가족적 배경에 관한 상세 정보는, 적어도 내가 아는 한, 사이트 어디에서도 찾아볼 수 없었다. 주어진 정보라고는 예술가로서의 발전상과 그가 꾸준히 진행해온 국제적 프로젝트에 관한 연대기적 설명이 전부였다.

각 걸림돌의 글귀는 HER WOHNTE, 즉 '여기에 살았다'로 시작한다. '돌' 하나에 이름 하나가, 사람 하나가 새겨진다. 하지만 사이트에서도 인정하는 것처럼 "나치스에게 희생된 수백만 명의 스톨퍼슈타인을 모두 놓는 일은 절대로 불가능하다. 따라서 그의 프로젝트는 어디까지나 상징적 활동에 불과하다."[113]

변호사이자 활동가인 브라이언 스티븐슨은 앨러배마에 근거지를 둔 법률 관련 비영리단체 평등정의계획Equal Justice Initiative의 상임이사다. 노예였던 증조부모의 후손으로서 그는 미국 내 흑인 억압과 인종 테러의 추모지 곳곳에 기념 건축물을 건립하는 계획을 진행 중이다. 2015년 초 평등정의계획은 약 4000곳의 린치 장소를 기록한 보고서를 공개했는데, 대부분은 남북 전쟁 이후 이른바 재건 시대에 발생한 사건이었다.[114]

『뉴요커』기사에 따르면, "스티븐슨의 추모비들은 한 사람 한 사람의 사망 장소를 표시함으로써, 현재를 사는 우리에게 끔찍한 과거―지금은 쇼핑몰이나 도시공원 등으로 탈바꿈한 땅에서 벌어진 사건―를 상기시킬 것"이었다.[115] 스티븐슨은 독일의 경우를 본보기로 제시했다. 독일인들은 공개적 대화를 통해 홀로코스트가 남긴 음울한 유산을 받아들이려고 노력하는 "반면, 미국인들은…… 대화는커녕 생각하기조차 싫어한다"고 스티븐슨은 말했다.

스티븐슨은 린치를 더욱 공론화해야 할 역사적이고 동시대적인 사유가 존재한다고 확신하게 되었다. 처음에 그는 비교적 오래된 사건을 중심으로 표지비를 세우려 했지만, 이내 계획을 확대했다. "솔직한 계기는 9·11 추모기념관에 대한 논의가 참사 5주기 이전에 시작된 것"이었다고 그는 털어놓았다. "그렇다고 우리가 린치 희생자 추모기념관 건립 계획을 조급하게 진행했다는 뜻은 아니에요. 그때를 기점으로 제가 표지비뿐 아니라 공간에 대해 논의할 필요성을 인지했다는 뜻이죠. 더 크고 더 깊고 더 넉넉한 공간 말입니다. 표지비가 제공하는 이미지는 단편적이에요. 하지만 우리는 이야기의 전말을 이야기해야 합니다."[116]

2016년 초에 열린 테드 강연에서 스티븐슨은 앨러배마주 몽고메리에 더 큰 규모의 추모기념관을 착공하고 싶다는 바람을 공개적으로 드러냈다. 그로부터 며칠 뒤 구글은 남부 곳곳에 추모비와 국립기념관을 건립하는 사업에 써달라며 100만 달러를 기부했다.

"독일이나 남아프리카공화국, 르완다와 같은 나라는 과거의 잔혹 행위를 반성하는 의미로 기념관을 건립해 국민의 정신을 치유해야 한다고 판단했습니다." 기념관 설계자 마이클 머피는 이렇게 말했다. "미국은 아직 갈 길이 멉니다."
머피에 따르면, 르완다에는 우부데헤ubudehe라는 치유 과정이 있다. 풀이하자면 "공동체가 공동체를 위해 일한다"는 뜻이다. 기념관의 설립 계획에는 각 린치 현장을 돌며 흙을 거둬다가 기념관의 각 기둥에 채워넣는 절차가 포함돼 있다. 마치 그로써 희생자들을 쉬게 하고, "영적 치유"와 "회복적 정의"를 실현하려는 것처럼.[117]

———

우리가 인간으로서 우리의 경험과 기억과 감정을 들여다보는 가장 심오한 방법 중 하나는, 규모의 크고 작음과 상관없이 예술작품을 창작하는 것이다. 또한 가능하다면 그 작품을 다른 이들과 공유하는 것이다. 때로 우리는 쉽사리 이해되지 않는 세상을 이해하기 위해서 창작한다. 때로는 우리 대부분이 모르고 지나쳤을 세상의 어두운 단면을 조명하기 위해서 창작한다. 때로는 우리 생각과 마음을 타인들에게 보여주기 위해서, 또한 우리 생각이나 마음을 누구에게라도 내보이려면 숨겨진 단 하나의 단면이라도 드러내줄 말 혹은 이미지 혹은 소리 혹은 움직임을 찾아내야만 한다는 사실을 깨달았기 때문에 창작한다. 그리고 때로는 우리 능력을 한껏 발휘해 창작하는 동안에도, 충분한 의미를 찾지 못해 허덕거린다.

———

싱어송라이터 데이비드 로빅스는 「걸림돌stolpersteine」이라는 노래를 만들고 녹음했다. 내가 본 동영상에서 그는 걸림돌에 대해, 발밑에서 반짝이는 돌들에 대해, 돌 위에 담긴 죽은 이들의 이름에 대해, 죽은 이들이 잊히지 않아야 하는 이유에 대해, 돌 하나에 하나씩 새겨진 이름에 대해 노래하고 있었다. 기타를 든 채 비디오카메라를 바라보는 그의 얼굴은 동네 카페에서 흔히 마주칠 법한 인상이었다. 일견 친구의 친구의 친구쯤으로 보이기도 했다. 거기까지 상념이 이르자, 문득 예술의 소재에 한계란 없다는 생각이 들었다.

달리 말해 우리는 무슨 주제로든 노래를 쓸 수 있었다. 우리는 개인적으로 얽힌 역사와 얽히지 않은 역사 모두에 발부리가 걸릴 수 있었다. 또한 우리는 가족의 까마득한 윗대가 목숨을 잃은 독일 어느 도시의 보도에 금빛 돌 같은 것이 박혀 있다는 사실을 여태 모르고 살았을 누군가의 마음을 혹시라도 움직일 만한 화음과 후렴구와 진정성 있는 목소리를 찾아내 그 사람에게 들려줘야 한다는 강박에 끊임없이 시달릴 수 있었다.

———

긴쓰기金継ぎ 혹은 긴즈쿠로이金繕い는 일본의 복원 기법 중 하나다. 해석하자면 "금으로 수선하기" 정도일 것이다. 장인들은 금이 가거나 조각난 물건들을 금이나 은, 백금과 같은 귀금속이 함유된 도료를 이용해 수선한다. 파손된 부분을 오히려 돋보이게 함으로써 역사의 상흔을 치료하는 것이다. 상처는 가려지는 대신 아름답게 꾸며진다. 결과물은 눈부시다. 만물의 덧없는 본성에 찬사를 보내고, 복원이라는 가시적 수행에 경의를 표한다. 이는 와비사비侘び寂び, 즉 일시성과 불완전성, 미완성을 추구하는 미학과 관련이 있다.

최근 사진작가 레이철 서스먼은 일본에서 (주로 도자기를 수선할 때) 사용하는 이 복원 기법을 보도와 도로의 균열을 메우는 작업에 적용했다. 그녀는 이와 같은 지중 설치미술의 재료로 송진과 동, 23.5캐럿의 금가루를 사용한다.[118]

———

브라이언 스티븐슨의 평등정의계획은 린치 현장의 표지비를 작은 청동판으로 제작하되 희생자의 이름은 금으로 돋을새김하기로 결정했다. 그들의 목표는 "완연히 다른 풍경을 조성함으로써, 린치를 가한 모든 공동체가 그곳에서 잘못을 인정하도록 만드는 것"이었다.[119]

테러와 파괴, 폭력의 현장에 세워진 표지물에는 찰나와 영원을 넘나드는 무엇이 있다. 그런 표지물들은 의미를 부여하려고 지나치게 애쓰지 않는다. 그보다는 이해하고픈 마음을 불러일으킨다. 때로는 소소한 기념비 하나가, 살인 사건의 피해자와 시간과 장소에 대한 기억보다 훨씬 풍부한 내용을 담아낼 수 있는 법이다. 상실의 서사적 규모를 감안할 때 희생자 개개인을 기억하기 위한 장소는 세세한 내용과 광범위한 내용을 두루 포괄해야 한다. 그곳은 충만하면서도 공허해야 한다. 그래서 "부재의 존재"라는 지극히 적절한 표현에 화답해야 한다.

———

다양한 작가와 조각가와 극작가는 물론이고 희극배우까지 자기만의 방식으로 홀로코스트를 이야기하고 역사를 예술로 승화하는 작업에 동참하고 있다. "시인 테오도어 아도르노는 '아우슈비츠 이후에 시를 쓰는 것은 야만'이라는 다소 논쟁적인 발언을 했다가 철회한 것으로 유명하다. 그로부터 50여 년 뒤 그래픽노블 작가 아트 슈피겔만은, 그의 자전적 작품 『쥐』에 대해 홀로코스트라는 주제를 만화로 다룬 것은 상식 밖의 행동 아니냐고 따져 묻는 어느 기자를 향해 이렇게 받아쳤다. '아니요, 몰상식한 쪽은 아우슈비츠였죠.'"[120]

수많은 이가 이와 같은 예술 작업에 골몰해왔다. 우리는 창작의 문을 닫기는커녕 과감하게 열어젖혔고, 미로처럼 낯설고 광활한 영역을 끊임없이 탐색해왔다. 가끔은 이러한 탐구 행위가 완결의 반대, 확실성의 부재, 부재의 확실시, 무한성의 정의라는 생각이 든다. 헤아릴 수 없는 상실의 크기는 우리가 상상할 수 있는 시간과 공간, 차원의 한계를, 과거와 미래, 현재의 한계를 넘어선다.

"의문은 남는다. 과연 모든 생존자가 사라진 뒤에도 홀로코스트와 같은 사건이 개인적 회상을 넘어 (⋯) 집단적 수준에서 (⋯) 그것에 의미를 부여하려는 그 어떤 시도도 거부할 만큼 심원한 기억의 자취를 남길 수 있을까." 이는 제임스 영의 저서에 인용된 역사가 사울 프리들랜더의 글이다.[121] 여기서 프리들랜더가 언급한 "심원한 기억"이란 "본질적으로 명확히 설명되거나 표현되지 못한 채 남아 있는 기억, 의미를 이해할 수 없어 해결되지 않은 트라우마로 존속하는 기억"을 가리킨다.

———

2012년 12월 코네티컷주 뉴타운의 샌디훅에서 벌어진 총기 난사 사건은 어린이 20명과 교사 6명의 목숨을 앗아갔다. 사건 이후 그 지역에서는 "트라우마를 지우기" 위해 초등학교를 신설하기로 결정했다. 관련 계획은 매우 신중하게 수립되었다. "샌디훅 초등학교 프로젝트는 세계무역센터 재건에 관여했던 보안 회사로부터 설계에 대한 자문을 받았고, 동시대의 미국 건축물로는 독특하게도 일종의 21세기 고딕 양식이 적용되었다. 또한 미국의 공립학교 캠퍼스 가운데서는 최초로, 총기 난사 사건에 대한 직접적인 대응의 일환으로 철거와 재건축이 진행되었다. 그것은 내키지 않지만 피할 수 없는 진술 프로젝트"였다.[122]

문화지리학자 케네스 푸트에 따르면, 죽음을 열린 자세로 마주하는 능력은 샌디훅 초등학교 같은 장소를 시민의 일상적 공간으로 되돌리는 공공

사업을 추진하는 데 있어 매우 중요하다. 대량학살 이후, 특히 그 폭력이 피해 공동체의 구성원에 의해 자행됐을 경우, 우리가 같은 장소를 두고 양면적 태도를 보이는 주된 요인은 수치심 혹은 죄책감이라고, 푸트는 저서 『그늘진 땅, 미국 내 폭력과 비극의 풍경Shadowed Ground: America's Landscapes of Violence and Tragedy』에서 주장한다. 특히 이른바 "입에 담을 수 없는" 폭력이 자행된 심각한 사건들의 경우 실제로 일종의 침묵이 공간을 잠식한다. 처음에 사람들은 현장의 흔적을 없애고 표시를 지우려는 충동에 휩싸인 채, 목소리를 한껏 낮추거나 입을 다물어버린다.

총기 난사 사건이 종종 벌어지는 나라의 시민으로서 미국인은 뉴타운 사건과 컬럼바인 사건의 유사점 및 차이점을 눈여겨볼 수밖에 없다. 두 장소의 이름은 미국인에게 특정한 의미로, 즉 무분별한 총기 폭력과 입법자들의 안일한 대응을 가리키는 일종의 단순하고도 단순하지 않은 축약어로 각인돼 있다.

사회학자와 심리학자들이 폭력의 근본적 원인을 지속적으로 탐구하고 논의하는 동안, 상실을 경험한 공동체들은 자신들의 개인적이고 집단적인 후유증을 치유해야 한다. 이른바 "민간 추모비"의 조성은 어느덧 자연스러운 절차로 자리 잡은 듯하다. (곰 인형이며 양초며 편지들이 죽음의 현장과 최대한 가까운 장소에 놓인다.) 망자의 피가 흘려진 땅에서 그를 아로새기고 애도하려는 인간의 욕구는 시간의 흐름을 초월한다. 하지만 뉴타운의 지방 정부 단체장은 "민간 추모비를 제거하고(그리 유별난 상황은 아니다) 그것들을 갈아 고운 가루로 만들 것(굉장히 유별난 상황이다)을 지시했다. 그녀는 이른바 그 '신성한 흙'을 안전한 장소에 넣어 보관 중이다."

『뉴욕타임스매거진』 기사에서 지적한 바와 같이, (이번에도) 언어는 '비극을 어떻게 기억할 것인가'라는 난제의 중요한 축을 담당한다. "뉴타운 주민들은 그 총기 난사를 '12·14' 또는 '12월 14일'이라고 일컫는다. 그들은 기억이라는 짐을 특정한 장소가 아니라 특정한 날짜에 옮겨놓기를 원한다." 이런 식의 이름 붙이기는 역사적 추모비를 실제적으로든 은유적으로든 건립하고, 오늘날의 생존자 집단과 미래의 거주자 집단 양쪽의 관심을 물리적으로든 은유적으로든 끌어다놓을 장소를 선별하려는 복합적 시도의 일환이다. 컬럼바인 주민들은 "트라우마를 초래한 공간으로 돌아가 새롭게 바라봄으로써 관점의 변화를 도모해야 한다는 결정을 내렸다. 하지만 뉴타운 사람들은 자신들이 그 공간을 다시 바라볼 수 있으리라고 생각하지 않았다. 고로 그들은 건물을 완전히 없애고는 주변에 울타리를 둘렀다". 이제는 이전 학교 부지 근처 숲속 빈터에 실제적 추모비가 설치될 가능성도 충분해 보인다.

————

2006년 8월, 그러니까 9·11추모박물관이 완공되기 몇 년 전 뉴욕역사학회New-York Historical Society는 오로지 9·11 테러 공격을 테마로 "먼지 속 엘레지Elegy in the Dust"라는 제목의 전시회를 개최했다. 가장 눈여겨볼 작품은 〈첼시진스 기념관Chelsea Jeans Memorial〉이라는 설치미술이었다. 잊지 못할 그날 다운타운의 그 소매점은 하필 세일 중이었고, 매장을 채운 의류들은 순식간에 재로 뒤덮였다.

"먼지 속 엘레지" 이야기를 듣자마자 나는 아우슈비츠 부지 내 전시 구역에 수북이 진열된 머리카락이며 안경이며 여행가방을 떠올렸다. 홀로코스트 피해자들이 남긴 인공 유물 더미가 70년이 넘는 세월 동안 먼지에 뒤덮인 채 속절없이 부식돼가는 모습은 만물―그리고 기억―의 덧없는 본성을 필연적으로 상기시켰다.

아우슈비츠의 전시품 관리 위원들은 무엇을 어떻게 보존할 것인가 하는 난제를 두고 여러 해 동안 고심을 거듭해왔다. 9·11 테러의 먼지가 유독한 위험성을 상징한다면, 아우슈비츠의 지극히 개인적인 유물들은 인간의 연약함을 상징했고, 그래서 필멸의 운명을 감수할 수밖에 없었다.

살해된 사람들의 머리에서 깎아낸 머리카락 2톤을 어떻게 처리한단 말인가? 회색과 흰색으로 빛바랜 머리카락은 너무 연약해 섣불리 옮길 수도 없다. 혹자는 고인들을 존중하는 의미에서―그리고 달리 적당한 방법이 떠오르지 않기 때문에―머리카락을 매장해야 마땅하다고 주장한다.

비교적 최근인 2005년 폴란드에서는 "유물 유적 보수" 과정 이수자들이 아동화 수천 켤레를 가져다가 진공청소기로 먼지를 제거한 뒤 세탁하고 기름 먹이는 작업을 진행했다. 하지만 그 가죽이 과연 언제까지 버텨줄 수 있을까?

맨해튼 그라운드제로의 기념지화를 둘러싼 정교한 논의는, 집단 수용소의 박물관화를 둘러싼 집요한 논쟁과 여러모로 판에 박은 듯 닮아 있다. 역사를 존중한다는 명분 아래 과도한 개입을 경계하는 목소리들이 무섭도록 익숙하게 들리는 것이다.

한때 뉴욕 메트로폴리탄 미술관의 수석 관리자였던 토니 프란츠는 소멸이라는 자연스럽고 당연한 과정을 막는다는 바로 그 발상에 우려를 표명했다. 그의 주장에 따르면, 아우슈비츠가 주는 "정서적 충격의 부분적 원인은 그곳을 폐허가 된 건축물로 체험한다는 사실"에 있었다. "그곳은 미술관이 아니"었다. "그곳은 묘지"였다.

현재, 모든 집단수용소 가운데 가장 악명 높은 그곳에서는 "현장을 보존하자는 주장"과 "더 이상의 부식을 방지하자는 주장" 사이에 타협이 이뤄진 상태다. 하지만 이렇듯 적정선을 찾아내기가 언제나 쉬운 것은 아니다.

어쩌면 우리는 기억이 트라우마와 피해자들, 그리고 우리의 공포심보다 더 오래 살아남는다는 일종의 든든한 보장을 갈망하는지도 모른다. 하지만 비극을 기록하려는 그 노력은, 그러니까 "먼지 속 엘레지"와 같은 설치미술은 필연적으로 죽음을 상징하는 듯하다.

죽은 이들은 먼지로 남겨졌다. 우리를 둘러싼 세상은 여전히 한시도 죽음에서 자유롭지 않다. 아이러니한 사실은, 9·11 테러 현장에서 나온 그 유독한 전시물이, 우리의 개입이라는 잠재적 훼손으로부터 보호해야 하는 대상인 동시에, 발암성 잔해로부터 관람객들을 보호하기 위해 철저히 봉인해야 하는 대상이라는 점이다.

살아남은 것들을 보여주는 증거 속에서 우리는 희망을 발견할 수 있을까? 세심하게 전시된 그 소중한 증언의 공간이 우리의 슬픔을 내려놓을 성지가 돼줄 수 있을까? 해마다 수십만 명에 달하는 아우슈비츠 방문객들은 망자들의 유품 앞에 서서 이 무언의 증언들을 마주한다. 유럽 전역에 수십 곳의 기념관이 세워졌지만 정작 찾아갈 무덤은 없는 현실 속에서, 이처럼 집단적이고 대대적인 애도를 위해 개인적 형상물을 찾아내려는 우리의 노력은 아직 어딘가 부적절하게 느껴진다.

이미 70년도 넘게 지났지만, 홀로코스트를 온전히 이해하기에는 그림자가 여전히 짙다. 수많은 사례에서 알 수 있듯이, 우리는 심지어 말살의 여파까지도 말살할 수 있다. 우리도, 우리의 기억도, 여전히 약하고 덧없다.

2014년에는 9·11추모박물관이 문을 열었다. 세계무역센터 공격으로 소중한 이들을 잃은 사람들은 그곳이 희생자들의 "마지막 안식처"라고, 그러므로 기념관이 세워질 수 있는 유일한 장소라고 이야기한다. 기념관은 그라운드제로, 즉 두 고층 건물이 무너진 자리에서 부재와 존재를 동시에 표현하도록 설계되었다. 넓고 어두운 연못의 네모난 벽을 타고 물이 쏟아져 내린다. 만질 수 있을 만큼 가까운 그 벽에는 죽은 사람들의 이름이 새겨져 있다.

기획 단계에서는 이름들을 무작위로 배열하는 방식이 고려되었다. 하지만 설계가 진행되면서 "유의미한 인접성"을 구축하는 쪽으로, 그러니까 특별히 고안한 알고리즘을 거쳐 테러 당시의 물리적 거리라든가 회사, 소속 단체 등을 일일이 따져 관계성을 반영하는 쪽으로 방식이 바뀌었다.[123] (캔터피츠제럴드구호기금의 상임이사) 이디스 루트닉의 말을 빌리면, "우리가 사랑했던 사람들의 이름이 그들과 함께 앉았던 사람들이라든가 함께 일했던 사람들, 함께 살았던 사람들, 또한 그래서 함께 죽을 수밖에 없었던 사람들의 이름에 둘러싸이도록" 말이다.[124]

박물관은 총 7층짜리 지하 공간에 자리한다. 처음에 큐레이터들은 방문객들을 녹음된 목소리가 들리는 공간으로 안내한다. 목소리의 주인공들은 평범한 사람들이다. 그들은 비행기 두 대가 거대한 쌍둥이 빌딩에 충돌할 때 자신들이 어디서 무엇을 하다가 그 소리를 들었는지(혹은 그 장면을 목격했는지)에 대해 이야기한다. 이어서 방문객들은 약 3천 명에 달하는 희생자들 모두의 이름과 얼굴이 전시된 구역들을 따라 천천히 이동하며, 원할 경우 그들이 누구이고 어디 살았는지에 대한 기억을 훑어보거나 그들의 이름과 도시, 회사에 대한 정보를 검색하게 된다.

"우리는 모두 9·11 테러의 생존자"라고, 9·11추모박물관 책임자 앨리스 그린월드는 말했다.[125]

———

비교적 최근까지도 사우스캐롤라이나주 의사당에서는 남부연합기가 매일 아침 게양됐다가 밤이면 꼬박꼬박 예를 갖춰 하기되었다. 1961년 4월 사우스캐롤라이나 주정부는 남북전쟁 발발 100주년 기념일을 엄수하는 의미로 남부연합기를 컬럼비아에 위치한 의사당 돔 위에 게양했다. 이후로 그 깃발은 미국 국기와 사우스캐롤라이나 주기를 우러러보며 줄곧 그 자리에서 펄럭여왔다.

수년 동안 아프리카계 미국인을 비롯한 많은 이는 남부연합기를 내릴 것을 촉구했다. 그들에게 그 깃발은 노예제도를 지키려던 전쟁과 공민권운동 반대 투쟁을 대표한다는 점에서 인종주의의 상징이나 다름없었다.

깃발을 둘러싼 소동은 마침내 2000년, 입법자들의 생각을 움직였다. 타협안으로 입법부는 유산법Heritage Act을 통과시킴으로써 문제의 깃발을 의사당 돔에서 내려 의사당 경내 남부연합군 기념탑 옆 깃대에 달기로 결정했다.

하지만 2015년 초 21세의 백인 남성 딜런 루프가 엠마누엘 아프리카 감리교 감독 교회에서 예배 중이던 아프리카계 미국인 9명을 총기로 살해하면서 논쟁에 다시금 불이 붙었다.

깃발은 2015년 7월 10일에 내려졌다가, 2016년 7월 10일 남북전쟁 발발 100주년 기념일을 엄수한다는 미명 아래 당국의 허가로 다시금 게양되었다. 분리주의 정당의 대표 제임스 베신저는 그 깃발을 기념탑 위에 달아, 남부연합을 위해 싸우다가 목숨을 잃은 사우스캐롤라이나 사람 수천 명의 넋을 기려야 한다고 주장했다.

"우리는 진주만 기습이나 9·11 테러로 사망한 사람들을 추모합니다. 우리는 오늘날 군인들이 석유나 거대 자본을 지키기 위해 싸운다는 이유로 그들을 비방하지 않습니다. 그러므로 우리는 (남부의 군인들을) 비방하지 않아야 합니다."[126] 베신저는 이렇게 말했다.

최근 미국의 3대 소매 기업 월마트와 시어스, 케이마트는 남부연합과 관련된 제품의 판매를 중단하겠다고 발표했다. 또한 미시시피주 입법자들은 주기에서 남부연합의 상징을 제거하는 법안을 조만간 제출하기로 결정했다.[127]

2016년 미시시피주 유권자들은 자신들의 깃발을 원형 그대로, 즉 좌측 상방에 별과 막대들이 그려진 모습 그대로 유지하는 안을 압도적인 표차로 지지했고, 이로써 미시시피주는 남부연합에 속한 주 가운데 그 반역의 상징물을 주 의회 의사당 지붕 위에서 계속 나부끼도록 남겨둔 마지막 주가 되었다.

수십 년 동안 자신의 머리 위에서 나부껴온 깃발이 노예제도의 당위성을 상징한다는 사실을 아는 상태로 그 깃발을 단 건물 안에서 일하는 사람과 그 옆을 지나는 행인이나 운전자의 심경을 나는 애써 헤아려본다. 이 또한 기억하기의 한 형태라고 할 수 있을까.

독일에서는 하켄크로이츠, 즉 만자무늬나 나치 관련 기념품을 전시하는 행위가 불법으로 규정돼 있다. 히틀러의 벙커 자리를 안내하는 표지판도 존재하지 않는다. 자칫 스킨헤드의 성지로 변질될 가능성을 우려해서다. 하지만 미국을 포함한 다수의 국가에서는 그와 같은 전시 행위를 법적으로 금지하는 그 어떤 조항도 마련해두지 않았다. 어지간한 앤티크 상점에서는 만자무늬가 인쇄된 물건뿐 아니라, 나치 친위대의 제복까지도 어렵지 않게 발견할 수 있다. 나치 기념품에 대해 문의해도, 대개는 이유를 묻지 않는다.

———

역사학자와 사회학자들의 설명에 따르면, 남북전쟁이 끝나고 노예해방선언으로 노예제도의 종식이 공식화된 직후 몇 년 동안 린치의 발생 빈도는 극에 달했다. 린치는 남부 여러 도시의 공원형 중앙광장에서 일상적으로 가해졌을 뿐 아니라, 남녀노소를 가리지 않고 수많은 군중이 몰려들어 떠들썩하게 지켜보는 이벤트였다. 1930년대 즈음에는 지방 정부의 법 집행 역량으로는 통제가 불가능한 지경에 이르렀고, 북부에서는 연방정부의 개입을 요구하기 시작했다. 최근에 출간된 『죽음의 손짓: 대법원과 사형Courting Death: The Supreme Court and Capital Punishment』에 따르면, 이를 기점으로 린치는 "실내로 무대를 옮겨 처형의 틀을 갖추게 되었다. 재판도 거치지 않은 죽음이 아니라, 재판에 근거한 빠르고 확실하며 틀림없는 죽음이 가능해진 것이다."[128]

달리 말하면, 브라이언 스티븐슨 등이 설명한 바와 같이, 정확히 이 시점부터 린치는 형사사법제도를 등에 업고, 단순 절도와 같은 경범죄로 기소된 흑인 시민 가운데 비상식적으로 많은 이에게 의도적으로, 또한 단정적으로 종신형이나 사형을 선고하는 행위로 대체되기 시작했다.

클래런스 토머스가 미 연방대법원의 대법관으로 지명되었을 때 자신의 인사청문회를 일컬어 "고도의 린치"라고 했던 일자신에게 제기된 성희롱 혐의를 그는 성공한 흑인 남성에 대한 잔혹한 인종 차별로 몰아갔다을 기억하는가? 그의 이 충격적 발언은 미국 전역의 흑인뿐 아니라 백인 사회에서도 반감을 불러일으켰다. 당장의 곤경을 모면하기 위해 쓰라린 역사를 들먹이는 그의 행태에 나는 강한 불쾌감을 느꼈고, 그와 같은 주장이 유례없이 부적절하다고 생각했다. 하지만 아직도 많은 사람이 그 암울한 역사의 진실성을 의심한다.

오늘날 '흑인의 목숨도 소중하다Black Lives Matter' 운동은 (대개는 무장하지 않은) 흑인 시민들이 경찰에게 살해되는 끔찍하고 반복적인 패턴이 미국 내 린치라는, 아직 완전히 인정되지 않은 역사와 여러모로 닮아 있다는 사실에 주목해왔다. 재판 없는 처형과 유죄 추정의 원칙은 여전히 흑인들을 내리누른다.

———

　1955년 8월 28일 시카고 출신의 흑인 십대 소년 에멧 틸은 미시시피주 머니시에서 두 백인 남성에게 납치되어 살해당했다. 사건 발생 전 틸은 브라이언트 가족이 운영하는 정육점 겸 식료품점에 방문했다가, 그곳에서 계산원으로 일하던 21세의 백인 여성 캐럴린 브라이언트에게 휘파람을 불었다는 의심을 받았고, 이에 격분한 그녀의 가족들이 범행을 저지른 것이다. 틸의 시체는 사흘 뒤 탤러해차이강에서 훼손된 상태로 발견되었다.

　두 백인 남성은 틸을 시켜 34킬로그램짜리 조면기 팬을 강둑까지 끌고 간 다음, 소년에게 옷을 벗으라고 명령했다. 그들은 소년을 구타했고, 눈을 도려냈고, 머리에 총을 발사했다. 그러고는 시신을 조면기 팬에 가시철사로 묶어 강물에 던졌다.

　그로부터 한 달 뒤, 캐럴린의 남편 로이와 의붓형제 밀럼은 틸을 살해한 혐의로 재판에 회부되었다. 하지만 오로지 백인 남성으로 구성된 배심원단은 채 한 시간도 걸리지 않은 숙의 끝에 두 사람에게 무죄 평결을 내렸다. 무죄가 선고된 직후 두 남성은 살인을 자백했다. 재심은 결코 열리지 않으리라는 사실을 빤히 알면서 말이다.

　에멧 틸의 어머니 메이미 틸 모블리는 시카고에서 장례식이 열리는 동안 아들의 관을 열어둘 것을 요청했다. 살인자들이 아이에게 저지른 만행을 세상에 공개함으로써 "그녀가 본 것을 사람들도 보게 하기 위해서"였다. 문제의 사진들은 주간지 『제트』와 『시카고 디펜더』에 실렸다. 미국뿐 아니라 전 세계의 이목이 그 섬뜩한 살인 사건에 집중되면서 공민권 운동은 돌연 활기를 띠기 시작했다.[129]

그 잔혹한 범죄가 발생하고 가해자들에게 무죄가 선고된 날로부터 60여 년이 지난 어느 날, 캐럴린 브라이언트는 틸에게 제기된 혐의가 거짓이었음을 공개적으로 자백했다. 듀크대학 교수 티머시 타이슨이 2017년에 출간한 저서 『에멧 틸의 피The Blood of Emmett Till』에 따르면, 브라이언트는 "그녀가 오래전에 진술한 내용 중 에멧이 그녀의 손을 잡았고, 그녀를 위협했고, 성적으로 치근거렸다고 한 '그 부분은 사실이 아니'라고" 그와의 인터뷰에서 털어놓았다.[130]

이 새로운 자백에 대해 휠러 파, 그러니까 에밋 틸의 사촌으로 시카고 근교에 거주하는 일흔일곱 살 노인은 다음과 같이 소회를 밝혔다. "언젠가는 그 여자가 사실을 고백하기를 기대했습니다. 그래서 일단은 그렇게 했다는 데 의미를 두고 싶어요. 응어리가 조금은 풀리는 것도 같고요."

───

파트릭 데스부아는 프랑스의 천주교 신부로, 유대교교섭위원회 Commission for Relations with Judaism 의장과 바티칸 고문을 맡고 있다. 그는 야하드 인 우넘Yahad-In Unum(히브리어와 라틴어의 조합어로 "함께-하나로"라는 뜻)이라는 단체를 설립했는데, 그들의 사명은 다음과 같다.

우리의 목표는 과거로부터 배우고 현재의 인류를 교육하여 미래의 제노사이드와 대량학살을 방지하는 것이다. 우리 단체가 추구하는 과제는 지나치게 오랫동안 함구해온 역사의 한 시기를 둘러싼 침묵을 깨는 일이다. 구소련에서 우리는 유대인과 집시에 대한 집단 처형 장면의 목격자들을 찾아내고, 각각의 처형 장소와 집단 매장지를 확인하는 작업을 진행한다. 생존해 있는 증인들의 연령은 80대 혹은 90대. 그러므로 머지않아 우리는 그들이 서술하는 일인칭 시점의 역사를 더 이상은 듣지 못하게 될 것이다. 증거를 수집할 기회의 창은 급속도로 닫혀간다. 목격자의 증언이 없어지면, 집단 매장지의 위치를 확인하고 제노사이드의 증거를 수집하는 일도 불가능해질 것이다.[131]

데스부아 신부는 동유럽 여기저기를 돌아다니며 표지가 없는 집단 매장지를 찾아다닌다. 수없이 많은 유대인이 살해되고 묻힌 장소들, 이른바 '숨겨진 홀로코스트'를 찾아 연대순으로 기록하기 위해서다. 골짜기에서, 숲속에서, 헛간 뒤에서, 옥수수 밭에서, 그는 1900여 곳에 달하는 매장지의 정확한 위치를 찾아냈다. 마을에 도착하면 데스부아 신부는 우선 사람들을 인터뷰한다. 그 시대를 살았던 사람들을, 그때 아이였던 사람들을, 마치 구경하듯 현장을 지켜봤던 기억을 간직한 사람들을. 목격자들은 하나같이 살인자들을 독일인이라고 부른다. 하지만 지역 경찰이 가담했을 가능성은 없을까? 유대인에게 총을 겨누려 했던 사람이 과연 독일인뿐이었을까? 데스부아 신부의 질문에는 이런 내용도 포함돼 있을까? 독일인이 아닌 살인자에 대한 이야기를 그는 들어본 적이 있을까?

CBS 탐사보도 프로그램 「60분60 Minutes」의 담당 기자와 가진 인터뷰에 따르면, 데스부아 신부는 마을 사람들이 누군가의 질문으로 그 이야기를 들려줄 기회를 기다려왔다는 인상을 강하게 받았다. 그는 다양한 증인의 이야기를 세심하게 청취하는 한편, 증언들을 서로 비교하여 모순된 기억은 없는지 확인함으로써, 혹시 모를 부정확성에 대비하고 있었다. 증인들 중에는 살인이 자행된 날짜와 위치를 상세히 묘사하는 데서 나아가, 농장 끝 산비탈이나 숲속 빈터의 현장까지 그와 동행하는 이들도 적지 않았다. 흙더미는 자연스럽게, 혹은 생뚱맞게 모습을 드러냈다. 주변과 구별하는 표지 따위는 존재하지 않았다.[132]

데스부아 신부는 조수들을 시켜 GPS 좌표를 기록했다. 그런 장소임을 알리는 가시적 표지물은 설치돼 있지 않았다. 이는 "약탈에 대한 두려움 때문"이라고, 그는 「60분」에서 담담하게 설명했다. 그는 어떤 마을의 어떤 가정을 방문하건 시종일관 담담한 태도로 증언을 경청했다. 아기를 품에 안은 어머니들이 아이가 총에 맞는 장면을 목격하고는 자신도 총에 맞아 쓰러졌다는 이야기를 들을 때조차, 그는 태도를 흐트리지 않았다.

매장지에 따라서는 1000명의 유골이 발견된 곳도 있다고, 신부는 이야기했다. 증언은 전부 사실이었다. 어머니의 팔에는 죽은 아이가 안겨 있었다. 소년은 기어 나오려고 안간힘을 썼다. 소녀의 벌어진 입속은 흙으로 가득했다. 하지만 뼈들을 수습해 이장을 엄수하는 일은 불가능했다. 유대교 율법에서는 한 번 매장된 시신의 이동을 금한다는 사실을, 데스부아 신부는 알고 있었다. 유골 더미를 드러내며 쓸어낸 흙은 전부 다시 제자리에 놓였다. 묘지는 "복원"되었다.

야하드 인 우넘 웹 사이트에 따르면, "캄보디아와 르완다, 다르푸르, 발칸반도, 시리아의 학살은 모두 이 '총살 홀로코스트' 전략을 본떠 자행되었다."

세상에 이보다 우울하고 가슴 아픈 프로젝트가 또 있을까? 그의 이야기에 가뜩이나 산란해진 내 기분은 몇몇 블로그의 게시물을 읽고는 더욱 가라앉았다. 게시물의 작성자는 문제의 "총살 홀로코스트"를 공부하고 학살이 자행된 폴란드 마을 몇 곳으로 여행을 다녀온 학생들이었다. 그들은 그때 찍은 사진들을 블로그에 올리며, "아름다운" 가족의 과일농장이라든가 "친절하게" 맞아준 폴란드 사람들, 우연히 "발견한" 금 장신구를 보여주거나 살해된 유대인 이웃들의 이름을 기억한다고 말하는 폴란드 가족들 등등의 설명을 달아두었다. 또한 진흙밭을 걷는 일이 고역이었고, 이런 숲에서 파르티잔들이 어떻게 생활했을지 좀처럼 상상이 가지 않는다고도 적었다.

마을 사람들은 그날을 "딱 오늘처럼 화창한 날"로 회상했다고, 데스부아 신부는 말했다.

"비단 죽은 사람들뿐 아니라 마을 사람들도 우리를 기다려온 것처럼" 느껴졌다고, 데스부아 신부는 「60분」의 카메라를 향해 말했다.

그리고 이런 말도 했다.

"이 일을 하면서 알게 됐어요. 사람들은 자신이 살해 대상에서 제외됐다는 확신이 서면, 타인들이 눈앞에서 죽고 죽이는 모습을 구경거리처럼 지켜본다는 걸."

———

다음은 어느 폴란드 동남부 마을 출신 목격자의 인터뷰 내용을 정리한 글이다.

"4시간 동안 그는 비르차에서 벌어진 유대인 학살의 목격담을 기억나는 대로 빠짐없이 털어놓았다. 그중 내 뇌리에 강하게 박힌 이야기가 있다. 소개하자면 이렇다. 독일 치하의 어린 시절에 그는 낙농장에 우유 나르는 일을 했다. 하루는 유대인 아이들이 모여 그를 놀리기 시작했다. 그러자 한 유대인 남자가 끼어들었다. '그 애를 건드리지 마라. 우유에도 손대지 말고! 언젠가는 그 애가 우리 민족의 비극을 증언해줄 거야!'

증언을 마친 뒤 보구슬라브는 우리 한 사람 한 사람의 눈을 똑바로 바라보더니 이렇게 말했다. '이런 날이 올 것을 알고 있었습니다. 오늘이 그날이군요. 이런 자리를 마련해줘서 고마워요.'"

———

이따금 이런 의문이 든다. 르완다와 엘살바도르, 구유고슬라비아, 그리고 최근 시리아와 남수단을 피로 물들인 제노사이드의 잔혹한 현장을 기억하기 위한 기념건축물을 세우기에는 시기상 너무 이른 동시에 너무 늦은 것이 아닐까? 모름지기 학살 현장은 잔혹 행위의 핏자국을 영구히 보존해야 마땅하다고 믿는 사람들에게는 애석하게도, 매장지 위에 주차장과 쇼핑몰이 들어서는 사례는 생각보다 심심찮게 발견되니 말이다.

우크라이나의 바비 야르 협곡은 여전히 이름이 그대로지만, 그 이름이 환기시키는 사건에 대한 사전 지식이 없는 사람에게 그곳이 남녀노소의 시체로 발 디딜 틈이 없을 만큼 수만 건의 살인이 자행된 현장임을 보여줄 증거는 조금도 남아 있지 않다.

1941년 9월 29일과 30일 독일 나치 친위대의 한 특수부대는 다른 독일군 부대들과 현지 부역자들의 지원하에 유대계 민간인 3만3771명을 문제의 골짜기로 끌고 가 살해했다. 독일 점령 기간에 바비 야르 협곡에서 살해된 사람의 수는 어림잡아 10만에서 20만 명에 달한다.[133]

시신의 수를 이렇듯 모호하게 추정하는 이유는 아무래도 현실적인 한계 때문이다. 뼈들은 마구잡이로 뒤섞여 있고, 발굴은 법으로 금지돼 있다. 무슨 계획을 집행하든 온갖 장애물이 앞길을 가로막는다. 피해자의 수를 어림잡아 추산하는 일은 어느덧 세계적인 관행처럼 자리 잡았다. 나는 이 관행이 불가피한 동시에 인간의 존엄성을 해치는 행위라고 여긴다. 가령 집단 학살이 우리 주변에서 벌어졌다고 생각해보자. 카페에서 폭탄이 터지거나 비행기가 고층 건물에 충돌할 경우 우리는 사망자가 나올 때마다 그 수를 꼼꼼하게 확인한다. 그들의 이름과 얼굴과 이야기를 우리는 유념하고 또 유념한다.

"이오시프 스탈린은 '한 사람의 죽음은 비극이고, 100만 사람의 죽음은 통계'라는 말을 한 것으로 유명하다. 또한 테레사 수녀는 '군중이 보이면, 결코 행동하지 않을 것'이라고 말한 적이 있다.'"[134]

모름지기 책임은 끈질긴 셈하기를 수반한다. 또한 묘하게도 장부나 명부의 이미지를 연상시킨다. 명부는 한 줄 한 줄 꼼꼼하게 기록돼야 한다. 한 사람 한 사람의 출생일과 사망일, 가끔은 채무관계까지도 빠짐없이 기록돼야 한다.

노스캐롤라이나대학 소속 심리학자 키스 페인과 다릴 캐머런의 연구에 따르면, "다수의 피해자를 목격한 사람들은 압도적 두려움 때문에 자신의 감정을 애써 잠재우는 경향이 있다."[135] 이른바 "동정심의 붕괴"는 이처럼 괴로움이 클수록 공감능력이 현격히 감소하는 현상을 가리킨다. 역설적인 사실은, "자신의 감정을 통제해야" 한다고 느끼는 사람들 또한 그로 인해 자신들이 스스로를 "덜 도덕적"이라고 여긴다는 부분을 인정한다는 점이다.

예의 정신과 의사 조너선 셰이가 귀환한 군인들의 심리를 연구하는 과정에서 "도덕적 부상"이라고 명명한 정신적 상처의 적어도 한 측면이 여기에도 반영돼 있다는 의견은 제법 설득력이 있다. 우리는 인식의 표피를 들추고 사회적 차원에서 우리의 일반적 패턴을 살펴볼 필요가 있다. 물론 주체하지 못할 감정을 두려워할 수는 있지만, 무감각은 또 무감각대로 문제를 유발한다. "자신들의 감정을 있는 그대로 느낄 것을 권유받은 집단에서는 동정심의 붕괴 현상이 사라졌다"는 페인과 캐머런의 발견은 고무적이다. 비록 그들의 연구로 해석이 더 분분해지기는 했지만 말이다. 달리 말하면, 감정의 고삐를 늦출수록 도덕성이 다칠 확률은 더 낮아질 수 있다. 더불어 타인의 고통에 더 본격적으로 개입하는 일도 가능해질 수 있다.

———

2016년 5월 15일 작가 제시 워싱턴은 "웨이코 참사the Waco Horror" 100주년 기념일을 맞아, 이에 관한 에세이 한 권을 출간했다. 웨이코 참사란, 1906년 5월 15일 열일곱 살 흑인 소년 제시 워싱턴이 무려 1만 명이 지켜보는 가운데 잔인하게 린치당한 사건을 일컫는다.[136] 작가와 소년은 혈연관계가 아니다. 하지만 서로의 같은 이름이 주는 울림은 작가가 역사—피부색과, 아프리카계 미국인 노예의 후손들이라면 다 같이 공유하는 어마어마한 집단적 트라우마라고 내가 생각하는 심리 상태로 인해 그들이 공유하게 된 복잡한 유산─와 정서적으로 연결되는 데 중요한 요인으로 작용했다. 워싱턴은 이야기를 수집하러 웨이코로 떠났다. 경찰에 의한 비무장 흑인 남성 살해 사건이 급증하는 최근의 현실은 그가 여행을 결심하는 데 중요한 영향을 미쳤다.

책장을 넘기다보면 우리는 그 악명 높은 린치가 이른바 피해자 가족의 후손들─열일곱 살짜리 농장 일꾼에게 강간을 당한 뒤 살해됐다고 알려진 루시 프라이어라는 백인 여성의 증손주들─에게 (다소 신뢰성이 의심되는 내용으로) 기억되고 있다는 것을 알게 된다. 전자책에는 당시의 사진들도 실려 있는데, 그 야만적 사건을 섬뜩하게 상술하는 문장들은 사진이 주는 공포를 증폭시킨다. 소년을 데려다가 손발을 절단하고, 불태우고, 목매다는 현장을 지켜본 1만 명의 군중 틈에는 웨이코의 경찰서장과 시장도 끼어 있었다.

워싱턴에 따르면, "이런 중죄를 저지르고도 기소된 사람은 아무도 없었다". 하지만 "이 같은 공개적 만행에 대한 언론의 국제적 관심은 린치 반대 운동을 촉발시켰고, 최근에 조직된 전미유색인종지위향상협회NAACP, National Association for the Advancement of Colored People의 영향력을 다지는 토대가 되었다".

"웨이코 시내 곳곳에는 이름들─살해된 경관들, 베트남 전쟁 참전군인들, 1897년 치명적 결투를 벌였다는 신문사 편집장과 판사, 1953년 토네이도에 목숨을 잃은 114명─로 가득한 기념탑이며 추모비며 표지비가 세워져 있었다." 하지만 어디에서도 제시 워싱턴의 이름은 찾아볼 수 없었다. 또한 1905년 웨이코에서 린치로 희생된 생크

메이저스의 이름도 보이지 않았다.

저자는 웨이코에 거주하는 백인과 흑인들을 만나 이야기를 나눴다. 더러는 기념 활동—공식적 결의문으로든, 표지비로든, 무엇으로든—에 적극적으로 참여하는 이들도 있었다. 예상대로 그 소도시의 섬뜩한 역사에 대한 인식은 인종적 계보에 따라 확연히 갈리는 듯했다. 또한 이를 뒷받침하듯 (우연찮게도) 웨이코에는 일종의 물리적 분계선이 존재했다. 루시 프라이어의 증손녀는 제시 워싱턴 추모 행진의 주최자들에 대해 이렇게 반응했다. "린치 희생자를 추모하는 것까진 좋아요. 하지만 워싱턴 군을 영광과 은혜 속에 불멸하게 하지는 마세요. 폭도들이 그에게 한 짓은 잘못됐어요. 저도 그걸 부정하진 않아요. 하지만 그가 저희 증조할머니에게 한 짓도 잘못됐어요."

작가 워싱턴은 이름 붙이기의 힘을 예찬하는 것으로 글을 마무리한다.

웨이코 정부의 허용과 묵인 아래 제시에게 벌어진 그 사건은 불의의 결정체다. 또한 불의는 여전히 대량 투옥이나 살인의 형태로 미국의 흑인사회를 공격한다. 트레이번 마틴과 타미르 라이스, 그리고 우리가 인터넷에서 이름을 거론해보기도 전에 이름 없이 죽어간 모든 흑인을 생각해보라.
제시의 가족—이제 나는 그들과 동질감을 느낀다—이 생각하는 정의는 사적표지비를 세우는 것이었다. 샬럿과 코이 모리스(루시 프라이어의 증손녀와 고손자)는 그 해결책을 수용하는 대신, 거기에 루시 프라이어의 이름이 들어가야 한다는 조건을 달았다.
그 정도면 공정한 해결책이라고 나는 생각한다. 흑인이나 백인 중 한쪽의 노력만으로는 미국의 인종 문제를 해결할 수 없다. 우리 모두는 의심이나 편견, 냉소를 어느 정도 내려놓아야 한다. 그래서 마침내 사적표지비가 웨이코의 범죄 현장에 세워졌을 때, 제시의 이름 옆에 적힌 루시 프라이어의 이름을 스스로 담담히 받아들일 수 있어야 한다.

———

정통파 유대교도 집안에서 성장한 나는 하느님의 이름을 쓰는 올바른 방법은 God의 가운데 알파벳 "o"를 하이픈으로 대체함으로써 "하느님의 이름을 헛되이 일컫는 일"을 방지하는 것이라고 배웠다. 성경학자가 아닌 나조차 분명히 아는 사실은, 「창세기」부터 줄곧 구약 성서는 이름 붙이기가 지닌 힘에 일종의 거룩한 행동이라는 가치를 부여했다는 점이다. 일례로 아담은 모든 생명체에 이름을 붙여줌으로써 그의 "지배력"을 만방에 드러냈다. 그런가 하면 아브람은 이스라엘 민족의 아버지로 선택된 이후에 아브라함으로 이름을 바꿨다. 반대로 이름을 부여받지 못한 이들은 미천하고 눈에 띄지 않는 피지배자로 남거나, 아예 페이지에서 통째로 지워졌다. 「에스더서」를 낭독하다가, 일찍이 유대인 말살을 계획했던 페르시아 총리 하만의 이름이 나오면, 요란한 소리를 내는 장난감을 흔들어 그의 이름이 소음에 묻히도록 만드는 부림절 풍습을 생각해보라. 노아의 이름 없는 아내와 "그의 아들들의 아내들"—방주에 승선하는 것까지는 (그녀들이 있어야만 출산이 가능하다는 점을 고려하면 당연하게도) 허용됐지만 개인적 정체성은 인정받지 못한 여인들—을 생각해보라.

물론 이러한 관행은 성경 밖 머나먼 세계에서도 지속돼왔다. 발견된 땅과 그 땅의 원주인인 토착민에게 식민주의적 이름을 붙여온 관행을 생각해보라. 부여된 권력의 유무에 따라 장소와 관계와 국가는 번번이 다른 이름으로 달리 정의되기를 반복해왔다. 이름을 빼앗으면, 사람들을 더 쉽게 노예로 삼을 수 있었다. 훨씬 더 쉽게 미래의 혈통을 끊어버리고, 대량학살을 자행할 수 있었다.

나치가 "절멸" 계획에 착수하며 유대인 남성의 이름은 전부 이스라엘로, 유대인 여성의 이름은 전부 사라로 통일한 이유도 부분적으로는 거기에 있었다. 노예에게 주인의 이름을 붙이던 수 세기 전의 관행도 맥락이 다르지 않았다. 결혼한 여성의 원래 성을 지우고 남편의 성을 따르는 관행도 교묘한 삭제로 간주될 소지가 다분하다. 하지만 여성을 나이와 상관없이 마구잡이로 강간하고 이를 전쟁의 도구로 활용하거나, 숫처녀인 신부를 용맹한 전사나 자살폭탄 테러범에게 보상으로 약속하는 여러 문화권의 작태는 어떻게 해석해야 할까? 이름을 붙이건 붙이지 않건, 여성의 몸과 생식 능력을 소유하는 행위는 미래를 소유하는 또 다른 수단인 것일까?

———

최근 오바마 대통령은 보스턴 셀틱스 소속의 은퇴한 농구 선수 레이 앨런을 미국홀로코스트기념회의US Holocaust Memorial Council 회원으로 임명했다. 수년 동안 워싱턴 D.C.에 있는 미국홀로코스트메모리얼박물관을 규칙적으로 방문해온 그는 한 팟캐스트에 출연해 다음과 같은 경험담을 들려주었다.

그곳에 지인 한 분을 데려간 적이 있어요. 저보다 나이가 많은 흑인 신사였죠. 둘러보는 내내 그분은 굉장히 혼란스러워했어요. 거기서 본 일들이 전부 실제로 벌어졌다는 걸 믿지 못했으니까요. 관람을 마치고 나오자마자 그분은 제게 이렇게 묻더군요. "노예제도는요?" 다시 말씀드리지만 그분은 저보다 연장자였어요. 하지만 조금 화가 나 있었죠. 그도 그럴 것이 그분은 미국 내 흑인들의 수난사 같은 걸 보고 싶어했거든요. 이를테면 노예제도처럼요. 그래서 저는 이렇게 말씀드렸죠……. "이게 바로 노예제도에 관한 이야기예요. 노예로 잡혀 마구잡이로 살해된 사람들에 대한 이야기. 여기서 우린 교훈을 얻게 돼요. 노예제도가 더 이상 생겨나선 안 된다는 교훈, 내가 옆 사람보다 우월하다고 생각해선 안 된다는 교훈. 이런 게 전부 노예제도에 관한 이야기예요. 단지 홀로코스트를 겪은 유대인들, 나치스가 절멸시키려 했던 사람들의 입을 통해 전달되었을 뿐이죠."[137]

그 박물관의 다층식 벽에는 「이사야서」 56장 5절의 문구가 새겨져 있다. "나 그들에게 영원히 지워지지 않을 이름을 주리라."

————

유대인 남자 두 명이 개설한 트위터 계정 @Stl_Manifest의 명시적 목적은 "1939년 미국의 문턱에서 돌려보내진 나치즘의 희생자" 한 사람 한 사람을 기억하는 것이다. 그들이 사용한 해시태그는 #WeRemember와 #RefugeesWelcome이다. 2017년 1월 몇 주 동안 그 계정에는 매일 흑백 사진과 함께 다음과 같은 트윗이 올라왔다.

내 이름은 요아힘 히르슈입니다. 1939년 미국은 국경에서 나를 돌려보냈습니다.

나는 아우슈비츠에서 살해됐습니다.

더 자세한 이야기는 USHMM 웹 사이트에서 확인할 수 있다.

유럽으로 돌아간 승객 620명 가운데 87명(14퍼센트)은 1940년 5월 독일이 서유럽을 침공하기 전 가까스로 이민에 성공했다. 세인트루이스에서 돌려보내진 승객 532명은 독일이 서유럽을 정복하면서 발이 묶였다. 이 가운데 절반이 조금 넘는 278명은 홀로코스트 이후에도 살아남았다. 254명은 사망했다. 84명은 벨기에에 있다가, 84명은 네덜란드에 피신해 있다가, 그리고 86명은 프랑스에 정식으로 입국해 살다가 변을 당했다.[138]

———

나의 홀로코스트 관련 도서 목록은 내가 읽을 수 있는 속도보다 훨씬 더 빠르게 늘어간다. 목록에는 몇 년 전 세상에 나왔을 때 미처 사놓지 못한 책들과 내가 빈 화면에 단어들을 타이핑하는 이 와중에도 세상에 나오고 있는 책들까지 포함돼 있다. 나는 잠시 홀로코스트 관련 도서를 멀리한 채, 노예제도에 관한 책들을 살펴보는 중이다. 더불어 9·11 테러와 히로시마, 베트남과 캄보디아, 라오스, 르완다, 시리아에 관한 책들도 읽고 있다. 당연하게도 이런 책들은 나에게 홀로코스트를 상기시킨다. 대량학살이. 제노사이드가. 기억이. 세대에서 세대로 전달되는 이야기와 트라우마와 슬픔과 침묵이. 책이 들려주는 이야기의 주인공들이. 생각하고 느끼고 분석하고 기억하는 과정의 복잡함이. 누구나 말할 수 있는 완벽한 진실은 없다는 사실이. 또한 그럼에도 진실을 향해 끊임없이 다가가고, 최선을 다해 진실을 보존하고, 죽은 사람들의 이름을 꾸준히 입에 올리고, 살아 있는 사람들의 정체성과 자기결정능력을 회복시킬 의무가 우리에게 있다는 사실이.

#BlackLivesMatter(흑인의 목숨도 소중하다)
#SayHisName(그의 이름을 말하라)
#SayHerName(그녀의 이름을 말하라)
#SayMyName(나의 이름을 말하라)

8장

너도밤나무 숲 II

1995년, 50주년 기념일

1983년 우리의 독일 여행이 끝나갈 무렵 아버지는 "나중에 온 가족이 함께 오면 좋겠다"고 말했다.

비록 입 밖에 내지는 않았지만 나는 의구심을 느꼈다. 그런 여행이 어떻게 가능할지 상상이 가지 않았다. 더욱이 아버지는 처음에 나와 여행을 준비하다가 취소 직전까지 간 전력이 있었다. 체크포인트 찰리에서 기관총을 들고 있던 경비병을 마주했을 때 아버지가 보인 반응도 마음에 걸렸다.

인화한 여행 사진 속 아버지의 표정에는 하나같이 공포와 슬픔이 어려 있었다. 심지어 내 얼굴에도 암울한 기운이 감돌았다. 햇빛 속에서도 잿빛 하늘 아래서도 마찬가지였다. 아버지도 나도 마치 중력 이상의 무엇에 몸을 짓눌린 사람처럼 보였다.

그럼에도 다시 오자는 아버지의 말에서 나는 뭔가 중요하고도 돌이킬 수 없는 변화가 일어났음을 감지할 수 있었다. 짐작건대 아버지는 이야기하기의 힘과 무한한 가치를 알아차린 듯했고, 그 증인은 내가 될 것이라고 입이 아닌 마음으로 말하고 있었다. 또한 아버지는 언젠가 우리가 (나뿐만 아니라 내 형제들까지도, 그리고 이후에는 그들의 아이들까지도) 아버지의 이야기를 아버지의 생이 끝나거나 말하는 능력이 사라진 뒤에도 후세에 전달하리라는 사실을 비로소 깨달은 듯했다.

1983년 이후에도 나는 몇 번 더 유럽 여행을 다녀왔지만, 독일에는 한 번도 돌아가지 않았다. 그러다 아버지가 1995년 4월 11일로 예정된 부헨발트 수용소 해방 50주년 기념식에 참석해달라는 독일 정부의 공식 초대장을 받게 되면서, 마침내 나는 독일 땅을 다시 밟았다.

그 12년 사이 동서독의 지도에는 제2차 세계대전 이래 극적인 변화가 나타났다. 1989년 11월에 베를린 장벽이 무너졌으니까. 당시의 장면은 텔레비전을 통해 전 세계의 모든 시간대에 방송되었다. 이 기념비적인 사건이 발생했을 때 나는 호주 퀸즐랜드대학에서 1년의 체류 기간을 마쳐가던 참이었다. (그곳에는 열여섯 살 때 필리핀에 교환학생으로 머물던 시절 나를 후원한 바 있는 국제로터리클럽 측에서 다시금 호의를 베풀어준 덕분에 가게 되었다.)

그때 나는 세계의 국경이 허물어지고 있다는 느낌, 그 장면을 함께 생중계로 목격함으로써 온 세계가 하나로 통일되었다는 느낌에 휩싸였다. 마치 (겨우 아홉 살이던 1969년의 흐릿한 기억을 더듬어보자면) 닐 암스트롱이 달 표면에 첫발을 내딛는 순간을 온 세계가 지직대는 화면을 통해 홀린 듯 바라보던 그 밤의 기분이 되살아나는 듯했다.

그 역사적 순간을 모두와 함께하고 있다는 사실이 꿈만 같았다. 사회적 존재로서 우리는 함께 중요한 사건을 겪고 나면, 이를 확실히 머릿속에 각인해두려는 경향이 있다. 또한 진주만 공격이나 케네디 암살, 닉슨의 사임처럼 유난히 참담한 뉴스를 듣고 나면, 자신의 정확한 소재를 사건 현장과의 물리적 거리에 관계없이 기억해두고 싶어한다.

1989년의 그때 내가 있던 장소는 퀸즐랜드식 가옥의 거실이었다. 브리즈번 교외의 더갭이란 마을에 자리한 그 집에서 나는 거의 6개월을 살았다. 집주인은 호주인 친구 필립으로, 퀸즐랜드대학 화학과에서 일하는 서핑 애호가였다. 그 집에는 나 말고도 주기적으로 드나드는 애들레이드 출신의 (no라는 단어를 발음할 때면 마치 알파벳의 온갖 모음에 몇 음절을 더한 듯한 소리를 내던) 동거인이 한 명 더 있었다.

필립은 젊은 나이에 아내와 사별하고는 혼자 지내고 있었다. 그의 아내는 뇌종양으로 사망했다. "두통이 도무지 가시지 않는다 싶더니" 결국 그렇게 되었다고 했다.

필립이 발리며 더반으로 서핑 여행을 갔다가 구해온 기념품들로 장식된 집에서, 나는 네덜란드, 벨기에, 스위스, 인도와 같은 머나먼 나라 출신의 대학원생들과 함께 앉아 있었다. 우리가 모인 거실은 눈길이 닿는 거의 모든 공간이 갈색이었다. (마치 집 밖의 무성한 초목이 집 안의 모든 색깔을 제압한 듯했다.) 뉴스에서는 동서독 사람들이 베를린 장벽 위에서 춤추고 끌어안는 장면을 송출했고, 우리는 충격에 휩싸였다. 장벽 아래에서는 사람들이 그래피티로 뒤덮인 콘크리트 덩어리를 몽둥이로 신나게 때리는가 하면, 끌이며 망치로 쪼아내고 있었다. 지구 반대편 남반구에서는 우리 자유세계 시민들이, 대개는 모종의 충격에 휩싸인 채 환호하고 눈물을 흘렸다. 우리 가운데 그날, 그러니까 1989년 11월 9일이 훗날 1938년 11월 9일에 대한 일종의 해독제로 규정될 가능성을 알아챈 사람은, 모르긴 해도 나 한 명이었을 것이다. 그것은 크리슈탈나흐트라는 파괴적 행위의 서사적 반전이었다. 그날 부서진 장벽은 대량학살의 전조가 아니었다. 자유를 향한 동경의 표상이었다.

문득 부모님의 생각이 궁금해진 나는 집으로 전화를 걸었다. "일단 지켜보자." 아버지는 이렇게 말했다. 상황을 마냥 낙관할 수는 없을 때 아버지가 즐겨 쓰는 마법의 문장이었다. 수천 마일이나 떨어진 곳에서 나는 밀려드는 수많은 기억과 사투를 벌이고 있었다. 제2차 세계대전에서 가까스로 살아남았지만 어쩔 수 없이 자유 진영이 아닌 쪽, 그러니까 잘못된 쪽에 머물러야 했던 사촌들에 대해 친척 어른들이 들려준 이야기들이 두서없이 떠올라 머릿속이 혼란스러웠다.

그들은 철의 장막 뒤편에 갇혀 있었다.

또한 철의 장막은 외할머니가 어머니와 러시아어로 대화할 때마다 들리던 신비한 음절들, 얼핏 화를 내거나 불평하는 것처럼 한껏 끌어올린 억양과 목소리로 두 분이 서로를 향해 내뱉던 알 수 없는 낯말들과도 교차하는 부분이 있었다. 닥터 주디는 외할머니의 또 다른 이름이었다. 여름철이면 외할머니는 포코노산맥에 자리한 체너원더 캠프장에서 일했는데, 그곳에서 갖게 된 별칭이 닥터 주디였다. 여름이 지나면 할머니는 뉴어크에서 버스를 타고 스케넥터디에 있는 우리 집으로 찾아왔다. 그때마다 할머니의 비닐 핸드백에는 알루미늄

포일로 두 번 감싼 삶은 닭이 담겨 있었다. 할머니는 교정용 신발을 신고는 한적한 동네 곳곳을 혼자서 오래도록 거닐곤 했다. 하지만 엄밀히 말하면 혼자는 아니었다. 우리 개 커들스가 은근슬쩍 따라붙어 할머니와 동행했으니까. 그럴 때마다 할머니는 이디시어로 녀석을 쫓아버리려 했지만, 녀석은 마치 할머니를 지키기로 작심한 것처럼 눈 한번 끔뻑하지 않았다.

할머니는 철의 장막이라는 표현을 알지 못했다. 하지만 알았더라면 그것에 대해 말하고도 남았을 분이었다. 비록 할머니의 두 언니는 1920년대 초엽 서둘러 미국으로 이민 오면서 홀로코스트를 모면했지만, 다른 형제들은 전쟁 중에 "비명횡사"했고, 그나마 살아남은 사촌 두 명은 "러시아 땅 어딘가"에 있다가 그곳에 갇혀버렸으니 말이다.

그런데 그 장벽이 무너졌다. 마치 불과 몇 주 전 캘리포니아 북부 전역을 뒤흔든 로마프리타 지진의 신묘한 여파가 그곳까지 전달된 것처럼. 나는 그 엄청난 지진에 대한 소식을 퀸즐랜드대학 지질학과에 다니던 영국인 친구로부터 전해 들었다. 레이철은 지진계의 들쭉날쭉한 선들을 보고는 곧바로 나를 찾아왔다. 그때 나는 평소처럼 대학교 수영장에서 코스를 왕복 중이었다.

"직접 만나서 알려주고 싶었어." 그녀가 상냥한 목소리로 말했다.

초기에 보도된 지진 피해의 심각성에 비하면 실질적인 여파는 예상보다 미미했다. 하지만 나는 돌아가기로 결심했다. 내가 호주 바닷가를 떠나 샌프란시스코 공항에 착륙한 날은 반쯤 무너졌던 베이브리지가 복구를 마치고 재개통된 날이었다. 나는 마치 아무것도 바뀌지 않은 것처럼 청회색 물 위를 가로질렀다. 하지만 너무 많은 것이 바뀌어 있었다.

———

1995년 4월 우리 다섯 식구(부모님, 언니, 남동생, 나)는 다 같이 베를린으로 날아갔다. 나는 버클리의 내 집에서 따로 출발했고, 나머지 네 명은 보스턴에서 만나 함께 움직였다. 내 마음속에는 은밀한 두려움과 기대감이 공존했다. 50주년이라고 하면 뭔가 특별한 의미가 있을 듯싶지만, 어찌 보면 그것은 단지 숫자에 불과하다는 사실을 나는 알고 있었다. 아버지와의 첫 방문 이후로 부헨발트가 어떻게 변해 있을지 나는 짐작이 가지 않았다. 어쩌면 12년 전처럼 황량하고 버려지다시피 한 땅으로 남아 있을 가능성도 있었다.

비행 내내 나는 좀처럼 잠을 이루지 못했다. 생각해보니 우리 가족은 1970년대 무렵 자메이카에서 휴가를 보낸 이후로 어디로든 함께 여행을 떠나본 적이 없었다. 그때 나는 열세 살쯤이었다. 남동생과 나는 햇볕에 심하게 그을렸지만, 내 기억 속에서 카리브해의 그 섬은 여전히 보석처럼 반짝거렸다. 이번 여행은 그때와 시작부터 완전히 달랐다.

목적지 공항에는 내 짐이 와 있지 않았다. 다른 가족의 짐은 모두 무사히 도착했지만, 오직 내 물건들만 주인을 찾아오지 못한 것이다. 베를린에서 항공사는 내게 옷값 명목으로 300달러를 제공했다. 그리고 나는 독일 상점에서 쇼핑할 생각에 기이하고도 불편한 감정에 휩싸였다. "독일산" 물건은 절대 소유하지 말라는 가족의 오랜 금기를 깨고 어쩔 수 없이 독일 제품들을 구매해야 했지만, 불안함에 두근거리는 가슴을 좀처럼 진정시킬 수 없었다.

호텔의 조식 뷔페는 굉장히 훌륭했다. 우리 삼남매는 접시 가득 음식을 담으며, 부모님이 웨이터와 나누는 독일어 대화에 귀를 기울였다. 가족의 오랜 규율이 또 한 번 깨지는 순간이었다. 독일어는 아버지의 모국어였고, 언어적 재능이 남달랐던 어머니는 두 분이 전후 스웨덴에서 난민으로 처음 만났을 때 독일어를 매우 빠른 속도로 습득했지만, 우리 삼남매에게만은 그 언어를 배우는 일이 결코 허락되지 않았다.

그것은 살인자들의 언어였다.

남동생 라파엘은 1년 전 폴크스바겐 사의 중고 밴을 구입하면서 금기의 유효 기간을 시험해본 적이 있었다. "폴크스바겐은 히틀러의 아이디어였다"고 아버지가 입버릇처럼 말했으니까. 하지만 어쩐 일인지 아버지는 남동생을 꾸짖지 않았다. 규칙의 시효가 이미 만료된 것일까?

이번 가족 여행을 준비하면서 나는 기습적으로 초보 독일어 수업을 받아보려 했지만, 이내 운명처럼 장애물에 맞닥뜨렸다. 문법도 발음도 내 기를 꺾어놓았다. 더 큰 시련은 부모님과 통화 도중에 시험 삼아 몇 마디를 건네봤을 때 찾아왔다. 두 분은 약속이나 한 듯이 나의 한심한 억양을 나무랐고, 얼마나 엉망으로 들리는지를 내게 납득시키려 했다.

"그렇게 어려워?" 어머니가 자못 궁금한 듯이 물었다.

"네 실수가 네 귀엔 안 들리니?" 아버지는 이렇게 비웃었다.

나는 두 분이 듣지 않는 데서만 독일어를 연습하기로 결심했다.

항공사에서 받은 돈을 주머니에 넣고 혼자 베를린 시가지를 두 시간쯤 돌아다닌 끝에 나는 무난한 (그리고 비싼) 독일 옷 몇 벌을 장만할 수 있었다. 빈약한 어휘력으로 낯선 이들을 상대하자니 수치심과 자부심이 동시에 밀려와 혼란스러운 기분이 들었다. 나는 평생을 내가 구사할 줄 모르는 언어로, 내가 이해하지 못하는 말을 듣는 일에 익숙해 있었다. 그런데 이번에는 내 언어 능력에 비해 많은 내용을 이해하는 상황과 내 의도에 비해 적은 내용을 말하는 상황 사이에 끼어 옴짝달싹 못하고 있었다.

통일된 독일에서는 지난번처럼 렌터카를 몰고 체크포인트 찰리를 통과할 필요가 없었다. 누구도 우리에게 서류를 요구하지 않았다. 총을 든 채 우리의 여권을 받아들고 사라질 사람도 없었다. 대신에 우리는 관광객 기분도 낼 겸, 베를린에서 공사 중인 새 유대인 박물관을 슬쩍 돌아보기로 했다.

20년 후에 언니는 그런 일이 가능했을 리 없다고, 대중에게 개방된 건물도 아니었는데 우리 같은 사람의 입장을 허용했을 리 만무하다고 잘라 말했다. 하지만 그러기에는 내 기억이 너무나 또렷했다. 막다른 골목을 향해 급하게 꺾인 복도를 따라 걷던 내 모습이 머릿속에 선명하게 떠올랐다. 그곳에서 나는 카프카를 생각했다. 또한 운명처럼 나를 북해와 맞닿은 선로 끝에 이르게 했던 오래전의 기차 여행을 생각했다. 그것은 뒤늦은 메아리였다. 독일을 관통하면서도 그 땅에는 결코 발을 딛지 않았던 내 오랜 기차 여행의 메아리.

과연 이 기억이 내 상상의 산물일 수 있을까? 나는 베를린 어느 평범한 공공건물 복도의 환영을 실제 기차 여행의 기억에 덧씌운 것일까? 텅 빈 지그재그의 통로들과 아무것도 걸려 있지 않은 벽들과 너무 높아 밖을 내다볼 수 없는 창문들을……? 물론 이것을 아버지가 시달려온 유의 악몽과 섣불리 비교할 마음은 없다. 하지만 그렇듯 정밀한 감각 기억은 결코 사라지지 않는다. 신기하게도 훗날 내 남동생 역시 베를린과 관련해 내가 전혀 기억하지 못하는 일화를 혼자서 떠올렸다. 정확히는 호텔 앞길 건너에서 한 무리의 젊은 스킨헤드를 봤다고 했다.

"와, 정말 무서워 죽는 줄 알았네. 물론 나도 황당하지. 하지만 정말 너무 겁이 나더라니까." 동생은 몇 년 뒤, 가장 기억에 남는 순간을 묻는 내게 이렇게 대답했다.

훗날 나는, 만약 우리 삼남매의 기억을 하나로 조합하면 그 결과물은 스크랩북이 아니라 콜라주에 가까울 것이라는 생각을 하게 되었다. 아버지와 함께한 1983년의 첫 여행이 나만의 기억으로 남은 것과 달리, 1995년의 이 가족 여행은 다양한 서술자의 복합적이고 주관적인 기억으로 남을 수밖에 없었다. 우리에게는 각자의 틀과, 각자의 필터가 준비돼 있었다.

어쨌든, 베를린에서 우리에게 주어진 시간은 길지 않았다. 우리는 몇 곳에서 장벽의 잔해를 찾아냈다. 이제는 사라진 분계선을 눈으로 기억하기 위해 일부러 군데군데 남겨둔 흔적이었다. 이어서 우리 다섯 식구는 열차를 타고 베를린에서 바이마르로 이동했다. 중앙역에 도착한 우리를 표지판과 플래카드가 반겼다. 바이마르에 오신 것을 환영합니다! 괴테와 실러, 부헨발트 기념관의 고장.

기념위원회 사람들이 다가와 캔버스백과 이름표를 건넸다. 증정품에는 하나같이 "부헨발트"라는 글자가 찍혀 있었다. 게다가 그 정도의 괴이함으로는 부족했던지, 신분증 배지에는 방문 경험이 있는 사람과 없는 사람을 색으로 구분하도록 컬러 코딩 시스템이 적용돼 있었다. 아버지의 배지는 밝은 주황색으로 존재감을 드러냈다. 어머니와 우리 삼남매의 배지는 모두 흰색이었다. 우리는 각자의 성에 따라 그룹이 묶였고, 또 나뉘었다. 다시 말해 유형에 따른 분류 작업이 이뤄진 셈이다.

이곳은 그 모든 일, 그러니까 이송하고 분류하고 이름표 붙이는 작업을 전에도 치렀던 장소였다. 나는 아버지의 얼굴에서 시선을 떼지 않았다. 혹여 육체적으로든 정서적으로든 힘들어하는 낌새가 나타나면 곧바로 알아차리기 위해서였다.

기차 여행은 그리 고되지 않았다. 하지만 우리 다섯 식구는 모두 지치고 어리둥절해진 상태였다. 괴테플라츠 기차역에 나와 있던 위원회 사람들은 어색하리만큼 발랄해 보였다. 마치 우리가 도착했을 때 나눌 대화와 취할 몸짓을 미리 리허설이라도 해둔 듯했다. 그들의 영어는 흠잡을 데 없었다. 젊은 독일 남자가 어머니에게 가방을 들어주겠다고 제안했지만, 어머니는 얼굴을 찌푸리며 도움을 거절했다. 우리는 제법 씩씩하게 바깥의 보도를 향했다. 우리를 공원 맞은편 현대적 호텔로 데려갈 택시들이 그곳에서 대기 중이었다. 분실됐던 내 짐 가방도 마법처럼 도착해 있었다.

아버지는 (늘 그랬던 것처럼) 이 역사적인 행사를 위해 특별히 제작된 문서와 책자를 모으기 시작했다. 기차역에서 시작된 수집활동은 호텔 로비에서도 계속되었다. 아버지는 다양한 언어로 제작된 기넘품들을 검정 가죽 숄더백이 불룩해지도록 챙겨 넣었다. 우리는 스케줄과 추천 활동이 적힌 인쇄물을 참고해가며 할 일과 갈 곳을 정했고, 그 과정에서 여행 중 처음으로 몇 가지 의견 충돌에 직면했다. 일단 국립극장의 기념물을 건너뛰는 대신, 괴테 하우스 박물관을 방문하자는 데는 의견이 일치했다. 표면적으로 이는 어머니가 평소 보여준 낭만적 취향과 시에 대한 사랑을 고려한 선택이었다. 하지만 내용적으로는 가장 부담스러운 여정을 잠시라도 늦춰보려는 우리의 노력이 반영된 선택인지도 모를 일이었다.

괴테의 집은 매혹적인 상아색 벽들로 나를 들뜨게 했다. 나무를 조각해 만든 출입문은 아치가 얼마나 높던지 마차 한 대는 너끈히 드나들 만했다. 내가 괴테의 책을 읽은 것도, 그의 각별한 은행나무 사랑에 대해 알고 공감하게 된 것도 몇 년이 지난 뒤의 일이지만, 나는 그곳에서 이미 잠재적 유대감을, 가깝고도 잔혹한 과거 속에 파묻힌 서정적이고 풍부한 감수성을 막연하게나마 느끼고 있었다.

그곳은 대체로 아름다웠다.

이쯤에서 우리가 바이마르에 방문한 본래의 목적으로 돌아가자면, 스케줄 목록상의 "주요 행사"는 수용소 자리에서 열리게 될 기념식과 이후에 이어질 만찬이었다.

———

4월 11일 아침, 나는 모여든 군중의 엄청난 규모에 첫 번째로 놀랐고, 흑백의 풍경을 극적으로 물들인 붉은 깃발의 바다에 두 번째로 놀랐다. 훗날 내 사진들은 이 기억이 사실임을 확인시키는 동시에, 내가

까맣게 잊어버릴 다른 기억까지 함께 들춰낼 것이었다. 요컨대 그때 수용소에서 열린 기념식에는 어머니가 없었다. 아버지와 우리 삼남매는, 비록 상황에 따라 조합은 조금씩 다르더라도 사진 여기저기서 얼굴을 비추었다. 하지만 어머니는 단 한 장의 사진에서도 모습을 드러내지 않았다.

뒤늦게 그 사실을 발견했을 때, 나는 어머니가 우리와 함께하지 않고 호텔에 남아 있었던 이유를 그저 짐작만 할 수 있을 뿐이었다. 어머니는 너무 피곤했을 수도, 너무 우울했을 수도 있었다. 혹은 극심한 두려움에 그 음울하고 끔찍한 땅에 발을 들이기를 단념했는지도 몰랐다. 돌이켜보면 어머니는 아버지의 "집단수용소" 이야기를 언제나 잠자코 듣기만 했었다. 다시 생각해보니 이는 게토와 은신처에서 지냈던 스스로의 경험을 대단치 않게 여겨서가 아니었다. 어머니는 수용소행을 모면하느라 스스로 겪어야 했던 고초를 조용히 되짚고 있었다. 수년 뒤에 나는 어머니가 수용소에 오지 않은 진짜 이유를 확인할 수 없음을 애석해할 것이었다. 더 이상은 어머니에게 많은 것을 물어볼 수 없음을 애석해할 것이었다.

과거의 공산당원 수감자들이 한껏 치켜든 붉은 깃발은 이번 방문이 더는 아버지와 나만의 단출한 여정이 아님을 내게 상기시켰다. 하지만 꼭 그것이 아니어도, 이미 언니와 남동생이 곁에서 존재감을 드러내고 있었다. 둘은 각자의 일화를 들려주며 기대감을 표하는가 하면, 궁금한 것들을 묻기도 하고 마음에 묻어두기도 했다. 언니는 아버지의 팔꿈치를 어루만지며 내내 걱정스런 표정을 지었다. 아버지와 나는 목에 카메라를 걸고 다니다가는, 얼핏 비슷해 보이지만 알고 보면 다른 구도에서 각자 렌즈의 초점을 맞추곤 했다. 우리는 돌아가며 웃으려고 노력했지만, 우리 중 누구도 웃을 수 없었다.

과거의 수감자와 방문자들은 압도적 인원수로 나를 위축시켰다. 그들은 바깥 세계의 경관을 가리는 것도 모자라, 내면의 풍경까지 침범하고 있었다. 1983년에는 사람들의 부재가 나와 아버지로 하여금 바람에 실려온 영혼의 외침 같은 메아리를 듣게 했다면, 이번에는 수많은 타인의 존재가 심지어 내가 말하지 않은 생각조차 들리지 않게 만들 것만 같았다. 나는 과거와 현재에 여전히 야단스레 충실한 대규모 공산당원 대표단의 큰 소리에 나도 집중해야 할 것 같은 압박감을 느꼈다. 장벽이 무너지고 얼마 지나지 않은 시점이었다. 철의 장막은 갈라졌지만, 아직 완전히 찢어지지는 않았다.

거기 모인 공산당원 중에는 나치스가 관할하던 8년 내내 부헨발트 수용소에 갇혀 있던 이들도 있었다. 보아하니 그들은 부헨발트와 나치의 패배가 1983년 아버지와 내가 봤던 몇몇 동상과 현판에 선언적으로 명시된 이야기처럼 파시즘에 맞서 공산주의가 거둔 영웅적 승리의 본보기라고 확신하는 듯했다. 그들에게는 여전히 유대인 제노사이드가 아니라 수감자 봉기가 서사의 중심이었다. 또한 숲으로 탈출하지 못한 독일인, 그러니까 나치스 경비병들을 수용소 막사에 가둬둔 일도 그들에게는 주요한 승리로 간주되었다. (용어와 정체성의 혼란은 여기서도 나타난다. 나치스와 독일인이 서로를 대체하는 경우는 언제일까? 선은 어디쯤에 그려야 할까?)

어느 순간 깃발을 든 사람들이 한 덩어리로 뭉치는가 싶더니 누군가 마이크를 향해 다가갔다. 해방을 기념하는 모든 행사는 독일어로 진행되었고, 일부는 폴란드어와 러시아어로 통역되었다. (영어는 없었다.) 아이러니하게도 어머니는 세 언어를 모두 이해할 수 있었던 반면, 나는 주로 말투에, 그리고 슬픔과 환희가 복잡하게 뒤얽힌 만가에 집중하는 수밖에 없었다. 우리는 오랫동안 서 있었다. 남동생과 아버지는 검정 베레모를 맞춰 쓰고 있었다. 언니와 나는 서로에게 기댔다가 떨어지기를 반복했다. 연설이 계속되는 동안 기온은 곤두박질쳤다. 눈이 내리기 시작했다.

한때 22구역이 있던 자리, 그러니까 아버지가 갇혀 지냈던 이른바 유대인 구역에 쌓인 돌 더미는 강제 노동이 숱하게 자행되던 근처 채석장에서 운반한 것이었다. 듣기로 "그 채석장에 끌려간 사람들은 살인적 노동에 시달려야 했다"고 언니는 나에게 소곤거렸다. 아버지는 당신이 수용소에서 지내는 동안 벽돌공으로 일했다고 내게 말했다. "다른 일들도 했는데, 도통 기억나지 않는다"고도 했다.

사람이 어느 정도 모이자, 랍비가 특별히 유대인 사망자를 애도하기 위한 카디시를 낭송했다. 이제야 나는 모든 단어를 이해할 수 있었다. 나는 아버지와 언니, 남동생과 함께 낭송의 대열의 합류했다. 전능하신 주를 찬양하는 기도문이, 한때 내 아버지마저 스스로의 신앙을 의심케 했던 그 장소에서 암송되고 있었다.

"아이들, 그것도 150만 명의 무고한 아이들을 살해하는 짓을 하느님께서 왜 보고만 계셨는지 도저히 이해되지 않았다"고, 아버지는 내가 듣는 데서 수없이 말하곤 했다.

아버지의 남동생, 그러니까 아버지가 종종 볼피라 불렀고 아버지와 함께 수용소 생활을 했던 삼촌 요세프는 지금껏 의심이라곤 없이 독실한 신앙을 유지해왔다. "그분은 우리가 알 수 있는 것보다 더 많은 것을 아신다"고, 삼촌은 특유의 걸쭉한 억양과 목소리로 말했었다. (아버지가 모국어의 흔적을 거의 완전히 지워낸 미국식 영어를 구사하는 반면 삼촌은 언제나, 심지어 히브리어를 구사할 때조차 목소리에서 독일어 특유의 음절을 완전히 떨쳐내지 못했다.)

랍비의 음성을 듣고 있자니, 일전에 어느 아우슈비츠 생존자에게 들은 이야기 하나가 머릿속에 떠올랐다. 그는 수용소에서 찬양 기도를 하는 어느 수감자에게 이유를 물었다. 그 독실한 수감자는 "나를 그들처럼 만들지 않으신 하느님께 감사해서"라고 대답했다. 그들은 살인자였다.

22구역의 돌투성이 윤곽을 따라, 이야기를 전하고 또 전하라는 성경 속 문장이 조각돼 있었다. "뒤이어 태어날 후손들에게도 대대로 알리라고 명령하셨다……." 아버지는 허리를 굽히고는 여러 언어로 새겨진 통렬한 글귀 위에 장미를 몇 송이 올렸다. 언니와 나, 남동생은 근처에서 기다리며 몸을 떨었다.

우리는 정해진 일정에 따라 다른 곳으로 이동했다. 수용소 안쪽 구석, 한때 "박물관"으로 사용됐고 1983년에 아버지와 내가 단둘이 들어갔던 그 작은 건물의 내부에는 과거의 수감자 중 한 명인 발터 스피처의 미술품들이 전시돼 있었다. 기념위원회는 스피처가 제작한 〈무젤만Muselmann〉이라는 청동 조각상의 제막식을 진행 중이었다. 글자 그대로 번역하면 "무슬림"이지만, 수감자들 사이에서 무젤만은 영혼 없이 비틀거리는 시체라는 뜻에서 주로 죽음이 임박한 사람을 묘사하는 은어로 사용되었다.

아버지는 그 예술가를 알고 있었다. 그는 어머니의 가까운 친구 폴라 아주머니가 살았던 폴란드의 시골 마을 출신이었다. 두 사람은 사랑하는 사이였다. 그리고 스피처는 폴라 아주머니가 우리 부모님에게 들려준, 그가 부헨발트 억류 기간 내내 폴라 아주머니의 작은 사진 한 장을 자신의 신발 속에 숨겨 간직했다는 이야기가 사실이라고 확인해주었다. 나는 스피처의 두 발을 힐끔힐끔 훔쳐보았다. 당연하게도 이제 그의 발에는 우아한 가죽신이 신겨 있었다. 조각상 무젤만의 발은 맨발이었다.

제막식이 끝나고 우리는 발터와 사진을 찍었다. 집에 돌아가면 폴라 아주머니에게 보여줄 생각이었다. 이어서 우리는 다 같이 수용소 중앙 평지에 세워진 희고 커다란 천막으로 이동했다. 1983년에는 이 일대가 흡사 달 표면처럼 지극히 황량했다는 사실을 나는 남동생과 언니에게 이해시키려고 노력했다. 아버지와 나는 고개를 저으며 시선을 주고받았다. 예의 그 점호 장소는 이제 오묘한 기념 구역으로 바뀌어 있었다. 보아하니 주최 측은 애도와 회복, 서로 꼬이고 모순된 서사들로 점철된 기념일 속 상이한 모습들을 형상화할 묘안을 여전히 모색 중인 듯했다.

거대한 천막도 충분히 이질적이었지만, 그곳에 차려진 정찬은 마치 비현실적인 무대장치를 보는 듯했다. 생각건대 이때부터, 그러니까 음식이 제공되면서부터 체계적 질서가 무너지기 시작했다. 아버지는 티 없이 하얀 식탁보로 덮인 둥근 테이블에 자리를 잡았다. 우리 삼남매는 저마다 과일이며 치즈며 빵이며 갖가지 단것들을 접시에 가득 담아 아버지에게 실어 나르느라 분주했다.

가만히 살펴보니 몇몇 동유럽 사람, 그러니까 텐트 입구 부근에 쌓아둔 붉은 깃발의 주인들이 뷔페 테이블에 놓인 (장식용?) 파인애플을 모조리 가져다가 자신들의 두꺼운 모직코트 안쪽 깊숙한 주머니에 쑤셔넣고 있었다. 그들의 늘어진 턱살 위로 험상궂은 표정이 드러났다. 순간 어린 시절 텔레비전에서 방영한 「호간의 영웅들」이라는 드라마가 머릿속에 떠올랐다. 독일 포로수용소를 희극적으로 재해석한 그 시트콤을 나는 단편적 사건들의 전체적 맥락은 이해하지 못한 채 앉아 보곤 했다. 상상 속 나치스는 만화적이고 우스웠다. 반면에 미군들은 영리하고 집요했다. 그것을 보며 아버지는 어떤 생각을 했을까? 나는 한 번도 묻지 않았다.

사라져가는 파인애플과 너도나도 음식을 주워 담는 혼돈의 현장을 곁눈으로 지켜보자니 정신이 다 혼미할 지경이었다. 나는 아버지 옆에 앉아, 우리 삼남매가 세 배로 많이 가져다놓은 엄청난 양의 음식을 아버지가 조금이라도 입에 대기를 기다렸다.

"내 위는 반밖에 안 남았잖니." 아버지는 여느 때처럼 내게 상기시켰다. 수십 년 전 아버지는 담석증으로 복부 수술을 받았고, 당시에 의사들은 (납득할 수 없는 이유로) 아버지의 위까지 부분적으로 잘라냈었다. 그런데 처음으로 이런 생각이 들었다. 혹시 아버지와의 첫 여행에서 배출됐던 신장결석이 수술 전 몇 년 동안 아버지를 괴롭혔던 통증의 진짜 원인은 아니었을까? 혹시 의사들이 오진을 했던 것은 아닐까?

내가 뚜렷이 구별한다고 생각했던 이야기의 조각들이 한데 모이며 날짜와 디테일이 뒤엉키고 있었다. 아버지가 그 수술을 받은 시기와 혼자 함부르크를 방문하려다 결국 포기했던 시기의 전후관계도 분명치 않았다. 몸의 언어가 항상 번역되지는 않는 법이었다. 트라우마의 파편이 항상 적출될 수는 없었다.

천막의 인공적인 불빛 아래서 아버지의 피부는 유령처럼 창백해 보였다. 아버지는 빵을 한 입 베어 물었다. 그리고 이내 황당하기 그지없는 사건이 벌어졌다. 아버지의 앞니 하나가 빠져버린 것이다. 정말이지 순식간에 벌어진 사고였다. 졸지에 얼굴에 생긴 구멍은 예순여섯 살 아버지를 살짝 미친 사람처럼 보이게 만들었다. 틈이 있는 사람처럼 보이게 만들었다.

신기하고도 끔찍한 일이었다. 그야말로 과거와 현재가 거짓말처럼 어우러지는 순간이었다. 내게 대물림된 먼 과거, 미군들이 도착해 지옥문을 열어젖혔을 때의 이야기들이 입안에서만 맴돌았다. 말없이 나는 일전에 아버지에게 들은 수감자들의 이야기를 떠올렸다. 어떤 이들은 망자의 시신을 입에 댔다고 했다. 어떤 이들은 해방 후 성치 않은 몸으로 배급 식량을 게걸스레 먹다가 끝내 목숨을 잃었다고 했다. 이 모든 이야기가 총알처럼 머릿속을 관통했다. 한 수감자는 우리 아버지에게 열여섯 번째 생일 선물로 여분의 빵을 주었다고 했다. 한 소년은 탄환을 열어보다가 그로 인해 목숨을 잃었다. 혹여 아버지의 얼굴이 있을까 싶어 내가 그동안 살펴봤던 사진이나 영화 속 수감자들의 얼굴은 하나같이 수척했다. 일순 수많은 기억과 이미지가 흐릿하게 포개지고 있었다. 아버지의 얼굴에는 구멍이 생겼다.

———

가족의 일들이 으레 그렇듯, 나는 우리가 함께했지만 따로 기억해온 과거를 끊임없이 재발견한다. 때로 우리는 서로의 이야기에서 스스로를 발견한다. 때로는 거의 눈에 띄지 않고 가장자리를 맴돈다. 어머니는 50주년 기념일의 모든 행사에 불참했다. 마치 5년 후에 있을 당신의 갑작스런 죽음을 우리에게 예고하는 것처럼. 언니는 성경학자와 결혼했고, 법을 공부했고, 두 자녀를 종교학교에 보냈다. 아버지에게 죽음을 상징했던 유대인다움을 오히려 적극적으로 고수함으로써 자신만의 방식으로 아버지를 안심시키는 길을 선택한 것이다. 건축을 공부한 남동생은 아내와 함께 버몬트 숲속에서 네 명의 자녀를 기르며 장밋빛 미래를 설계 중이다. 동생은 첫째 조카에게 어머니의 이름을 붙였다. 그런가 하면 나는 어머니가 되지 않기로 거의 결심을 굳혔다. 나는 나 자신과 가족의 이야기를 책으로 기록하는 중이다.

여행이 끝나고 나는 캘리포니아의 일상으로 복귀했다. 명확하고도 불투명한 이미지들은 하나의 서사로 굳어지기를 유난히 주저하는 듯 보였다. 나는 반세기에 걸친 이 획기적 사건을 시간의 흐름에 따라 적절한 단어들로 기록하고 싶었다. 여전히 1995년 4월의 여정은 내 필력에 비해 내용이 너무 광범위했다. 하지만 서술을 방해하는 요인은 비단 방대함만이 아니었다. 도리어 지나친 소소함도 문제였다. 오랜 시간 페이지를 채운 글자라고는 소심하게 써내려간 단 두 줄의 시가 전부였다. 마치 고인의 무덤에 누군가 드문드문 올려둔 추모의 돌처럼.

버스들은 주차장에서 대기 중이었다.

눈이 우리 위로 재처럼 내렸다.

그 여행은 부헨발트라는 장소가 남긴 유산과 나의 첫 만남이 아니었다. 나는 그곳에서의 추억 중 일부를 우리 삼남매가 함께 보는 가족 앨범에 보관했고, 일부는 보관하지 않았다. 또한 그때는 알지 못했지만, 그 여행은 그곳과 나의 마지막 만남도 아니었다.

9장

사후 기억 그리고 책략의 역설

마이다네크 수용소에 관한 소설은
소설이 아니거나 마이다네크와 무관하다.

–엘리 위젤

윌리엄 스타이런이 1979년에 발표한 소설 『소피의 선택』의 주인
공 소피는 홀로코스트 문학 속 어머니들 가운데 굉장히 잘 알려진 인
물이다. 줄거리를 간략히 소개하자면, 한 폴란드 여성이 열 살배기 아
들과 일곱 살배기 딸을 데리고 아우슈비츠에 도착한다. 멩겔레 박사
는 그녀에게 선물로 한 아이의 목숨을 살려줄 테니 남매 중 한 명을
선택하라고 강요한다. (그녀는 금발에 푸른 눈을 가진 아들을 선택한다. 짐
작건대 아들의 생존 가능성이 훨씬 높다고 판단했을 것이다.) 소피는 유대
인이 아니다. 또한 그렇다고 역사적인 인물도 아니다. (다시 말해 그녀
의 인간적 기원을 명확히 규정하기란 불가능하다.) 그럼에도 소피가 처한
극도로 절망적인 상황은 집단수용소 특유의 가학적 명령이 피해자들
의 육체뿐 아니라 정신에도 얼마나 엄청난 고통을 가할 수 있는지를
상징적이고도 간명하게 보여준다. 그들이 감당해야 했던 비하와 수

모와 모독을 과연 무엇으로 측량할 수 있을까?

내가 볼 때 스타이런의 업적은 소피를 단순한 피해자가 아니라, 결코 치유될 수 없는 트라우마를 지닌 피해자로 그려냈다는 데 있다. 소설의 선명함은, 논쟁의 여지는 있지만, 영화로 각색되면서 더욱 강렬해졌다. 영화에서 소피를 연기한 메릴 스트립은 이 작품으로 아카데미 여우주연상을 수상했다. 소설과 영화 모두 서술자는 스타이런의 대리인 격인 스팅고라는 인물이다. 책에서 스팅고는 소피의 공포를 외부자의 시선으로 예리하게 관찰한다. 그가 아는 그녀의 이야기는 전부 그녀가 직접 말해준 것이다. 이러한 설정은 그녀의 경험과 그것의 후유증이 궁극적으로 사라지지 않는다는 점을 독자와 관객에게 일깨운다. 그녀의 슬픔은 해결되지 않은 채 남아 있다. 그로 인해 결국 그녀가 스스로 생을 마감할 때까지.

———

헬렌은 아흔여덟 하고도 반—그녀는 이 부분을 특히 강조했다—살이다. 그녀는 홀로코스트 생존자로, 평생 홀로코스트를 알리는 일에 종사해왔다. 전화상으로 그녀는 스타이런의 책이 처음 출간됐을 당시의 기억을 내게 들려주었다. "그때 난 엘리 위젤과 얘기 중이었어요. 그 사람이 그러더군요. 그 책을 자기 집 책장에는 들이지 못하겠다고. 나도 전적으로 동의했어요. 납득이 됐으니까요. 그럼 영화가 나왔을 때는 어땠느냐? 나는 그걸 못 보겠더라고." 헬렌이 목소리를 높였다. "뻔뻔하고, 당돌하잖아요. 상상 속 아우슈비츠라니!"

스타이런은 전작 『냇 터너의 고백The Confessions of Nat Turner』에서 어느

해방 노예의 (사실을 토대로 한) 이야기를 깊숙이 파고들었고, 그 작품으로 1968년 퓰리처상 소설 부문을 수상했다. 그때도 지금도 평론가들 사이에서는 이런 식의 전용appropriation, 그러니까 다른 인간이, 그중에서도 특히 다른 인종이 피부로 경험한 것들을 누군가가 미안한 기색도 없이 자기 것인 양 차용하는 행위를 두고 의견이 분분하다. (문제의 소지가 다분한 특정 주제에 관해 글을 쓸 권리가 누구에게 있는가에 대한 그 논쟁은, 이 책에서 깊이 다루기에는 매듭이 너무 복잡하다.) 물론 스타이런은 자살적 우울증을 마음으로 이해하고 있었다(그의 회고록 『보이는 어둠』을 읽어보라). 하지만 세상에는 직접 겪어본 사람이 아니고서는 누구도 완전히 이해할 수 없는 지옥들이 존재한다고, 많은 이는 주장한다.

내 경우 『소피의 선택』을 읽고 깊은 감동을 받았으며, 영화를 보는 내내 흐느꼈다. 하지만 엘리 위젤은 내게 공감의 눈물 이상을 요구한다. 그리고 그의 논리는 (당연하게도) 복잡하다. "관건은 이것이다. 과연 우리는 고통의 나날을 견딘다는 것과 죽을 고비를 넘기고 살아간다는 것의 의미를 전보다 확실히 이해하게 되었는가? 최근의 문학적이고 예술적인 시도들은 과연 아우슈비츠와 그 음험한 땅에 대한 우리의 지식을 향상시켰는가?"

위의 질문들은 아래의 발췌문과 더불어, 1983년 위젤이 그 영화를 관람한 뒤 기고한 어느 사설에 등장하는 내용이다.

집단 매장지로 향하는 아이의 비통함을 나 같은 사람이 어떻게 전달한단 말인가? 미칠 듯이 분노했지만 무력할 수밖에 없는 아버지의 절망을 어떻게 표현한단 말인가? 언어의 경계를 벗어난 이야기를 어떻게 다시 전한단 말인가? 생존자는 영원히 그러한 질문들에 시달릴 것이다. 과거에 일어난 일에 대해 이야기하는 올바른 방법은 무엇이고 그릇된 방법은 무엇인가? 생존자로서 우리는 증언해야 한다는 강박에 시달리지만 정작 그럴 능력은 없다. 우리는 새로운 어휘, 새로운 소통 방식을 고안해야 한다. 남은 방법은 타협뿐이다. 이를 두고 누군가는 "아무것도 하지 않느니보다 낫다"고 말한다. 하지만 과연 그럴까?

홀로코스트라는 경험은 더 나은 무엇, 색다른 무엇을 요구한다. 전적으로 정직한 자세를 필요로 한다. 우리 역량으로는 그 사건의 실체를 드러낼 수 없다. 그러니 이 부분을 인정하자. 그러면 그 인정은 그 자체로 온전한 증언이 된다. 실제로 나는 이런 식으로 작업해왔다. 나는 글쓰기를 비판하기 위해 글을 쓴다. 그리고 이야기를 전하려고 노력하는 과정에서 예기치 못한 장애물을 맞닥뜨린다. 그럴 때면 나는 가만히 눈을 감는다. 내 낱말들이 나를 저버리고 나를 물리칠 수 있도록.[139]

발표된 지 30년도 넘게 지난 위젤의 이 발언에는 홀로코스트를 다룬 몇몇 책을 읽으며 내가 느낀 염증에 대한 통찰이 담겨 있다. 그런 작품을 읽을 때면 대체로 나는 중요한 무엇이 결핍돼 있다고 느꼈고, 그 무엇은 바로 위젤이 언급한 인정, 즉 제아무리 창조적인 노력이나 창의적인 의지로도 결코 드러낼 수 없는 진실 앞에서 자신을 굽히는 자세였다. 부헨발트 생존자이자 작가인 호르헤 셈프룬이 묘사한 바로 그 역설—그는 "오직 훌륭한 서사를 갖춘 글만이 진실의 일부를 전달할 수 있음이 판명될 것"이라고 말한 바 있다—은 자칫 오만하고 인위적인 창작물과 자의식적이고 거창한 은유를 초래할 수 있다. 또한 위젤의 표현을 빌리면, 이는 종종 사망자들과 우리 사이에 놓인 "심연", 생존자들과 우리 사이에 놓인 심연을 간과하는 결과로 이어지는 듯하다.

혹자는 시각적이고 구술적인 증언의 부재를 보상하기 위해서라도, 인간의 경험을 부수고 침묵시킬 힘을 언어에 다시 부여할 방법을 찾아내는 것이 (극작가를 비롯한 문자 기반) 예술가들의 책임(그리고 특권?)이라고 주장했다. 이는 극도로 잔혹했던 제1차 세계대전 이후로, 혹은 그 이전부터 실존주의자와 모더니스트, 포스트모더니스트들이 줄곧 주장해온 개념이다. 브레히트는 연극 무대와 현실의 벽을 의도적으로 깨뜨렸다. 제발트는 소설에 보도사진을 삽입했다. 이오네스코의 희곡은 가차 없이 부조리했고, 케이지의 음악은 침묵을 늘어뜨렸다. 무언가를…… 말하기 위해 우리는 끊임없이 노력한다.

"나는 더 이상 오래전, 그곳에 존재했던 나라는 사람의 모습에서 나 자신을 알아보지 못한다." 위젤은 이렇게 설명했다.

다른 이들의 작품 속 허구적 인물의 모습에서는 더더욱 내가 보이지 않는다. 그들의 책과 영화와 연극에서 전개되는 상황들은 내게 왜곡된 것처럼 보인다. 이는 그들의 잘못이 아니다. 그들은 알지 못한다. 그들은 알 수 없다. 그 죽음의 시절을 몸소 겪어보지 않은 이들은 그 어마어마한 공포를 결코 온전히 이해할 수 없다. 오직 아우슈비츠에서 살아남은 이들만이 아우슈비츠에서 존재한다는 것의 의미를 알고 있다.

(…) 온갖 영화와 연극, 소설에서 다뤄졌음에도 여전히 홀로코스트는 모든 시대를 통틀어 가장 끔찍한 미스터리로 남아 있다. 자, 이럴 때 우리는 어떻게 해야 할까? 세상에서 물러나야 할까? 증언을 그만 멈춰야 할까?[140]

위젤을 비롯한 생존자들은 홀로코스트의 진실을 묘사하는 작업과 관련하여, 정확하게 그려내기와 문학적 형상화의 한계 인정하기를 동시에 열망하는 데서 오는 심적 혼란을 공공연히 토로했다. 확실히 그 혼란은 그 경험에서 멀어질수록 심화되는 경향이 있다. 하지만 동시에, 예술가와 그 잔혹 행위의 시간적 거리가 증가할수록 오히려 참신한 표현을 통해 극히 개별적이고도 심히 보편적인 공감을 자아낼 가능성 또한 배제할 수 없다.

1987년에 출간된 토니 모리슨의 소설 『빌러비드』는 노예제 이후에 노예제를 재조명한 작품으로 유명하다. 기억 연구가 마리안 허시는 그 책이 "홀로코스트를 충실히 다룬 최초의 소설"이라고 여겼다. "일찍이 이런 홀로코스트 소설은 없었다고 나는 생각했다. 물론 몇 세대쯤 뒤에는 이에 필적할 만한 작품이 나올 수도 있겠지만 말이다. 『빌러비드』는 기억이 몸에 새겨지는 방식, 몸이 살아남는 방식에 관한 이야기다. 이야기가 갇히는 방식……"[141]

생존자의 딸이자 소설가로서 나는 아우슈비츠를 상상하려는 나만의 혼란스러운 시도 속에서 소설의 형태를 빌린 리얼리즘의 역설을 일별한 바 있다. 직접 목격자의 이야기를 귀담아듣는 와중에도 나는, 머지않아 테이블에는 오직 2세와 3세만 남게 되리라는 사실을 인식한다. 가령 덴쇼샤의 복화술처럼 고인들의 말을 그대로 전하려고 다짐할 수는 있지만, 결국 우리는 그들의 말을 우리의 말과 혼용할 수밖에 없으리라는 사실을 나는 두려움 속에서 받아들인다.

2016년 겨울 샌프란시스코 현대 유대 박물관Contemporary jewish Museum에서는 "세대에서 세대로, 유전된 기억 그리고 현대 예술From Generation to Generation: Inherited Memory and Contemporary Art"이라는 제목의 단체 전시회가 개최되었다. 도슨트들에게 배부된 다량의 교육 자료에는 최근의 후성유전학 연구와 "사후 기억post memory" "관련 용어", 캄보디아와 아르메니아를 비롯해 수많은 곳에서 벌어진 제노사이드의 역사적 배경에 관한 내용이 포함되었다.

참여 예술가 가운데 야마시로 지카코는, 1945년 오키나와 전투에서 살아남은 이들의 증언이 담긴 7분짜리 디지털 영화를 제작했다. (오키나와 전투는 82일 동안 지속되었고, 그로 인해 15만에서 24만 명의 민간인이 목숨을 잃었다.) 지카코가 노인의 이야기를 전달하는 매개체로 자신의 몸을 이용하는 모습에 나는 경탄을 금치 못했다. 두 사람의 얼굴은 시각적으로 융합되었고, 그녀의 입은 그의 입과 한 몸처럼 움직였다. 관람객들은 과거의 세대 간 전이를, 마치 생방송처럼 목격할 수 있었다. 작품의 제목은 "당신의 목소리가 나의 목에서 나왔다Your Voice Came Out Through My Throat"였다.

———

저지 코진스키가 소설 『잃어버린 나』를 발표했을 때 평단은 극찬을 보냈다. 하지만 몇 년 뒤 이 자전적 소설 속 주장들이 하나하나 거짓으로 밝혀지면서 코진스키는 의혹의 중심에 섰다. (아이러니하게도 엘리 위젤은 초기에 그 책을 옹호했었다.) 그의 이야기는 허구였고, 또한 표절이었다.

더욱더 기막힌 사례도 있다. 빈야민 빌코미르스키의 본명은 브뤼노 되세커였다. (1941년에 브뤼노 그로장이라는 이름으로 태어난) 그는 출판 작가로 활동하며 홀로코스트 생존자 행세를 했는데, 이때 그가 사용한 가명이 빌코미르스키였다. 그가 1995년에 출간한 회고록 『파편들, 전시 유년 시절의 기억Bruchstücke, Aus einer Kindheit』의 내용은 오래지 않아 허구로 밝혀졌다. 빌코미르스키의 거짓말이 드러나면서 세계적으로 뜨거운 논쟁이 벌어졌다. 평론가의 다수는 『파편들』의 문학적 가치를 더 이상 인정할 수 없다고 주장했다.

스위스의 역사가이자 반유대주의 전문가 슈테판 매슐러의 글에 따르면, "일인칭 서술자 및 그가 서술하는 죽음의 수용소 이야기와 역사적 현실 간의 공개된 상관성이 명백한 거짓으로 판명되는 순간, 명작은 즉시 키치로 전락한다."[142]

집단수용소 생존자 행세를 하는 사람의 진의는 무엇일까? 제임스 프레이의 말마따나 왜 그는 자신이 (2일이 아니라) 2년을 갱생 시설에서 지냈다고 독자들이 믿어주기를 바랐을까? 과연 그 같은 홀로코스트 생존자 사칭이 오해를 유발한다는 측면에서 더 죄질이 불량하다고 볼 수 있을까? 단언컨대 내 대답은 '그렇다'이다. 실제 생존자들에게 그보다 더 무례한 행위가 또 있을까?

나는 여기서, 가령 제임스 본드와 같은 역할로 잘 알려진 배우들을 앞세워 대형 스크린에서 상영하는, 나치스와 레지스탕스 대원과 유대인 파르티잔 이야기를 선정적으로 다룬 수많은 스릴러와 페이퍼백에 대한 이야기를 하고 있는 것이 아니다. 생각건대 실화를 바탕으로 한 야만적이고 악랄하고 사선을 넘나드는 이야기에 한없이 탐닉하는 독자와 관객에게 강렬하게 어필한다는 명분하에 그러한 소재를 사익에 이용하는 사례는 끝이 없는 듯하다. (또한 당연하게도 이 병적인 탐닉은 홀로코스트 이야기에 국한되지 않는다.) 하지만 와중에 빛나는 작품들도 있다. 이를테면 「쉰들러 리스트」나 「피아니스트」 「적 그리고 사랑 이야기」 「선샤인」 「유로파 유로파」 「디파이언스」 「더 리더: 책 읽어주는 남자」처럼.

목록은 길다. 굉장히 길다.

혹시 1978년 4월 NBC에서 방영된 「홀로코스트」라는 드라마를 기억하는가? 당시 그 4부작 미니시리즈를 시청한 미국인은 수백만 명에 달했다. 독일에서 방영됐을 때는 그 수에 몇백만 명이 더해졌다. 정작 나는 그 드라마를 한 번도 보지 않았다. 대학 새내기 시절 내가 시청한 TV 프로그램이라고는 「새터데이 나이트 라이브SNL」가 전부였다. 작품 속에서 메릴 스트립은 유대인 예술가와 결혼한 기독교도 여성을 연기했다. 일부 평론가들은 미니시리즈가 홀로코스트를 마치 지엽적 문제처럼 다루었다고 비난했다. 텔레비전 드라마가 으레 그렇듯 리얼리즘을 축소하고 비극을 상업화했다는 것이다.

언젠가 나는 아버지에게 그 프로그램에 대한 견해를 물은 적이 있다. (이제 아버지는 그 드라마를 봤는지조차 기억하지 못한다.) 아버지는 과거에 그 드라마를 주제로 뉴욕 북부 지역 라디오와 가졌다는 인터뷰 얘기를 꺼냈다. 그때 아버지는 이렇게 말했다고 한다. 만약 홀로코스트에 대해 전혀 몰랐던 사람들이 그 드라마를 계기로 알게 된다면 "아무것도 하지 않느니보다 낫지" 않겠느냐고.

엘리 위젤은 『뉴욕타임스』 기고문에서 문제의 미니시리즈를 맹비난했다. "이야기는 흥미롭다. 연기도 제법 훌륭하다. 메시지 또한 강렬하다. 하지만 (…) 뭔가 잘못돼 있다. 뭔가? 아니, 전부가."[143] 위젤은 이에 대한 방어적 주장, 그러니까 드라마의 정확한 목표 시청층이 그와는 다른 사람들, 일찍이 알지 못했던 사실을 배워야 하는 사람들이었다는 주장의 타당성을 인정하면서도, 다음과 같은 입장을 고수했다. "그것은 하나의 존재론적 사건을 통속적 드라마로 바꿔버렸다. 의도가 무엇이건 결과는 충격적이다. 어색한 상황과 감상적 에피소드, 황당한 우연이 난무한다. 만약 이런 것들이 당신을 울게 한다면, 당신이 우는 이유는 잘못되었다."

위젤과 같은 생존자들이 1978년에 직면했던 딜레마는 2017년 현재 더 심각해졌고 앞으로도 그럴 것이다. 위젤은 1986년에 노벨평화상을 받았고, 2016년 7월에 사망했다. 그는 무려 57권에 달하는 작품을 남겼는데, 특히 『밤』은 30개의 언어로 번역되었고, 미국에서만 1천만 부가 팔려나갔다. 오손 웰스는 『밤』을 영화로 제작하려 했지만, 위젤이 거절했다고 전해진다. 위젤은 회고록에서 자간의 침묵이 사라지면 이야기의 의미 또한 사라진다고 생각했다.

얼마나 많은 생존자가 한마디 이야기도 남기지 못한 채 사라져갔을까? 정답은 아무도 모른다. 홀로코스트 생존자를 빠짐없이 찾아내 증언을 하나하나 기록하려는 쇼아 재단의 인상적인 노력에도 불구하고, 사는 동안 누구에게도 그 경험을 털어놓지 않은 채 세상을 떠난 이들은 분명 존재할 것이다.

1978년 위젤이 문제의 미니시리즈를 놓고 지당한 격분 속에 쏟아낸 이 글은 오늘날까지 깊은 울림을 준다. 당시 그에게는 반대 담론을 펼칠 의지와 능력이 건재했다.

이에 증인은 진실을 밝혀야 할 의무감을 느낀다. 즉, 당신이 화면에서 본 것들은 실제 그곳에서 일어난 일이 아니다. 당신은 피해자들이 어떻게 살았고 어떻게 죽었는지에 대해 당신이 이제 알게 되었다고 생각할지 모른다. 하지만 당신은 모른다. 아우슈비츠는 설명될 수도, 시각화될 수도 없다. 역사의 극단이건 일탈이건, 홀로코스트는 역사를 초월한다. 그것에 관한 모든 것은 두려움을 부추기고 절망을 유도한다. 죽은 이들을 둘러싼 비밀을 살아 있는 우리가 들춰낼 합당한 이유도 능력도 없다.

그렇다면 해답은 무엇인가? 전해질 수 없는—하지만 전해져야 하는—이야기를 도대체 어떻게 전한단 말인가? 피해자들의 기억은 도대체 어떻게 지켜낸단 말인가? 죽은 이들을 두 번 죽이려는 살인자들의 기도와 공범들의 시도를 우리는 어떻게 막아낸단 말인가? 마지막 생존자가 사라지고 나면 무슨 일이 벌어질 것인가? 나는 알지 못한다. 내가 아는 것이라고는, 실제 증인이 이 드라마에서 자신의 모습을 알아보기란 불가능하다는 사실이다.

홀로코스트는 반드시 기억돼야 한다. 그러나 한 편의 쇼로서 기억돼서는 안 된다.

영화「지옥의 묵시록」은 만들어진 서사의 또 다른 사례다. 여러 면에서 이 작품은 전시 잔혹 행위의 실체를 폐기하고, 베트남 전쟁을 허술하게 다뤘다고 평가된다. 비엣 타인 응우옌의 설명에 따르면, 심지어 베트남 관객들조차 (미국뿐 아니라 베트남에 사는 사람들까지도) 프랜시스 포드 코폴라의 이 영화적 상상력에 너무나 철저하게 빠져든 나머지 정확한 (사실에 입각한) 역사는 제쳐두고 작품이 그려낸 인물과 장면에 몰두하게 된다.

2015년 4월 24일은 이른바 "검은 4월"로 알려진 사이공 함락 40주년 기념일이다. 이날 『뉴욕타임스』 사설란에는 응우옌의 다음과 같은 글이 실렸다.

같은 시간에 베트남계 미국인들은 미국을 위해 싸웠다. 또한 그들은 이 나라에서 자신들만의 공간을 확보하기 위해 고군분투했다. 그들은 베트남 이민자 공동체 가운데 최대 규모를 자랑하는 리틀 사이공의 본거지 캘리포니아주 오렌지카운티에 자신들만의 베트남전쟁기념관을 건립했다. 나란히 서 있는 미군과 베트남군의 동상이 눈길을 끄는 그곳은 더 포괄적인 이야기를 사람들에게 전달한다. 매년 4월이면 난민과 군인과 그들의 자녀로 구성된 수천 명의 인파가 이곳에 모여 자신들의 이야기를 들려주며 이른바 검은 4월을 기념한다. 올해의 검은 4월, 그러니까 40주년 기념일은 우리의 전쟁 이야기를 성찰할 시간이다.[144]

이렇듯 "포괄적"인 기념 방식은 단순히 한쪽으로 치우친 역사 서술의 저울추를 바로잡는 차원을 뛰어넘는다. 또한 응우옌은 (나와 마찬가지로) 거짓된 역사에 근거한 기념 행위가 자칫 군사적 해법을 도모하다 분쟁을 반복하는 쪽으로 우리를 몰고 갈 가능성을 경계한다. 그가 언급한 이른바 "기억 산업industry of memory"은 편견과 왜곡의 위험을 내포한다. 또한 자칫 "우리 대 그들"이라는 대립 구도를 강화함으로써 인간성 말살과 그로 인한 대량학살을 초래할 수 있다.

응우옌은 위의 『뉴욕타임스』 기사를 1년 뒤 자신의 웹 사이트에 올리며, "검은 4월"이라는 문구를 사용하지 않겠다는 결심을 적어넣었다. 왜냐하면 "그것을 극복하기 위해서는 타인들의 고통, 타인들의 세계관까지 인정해야 했기 때문이다. 고로 나는 '검은 4월'을 말할 수 없다. 왜냐하면 그것은 한쪽 시각에서 본 한쪽의 이야기이고, 나는 모두의 시각에서 본 모두의 이야기에 관심이 있기 때문이다."145

———

헬렌은 지금껏 홀로코스트 교육에 헌신해온 사람으로서 어떻게든 나를 돕고 싶어했다. 그래서 나는 그녀에게 홀로코스트를 몸소 겪어낸 사람들이 모두 세상을 떠나면 무슨 일이 벌어질 것 같냐고 다소 직설적인 질문을 던졌다. 나는 그 질문이 무례하거나 부적절했던 것은 아닌지 걱정했지만, 헬렌은 망설임 없이 이렇게 대답했다.

"그 일도 우리와 함께 묻히겠지요. 간단해요. 그 일도 묻힐 거예요."

그녀는 자신의 예측이 극단적인 발상은 아니라고 주장했다. 최근에 그녀가 만난 유대인 청중은 "홀로코스트 이야기의 끝없는 반복"에 대해 우려를 드러냈다고 했다. 헬렌의 한숨이 전화선을 타고 수 마일을 건너 나에게 닿았다.

"심지어 유대인들도 그런다니까. '또 홀로코스트 얘기'냐고." 그녀가 말했다.

대화가 사라져가는 현실에 나는 걱정이 앞섰다. 더욱이 그녀처럼 "지옥에서 5년 반을 견뎌내고" 성인이 되어서는 과거의 교훈을 보전하는 일에 오롯이 헌신해온 생존자에게 그런 현실이 미치는 영향은 분명 상상 이상으로 어마어마할 터였다. "덕분에 내 생존이 유의미해졌지요. 부정적인 것에서 긍정적인 것으로. 부도덕한 것에서 도덕적인 것으로." 그녀는 이렇게 말했다.

헬렌의 걱정이라면 "홀로코스트의 뜻이 번역을 거치면서 유대인의 독점적 함의를 상실하는 것"이었다. "이제 홀로코스트는 하나의 비유적 표현이 돼버렸어요. 거기까진 좋아요…… 하지만 홀로코스트를 피해자들과 함께 묻어버려서는 안 되겠죠?"

나는 이스라엘의 모든 세대가 어린 시절에 읽는 유대 역사책들이 쇼아의 비극적 참상을 지나치게 강조하느라 "유대 역사의 좋은 부분은 하나같이 부차적으로 취급한다"고 불평하던 한 이스라엘 여성을 떠올렸다. 긍정적인 이야기는 왜 제대로 다루지 않는 거죠? 그녀는 알고 싶어했다.

"요즘 세대는 골치 아픈 걸 싫어해요." 헬렌의 이야기가 이어졌다. "지금도 세상에는 불행한 사건들이 넘쳐나는데, 군이 홀로코스트에 관심을 집중할 필요가 없다는 거죠. 하지만 우린 당신 같은 사람들이 필요해요. 어쩌면 그걸 부활시킬 수도 있는 사람들."

"우리 미래는 우리의 증언에 달려 있다"고, 위젤은 경고했다. "아우슈비츠를 잊는 것은 히로시마를, 다음의 히로시마를 정당화하는 것이다. 역설적이지만, 아우슈비츠만이 이 행성을 새로운 히로시마로부터 구해낼 수 있다."[146]

일본어에서 "트라우마"라는 단어는 각각 "바깥"과 "상처"를 뜻하는 두 글자의 조합으로 이뤄져 있다. 트라우마는 가시적 부상, 즉 눈에 보이는 고통이다. 뿐만 아니라 공공연하게 알려져 정체성으로 굳어지고 어쩔 수 없이 단순화된 고통이다.

여기, 재건과 관련된 상징적 실화를 하나 소개한다. 1953년 도쿄와 오사카에서는 16명의 엄선된 "히로시마 아가씨들(원자폭탄 아가씨들!)"이 얼굴과 몸의 심각한 화상을 치료하기 위해 복합적인 수술을 받았다. 열 번의 성공적인 수술 끝에 그들은 이른바 평범한 삶을 재개하기에 충분할 만큼 회복됐다는 판정을 받았다. 그리고 몇 명은 입주 간호인으로 일하며 불우한 아이들을 돌보기 시작했다.

1955년에 그들이 안면 수술의 마지막 단계를 위해 미국의 마운트 시나이 병원에 초청되었을 때, 이들 젊은 여성 가운데 마쓰바라 미요코는 가지 않기로 결정했다. "저는 그냥 미국 여행이 편안하게 느껴지지 않았어요. 원자폭탄을 떨어뜨린 나라잖아요. 저는 혼자 남았습니다."[147]

유명 패션 디자이너 이세이 미야케는 2009년 7월 13일자 『뉴욕타임스』 기고문에서, 오바마 대통령이 "핵무기의 감축만이 아니라 제거를 통해 세계의 평화와 안정을 추구하겠다고 선언"한 일에 대한 자신의 견해를 밝혔다.[148]

그의 발언은 내 안에 깊숙이 묻혀 있던 무엇, 지금까지 내가 쉽사리 논하지 못했던 무엇을 자각시켰다. 나는 오바마 대통령이 말한 "섬광"을 견디고 살아남은 한 사람으로서, 어쩌면 그 어느 때보다 지금, 개인적이고 도덕적인 책임을 다해야 한다는 사실을 깨달았다.

1945년 8월 6일 내 고향 히로시마에 첫 번째 원자폭탄이 떨어졌다. 나는 그곳에 있었고, 겨우 일곱 살이었다. 지금도 눈을 감으면, 절대 그 누구도 경험하지 않았어야 할 일들이 눈앞에 펼쳐진다. 선홍색 불빛, 곧이어 뒤덮인 검은 구름, 필사적으로 탈출하기 위해 사방으로 달리던 사람들, 나는 그 모든 것을 기억한다. 채 3년이 지나지 않아 어머니는 방사선 피폭으로 목숨을 잃었다.

나는 결코 그날에 대한 내 기억이나 생각을 타인과 공유하고 싶지 않았다. 비록 실패했지만, 나는 그 일을 잊으려 노력했고, 파괴가 아니라 창작될 수 있는 것들, 아름다움과 즐거움을 가져다주는 것들에 몰두했다. 자연스레 나는 의상 디자인 분야에 마음이 끌렸는데, 부분적인 이유는 형식이 창의적이고 현대적이며 낙천적이라는 데 있었다.

나는 과거에 의해 규정되지 않으려고 안간힘을 썼다. 나는 "원자폭탄을 견디고 생존한 디자이너"라는 꼬리표를 원치 않았고, 그래서 히로시마에 관련된 질문을 항상 피하며 살아왔다. 나는 그런 것들이 불편했다.

하지만 이제는 깨달았다. 핵무기 없는 세상을 원한다면, 그 주제를 반드시 논해야 한다는 사실을.

———

"우리는 우리 조부모 세대에게 들었거나 듣지 않은 이야기로 빚어졌다." 3세대 작가 사라 와일드먼은 회고록 『종이 사랑Paper Love』에 그렇게 썼다. "이야기들은 촉각적이었지만, 먼지투성이에, 빛이 바랬다. 실재했지만, 전적으로 불가해했다. (…) 우리는 생존자들을 있는 그대로—인간으로, 결함이 있는 존재로, 우리의 가족으로—알고 사랑하는 마지막 세대다. 이제 우리는 우리가 아는 그들의 이야기로 무엇을 해야 할까?"149

"우리 어머니는 나의 예술적 야망을 전폭적으로 지지했다." 3세대 그래픽 아티스트 릴라 코먼은 『죽은 자의 책The Book of the Dead』이라는 작품에 그렇게 썼다. "이유는 궁금하지 않다. 그저 한없이 감사할 따름이다. 하지만 전쟁에서 가까스로 살아남은 할머니와 할아버지를 생각하면 이런 지원이 과분하게 느껴진다. 예술가가 되겠다니, 이 얼마나 안일한 생각인가."150

이 두 3세대의 발언은 마리안 허시가 명명한 이른바 "사후 기억"의 핵심적인 면면을 반영한다. 허시는 아트 슈피겔만의 독창적인 그래픽노블 『쥐』를 1980년대 중반에 출간되자마자 독파했고, 읽는 내내 부모의 홀로코스트 이야기와 기억이 자신의 이야기와 기억보다 더 강력한 지위를 점유했다는 느낌에 반복적으로 휩싸였다. 그녀는 슈피겔만의 작품에 대해 "비록 그의 이야기나 그의 기억은 아니지만, 그는 온전히 그 이야기와 그 기억으로 빚어졌다"고 말했다.151 『쥐』의 출판과 비슷한 시기에 클로드 란즈만의 9시간짜리 영화 「쇼아Shoah」가 공개됐고, 토니 모리슨의 소설 『빌러비드』가 출간되어 평단의 찬사를 받았다. 이러한 "일련의 작품들에는 가족 이야기와 상실의 서사, 상실의 이미지가 결합돼 있었다."

사후 기억에 대한 허시의 개념은 지난 30년 동안 점진적으로 발전해왔다. 그녀는 사후 기억이 "정체성의 체계"라기보다는 "전이의 체계"라고 주장하는 한편, "가족성 사후 기억familiar post memory"—수직적으로 유전된 부모와 친척들의 이야기와 기억—과 "친화성 사후 기억affiliative post memory"—혹은 대중과 집단에게 수평적으로 확장되는 사후 기억—을 구별한다. 역사와 기억과 트라우마에 대한 예술가와 학자들의 대응이 이어질수록 반드시 학제적 접근, 즉 여러 학문의 경계를 아우르는 접근법이 지향되어야 한다고 허시는 이야기한다. 그녀처럼 나도 각 분야의 제노사이드 연구를 (비교하는 차원이 아니라) 연결하는 차원에서 바라봐야 한다고 확신한다. 그러다보면 어느새, 허시의 바람처럼 우리는 "경계를 넘나드는 기억들, 경계가 없는 기억들"을 온전히 받아들일 수 있을 것이다.

———

CBS의 저명한 기자 에드워드 머로는 1945년 4월 갓 해방된 부헨발트 집단수용소를 방문한 뒤, 자신의 라디오 방송 말미에 이런 발언을 했다. "부헨발트에 관해 전해드린 내용을 부디 믿으시기 바랍니다. 저는 제가 보고 들은 내용의 단지 일부만 보도했을 뿐입니다. 대부분의 내용은 차마 말로 표현할 수 없는 것들이니까요. 만약 저의 이 나름대로 순화된 보도가 불쾌하셨다면 (…) 저는 조금도 유감스럽지 않습니다."[152]

해방 후 몇 날 혹은 몇 주 동안 기자들은 "잔혹 행위의 현장을 취재"한답시고 각지의 집단수용소를 무리지어 돌아다녔고, 미국 의회에서는 많은 이가 선동이라고 믿었던 참상의 현장을 직접 확인할 목적으로 대표단을 파견했다. 진상을 알아갈수록 사람들은 그 내용을 전달하기에 적합한 언어적 표현을 찾느라 애를 먹었다. 『휴스턴 크로니클Houston Chronicle』의 월터 기자도 그런 사람 중 하나로, 그는 참상의 증거를 "과장하기란 불가능했다"고 썼다.[153]

『세인트루이스 포스트-디스패치』의 발행인 조지프 퓰리처는 "마치 시신들의 캐리커처를 보는 기분"이었다고 적었다.[154]

———

생활 히브리어를 영어로 소개하는 이스라엘 팟캐스트 '스트리트와이즈 히브루Streetwise Hebrew'의 최근 에피소드에서 가이 샤렛은 현대 히브리어 사전에 갓 등록된 흥미로운 일상 관용구와 은유적 표현 가운데 쇼아sho'a라는 단어와 관련된 문구들을 집중적으로 소개했다. 우리는 이 상황을 어떻게 이해해야 할까?[155]

샤렛은 "그것이 단지 낱말과 관습이 변화해온 과정을 보여줄 뿐"이며, "희생자나 생존자를 무시하려는 의도와는 무관"하다고 말했다. 문제의 에피소드에 관한 로즈 캐플런의 『태블릿』지 기사에 따르면,

쇼아라는 낱말은 이제 대체로 모든 상황에서 (심지어 이스라엘 정치인들

에 의해서도) 사용된다. 가령 샤렛의 말마따나 어딘가에 줄을 서 있던 사람이 "ani bator ba'bank sho'a po(나 지금 은행에 줄 서 있는데, 여기 완전 쇼아 같아)"라고 말할 수도 있단 얘기다. 나 같은 사람은 이런 표현을 들으면 굉장히 마음이 불편해진다. 하지만 이스라엘에서는 이런 식의 언어 조합이 그리 드물지 않다고 샤렛은 주장한다. 그저 "줄 서 있는 사람이 많다, 정말 혼란스럽고 불쾌한 상황이다"쯤으로 이해하면 적당하다는 것이다. (또한 샤렛은 그 단어의 형용사적 형태인 쇼아티sho'ati, 즉 "쇼아 같은"에 대해서도 언급했다.)

"사회가 변화할수록 기억하는 방식도 유연하게 달라져야" 한다고, 샤렛은 결론지었다.

———

〈증거 보관실The Evidence Room〉은 2016년 베니스 건축 비엔날레에 전시되었다. 설명에 따르면 그 작품은 "건축의 양면적 가능성, 즉 무참한 위해의 수단이 될 가능성과 거짓에 맞서 진실을 드러내줄 가능성을 동시에 상기시키는 인상적 설치미술로 (…) 절묘하고도 정중하게 참상의 내용을 전달했다는 점에서 섬세한 균형 감각이 돋보였다."156

역사학자 데버라 립스탯이 저서에서 데이비드 어빙을 홀로코스트 부정론자로 일컬었다는 이유로 어빙이 립스탯을 고소한 2000년의 명예훼손 재판에서 영감을 얻어 제작했다는 전시실 벽들은, 아우슈비츠에 가스실이 없었다는 어빙의 주장에 맞서 재판 당시에 제출된 사진과 드로잉, 청사진, 문서들을 재현한 석고 부조들로 채워졌다.

입구 근처에 적힌 글에서는 죽음의 수용소를 "건축가들이 저지른 가장 중대한 범죄"라고 묘사했지만, 정작 전시실 내부에는 최소한의 설명 문구만이 존재했다.

"가볍게 보고 지나치는 사람들도 있겠지만, 그런 관람도 의미가 있습니다. 우리는 관심을 끌기 위해 소리치지 않습니다. 그보다는 헨젤이 숲속에 남긴 빵 부스러기처럼 실마리를 슬쩍슬쩍 남겨두죠." 건축가이자 창작팀 구성원인 도널드 매케이가 말했다.

『뉴욕타임스』 기사에 따르면, 〈증거 보관실〉은 "영묘하리만큼 차분한 분위기를 자아냈다. 그것은 아름다움에, 그리고 어쩌면 「쇼아」를 연출한 클로드 란즈만 감독의, 홀로코스트를 직접적으로 표현하지 말라는 경고를 위반하는 행위에 불편하리만큼 다가서 있었다."

"마음 한구석에선 늘 그런 생각을 품어왔어요." 건축사학자 로베르트 얀 반 펠트가 말했다. 그는 보존이란 명분하에 죽음의 수용소들을 "일종의 테마파크"처럼 개조하려는 움직임에 줄곧 비판적인 견해를 드러내온 터였다.

작품을 오로지 흰색으로만 제작한 부분에 대해 데버라 립스탯은, 비록 프로젝트에 직접 참여하지는 않았지만, 이렇게 말했다. "만약 그저 사진과 문서를 보관하는 방이었다면, 이렇게까지 시선을 압도하지는 못했을 거예요. 정말이지 대담한 작품입니다."

———

"미국홀로코스트메모리얼박물관의 건립을 계획할 당시, 인공 유물 진품은 그 역사를 공유하는 데 필수적인 요소로" 여겨졌다고, 박물관 지부장 안드레스 아브릴은 설명했다. "그러다 공사가 반쯤 진행된 1990년대 초반 첫 번째 인공 유물이 건물 안에 내려졌어요…… 마치 엘리 위젤이 말한 '살아 있는 기념비'의 박동하는 심장을 박물관에 들여놓는 기분이었죠."[157]

인공 유물들 덕분에 "박물관의 수백만 관람객은 역사적 교훈 이상으로 훨씬 더 실체적이고 개인적인 무엇을 경험하게 됩니다……. 모든 인공 유물은 인간을, 가족을 대변합니다. 그러니까 모든 인공 유물이 기념비라는 뜻이죠." 아브릴은 이렇게 덧붙였다.

1993년 4월 26일 박물관은 대중에게 개방되었다. 첫 방문객은 티베트의 종교 지도자인 14대 달라이 라마였다.

워싱턴 D.C. 출신의 (아프리카계 미국인) 리베카 두파스는 "그 박물관을 처음 방문했을 때 고등학생이었다. 그녀는 현재 그 박물관의 코디네이터로서 청년과 공동체 협력 및 계획과 관련된 업무를 진행 중이다. 십대 시절에 두파스는 신발들(수감자들의 압수된 신발 더미로 채워진 진열장)을 보고는 '뭔가에 얻어맞은 듯한 기분'을 느꼈다. '이것은 수백만 명의 이야기인 동시에, 수백 번씩 몇 번이고 반복되는 한 사람의 이야기'라는 사실을 그녀는 그 신발들을 보면서 깨달았다. '신발들은 홀로코스트를 개개인의 이야기로' 느끼게 만들었고, 이는 그녀에게 '결코 잊지 못할 감정이자 교훈'이었다."[158]

———

다음은 마리안 허시의 저서 『집의 유령들: 체르노비츠의 사후세계

Ghosts of Home: The Afterlife of Czernowitz』에서 발췌한 내용이다.

체르노비츠에 대한 나의 "기억"은 "사후 기억"이라고 나는 결론지었다. 내 성장기를 둘러싼 이야기와 이미지와 행동들이 빚어낸 그것은 결코 완전한 그림이나 연속적인 이야기로 귀결되지 않았다. 내 기억들에 그림자를 드리우는 그것의 힘은, 분리되고 모순되고 해체되고 흩어진 채 나에게 대물림된 바로 그 겹겹의 층—긍정적인 동시에 부정적인—에서 유래했다.[159]

허시는 홀로코스트 특유의 '말할 수 없음'과 '말하지 않음'의 패러다임이 실제로 트라우마에 관련된 유일한 반응은 아닐 수 있다고 조심스레 주장했다. 이는 역사학자이자 기억학자인 그녀가 다양한 문화와 세대에서 대두되는 다양한 패러다임을 지속적으로 탐구한 끝에 얻어낸 결론이었다. 그녀는 남아프리카공화국 진실화해위원회라든가 제2차 세계대전 당시의 게토와 파르티잔에게서 지속적으로 발견되는 기록과 증언 자료를 거론하며 "거기에는 활동주의와 저항, 용서의 패러다임도 존재한다"고 말했다.[160]

가령 아래의 발췌문을 보자. 2013년 "홀로코스트 서사를 바꾸는 20장의 사진Twenty Photos That Change the Holocaust Narrative"이라는 제목으로 몇 장의 이미지와 함께 온라인에 등장한 이 글은 삽시간에 곳곳으로 퍼져나갔다.[161]

피해자들. 무력함. 짓밟힘.

홀로코스트 이후로 지난 70년 동안 유대인에 관련된 서사는 대개 이러한 정서를 중심으로 흘러갔다. 우리는 상처를 감수하고 이러한 정서를 끌어안았다. 우리는 우리 내부의 힘을 자각하고 도전적으로 굳세게 맞서는 대신, 세상으로 달려가 우리가 박해의 피해자라고 외치는 쪽을 택했다. 마치 그러지 않고서는 반유대주의를 언급하지 못하는 것처럼.

홀로코스트는 우리에게 흉터를 남겼다. yetzer hara, 즉 우리 머릿속의 이 음험한 목소리는 우리 과거가 우리를 규정하고 우리에게 벌어진 일들이 우리를 조종한다는 이야기로 끊임없이 우리를 자극하는 한편, 우리가 그러한 순간들을 성장의 전기로 삼지 못하도록 방해를 일삼아왔다. (…)

하지만 다른 이미지들도 존재한다. 그 이미지들은 더 미묘하고, 더 진실한 이야기를 드러낸다. 그리고 그 이야기는 우리 내부의 힘을 드러낸다. 우리가 스스로 이해할 수 없는 상황을 마주하는 동안 우리 내부에 이는 혼란을 드러낸다. 정의를 쟁취하려는 우리의 시도들을 드러낸다. 과거를 넘어 새로운 미래를 향해 나아가려는 우리의 마지막 걸음걸음을 드러낸다.

그로부터 3년 뒤 동일한 사이트에는 "홀로코스트의 서사를 바꾸는 20장의 추가적 사진들Twenty More Photos That Change the holocaust Narrative"이라는 제목으로 후속 게시물이 올라왔다.[162] 사진의 소개 글에는 다음과 같은 내용이 추가되었다. "그처럼 '새로운' 서사에 대한 사람들의 열망은 내 예상을 훌쩍 뛰어넘는 것이었다. 짧다면 짧은 그 시간 안에 참으로 많은 변화가 이루어졌다. 세상은 날이 갈수록 더 혼란하고 더 무섭고 더 불균형하게 변해가는 듯하다. 유럽에서 도망치는 유대인은 다시 나날이 늘어간다. 미국에서는 소수자들을 향한 분노가 또다시 들끓기 시작했다. ISIS와 같이 무시무시한 현대판 나치스가 촉발시킨 증오는 세계 전역으로 들불처럼 번져나간다."

———

혹자의 말에 의하면, 트라우마 이후 침묵하는 시기와 그것을 스토리텔링의 형태로 증언하는 시기 사이의 거리는 갈수록 짧아지는 듯하다. 가령 단편소설집 『두 고층 건물의 그늘에서In the Shadow of the Towers』에 관한 조슈아 로스먼의 『뉴요커』 논평에 따르면, 사건 발생 14년 뒤에 출간된 그 선집에는 "9·11 테러에 영감을 받아 탄생한 20편가량의 사색적인 소설이 실려 있는데, 저자들은 감당하기 힘든 감정 앞에서도 당당히 삶을 재건하고 지속하기 위해 애쓰고" 있었다.[163]

또한 그 책은 "9·11 이후의 삶에 과도기가 도래했음을 알리는 일종의 상징"이었다. "비극이 발생한 직후에는 그와 관련하여 대중문화의 무분별한 개입을 거부하는 방어적인 기운이 조성되지만, '시기상 너무 이른' 상태가 영원히 지속될 수는 없을뿐더러, 그 어떤 사건도 상상력의 손길을 영구히 뿌리칠 수는 없다"고 로스먼은 주장했다. 이어서 그는 "신중하고 사실적인" 단계를 지나 "모종의 경계를 가로지르는" 순간에 도달한 사례들을 연이어 제시했다.

노예 제도에 관한 서부 복수극(「장고: 분노의 추적자」)이나 홀로코스트에 관한 희비극(「인생은 아름다워」), 베트남에 관한 공포영화(「야곱의 사다리」)의 제작은 예전부터 가능했다. 이라크 전쟁이나 테러와의 전쟁에 관련해서도 우리는 경계를 일찍이 가로질렀다. 영화「허트 로커」와 드라마「홈랜드」, 그리고 완성은 했지만 출시가 불발된 비디오 게임 '팔루자에서의 6일Six Days in Fallujah'은 현실의 삶을 오락물로 바꿔놓았다. 결국 우리는 9월 11일에 관해서도 경계를 가로지르게 될 것이다. 언젠가는 9·11 비디오 게임이나 9·11 로맨스 소설도 등장할 것이다.

————

이제는 간단한 온라인 검색으로도 이른바 "인종청소 비디오 게임"을 쉽게 발견할 수 있다.

"셸쇼크Shellshock 전쟁신경증, 포탄 충격이라는 뜻"라는 비디오 게임도 어렵지 않게 발견된다.

"남'67Nam'67은 베트남 전쟁을 배경으로 한 삼인칭 슈팅 게임으로, 게임 캐릭터는 새로이 파견된 미군 병사다."

————

「인생은 아름다워」는 1997년에 개봉한 이탈리아의 코미디 드라마다. 감독과 주연을 맡은 로베르토 베니니는 빈센조 세라미와 함께 각본에도 참여했다. 베니니가 연기한 귀도 오레피스는 책방을 운영하는 유대계 이탈리아인이다. 그는 나치 집단수용소에 갇혀 있다는 공포로부터 아들을 지키기 위해 풍부한 상상력을 동원한다. 영화는 『결국 나는 히틀러를 이겼다Ho sconfitto Hitler』라는 책에서 부분적인 영감을 얻었는데, 저자인 루비노 로메오 살모니와 베니니의 아버지는 제2차 세계대전 당시 독일의 노동수용소에 2년 동안 수감된 적이 있었다.

베니니는 역사를 다소 부정확하게 묘사함으로써 영화 속 이야기를 "진짜 홀로코스트"와 구별하려 했다고 설명했다.

"오직 생존자 다큐멘터리와 존엄한 진실만이 이 비극의 실체를 말해줄 수 있습니다. 그 외의 것들은 가벼운 모방에 불과해요. 저는 그 비극을 무겁게 인식했고, 그래서 먼 거리에 머물렀습니다. 비극은 일깨울수록 강렬해집니다. 저는 토마토 수프를 쓰지 않아요. 가짜 피를 만들지 않습니다."[164]

"이 영화를 꿈이라고 생각하세요." 그는 이렇게 충고했다.

「인생은 아름다워」는 작품성과 흥행 면에서 두루 성공을 거두었다. 하지만 찬사와 더불어 상당한 비판을 감내해야 했다. 홀로코스트라는 주제를 희극적으로 이용했다는 일각의 비난에도 불구하고 영화는 예루살렘 영화제에서 최고의유대인경험상Best Jewish Experience Prize을 수상했다("침묵에도 질이 있다는 말이 어떻게 들릴지 모르겠지만, 이스라엘에서 이 영화를 보는 동안의 침묵은 정말이지 견디기 힘들더군요.").[165] 또한 1998년 칸 영화제에서는 그랑프리를 거머쥐었고, 이탈리아에서도 다수의 영화제에서 수상했으며, 아카데미에서는 베니니가 받은 남우주연상을 포함해 3관왕을 차지했다.

반면 비판적인 시선도 존재했다. 가령 BBC 평론가 톰 도슨은 베니니의 영화에 대해 "가장 참혹한 상황에서 빛을 발하는 상상력과 순수와 사랑을 찬양할 의도가 엿보이지만, 궁극적으로는 홀로코스트 피해자들의 고통을 경박하게 다룬 감상적 판타지"라고 폄하했다.[166] 더 신랄한 비평도 있었다. 『엔터테인먼트위클리』의 오언 글리버맨은 베니니의 영화가 "홀로코스트를 훈훈하게 다룬 최초의 신파극이라는 점에서 모종의 위업을 달성한 것만은 분명"하다고 비꼬았다.[167]

이처럼 곱지 않은 시선을 외면하더라도, 딜레마는 여전히 존재한다. 이야기(말하기와 듣기 모두)를 향한 열망과 말하기(그리고 듣기)가 거의 불가능한 현실 사이에서 균형을 잡는 방법은 무엇일까? 앎에 대한 욕구와 앎에는 한계가 있다는 자각 사이의 지속적인 긴장은 또 어떻게 달래야 할까? 나는 「인생은 아름다워」를 보자마자 부모님에게 전화해, 영화를 어서 보라고 재촉했다. 영화의 모호성과 독창성에 매료된 나머지, 부모님의 감상평이 듣고 싶어졌기 때문이다. 며칠 뒤 아버지는 내게 전화해, 영화가 "놀랍도록 사실적이고 정확하더라"는 평을 들려주었다.

———

『잃어버린 것: 육백만 중의 여섯을 찾아서』의 저자 대니얼 멘델슨은 이런 말을 했다. "수많은 사실이 끝내 밝혀지지 않은 채 남겨질 것이다. 하지만 우리는 안다. 그들이 한때는 자아를 지녔고, 구체적인 존재였고, 자신들의 삶과 죽음의 주체였다는 사실을. 단순히 좋은 이야기라는 목적을 위해, 회고록이나 마술적 사실주의 소설이나 영화를 위해 조종당하는 꼭두각시 인형은 아니었다는 사실을."[168]

———

다음은 해럴드 포터라는 군인이 미시간에 사는 부모에게 보낸 편지글이다. 그의 부대는 다하우 집단수용소를 해방시켰다. 편지지에는 전임 수용소 사령관의 이름이 박혀 있었다.

어떤 말씀부터 드려야 할지…… 이제야 저는 처음에 받은 정신적 충격에서 어느 정도 벗어났습니다. 정신 나간 바보처럼 횡설수설하지 않고도 글을 쓸 정도는 되니까요. 하지만 제가 아무리 객관적으로 집중해서 설명해드려도 제 말을 선뜻 믿기는 어려우실 거예요. 심지어 저도 제 눈으로 확인한 사실들을 애써 부정하고 있는걸요. 지난 며칠 동안 제가 목격한 장면들은 제 남은 인생 동안 제 성격에 반드시 어떤 식으로든 그늘을 드리울 것입니다. (…) 글로 접했을 때와는 차원이 다르니까요. 눈으로 보기 전에는 믿을 수 없을 만큼 이곳의 실상은 참혹합니다.[169]

———

아우슈비츠 두루마리Scrolls of Auschwitz는 존더코만도 대원들의 친필 기록으로, 1944년 화장터 자리에 묻혔다가 1944년에서 1980년 사이 고고학 연구의 일환으로 과거의 가스실과 화장장 건물 잔해 부근을 발굴하던 중 은닉처 여덟 곳이 우연히 발견되면서 작성자 5인과 그들의 이야기가 세상에 알려지게 되었다.

저자들의 신원은 각각 잘만 그라도프스키와 하임 헤르만, 레브(랑푸스), 잘만 레벤탈, 마르첼 나자리로 밝혀졌다(나머지 한 명은 여태 무명으로 남아 있다). 이들 중 전쟁이 끝나고도 살아남은 사람은 나자리가 유일하다. 그는 1971년에 뉴욕에서 사망했다.

니컬러스 체어와 도미닉 윌리엄스는 근작 『증언에 관하여: 아우슈비츠 두루마리 해석Matters of Testimony: Interpreting the Scrolls of Auschwitz』에 대해 논하는 과정에서 문제의 문헌을 다음과 같이 설명했다.

아우슈비츠 생존자가 증언하는 존더코만도 이야기는 그들의 비굴한 처지가 섬뜩하고 이해되지 않는다는 반응이 주를 이룬다. 그들은 대개 술 취한 짐승으로, 겨우 몇 달 더 살아보겠다고 같은 유대인을 배신한 기회주의자로 묘사돼왔다. 그럼에도 제법 동정적인 작가들은 그들을 정신적 상처로 감정이 메마른 인간으로 묘사했고, 심지어 그 특공대의 만행을 몸소 겪은 생존자가 그들을 가혹한 운명을 견디느라 내면적 삶을 송두리째 포기해야 했던 존재로 회상하는 경우도 더러 있었다. 아우슈비츠 두루마리는 존더코만도들이 스스로 지옥의 심장부라고 묘사한 곳에서 전하는 솔직한 목소리를 들어볼 기회를 우리에게 제공한다. 우리는 그들을 전설의 자동인형이 아닌, 느끼고 생각하는 사람으로 마주하게 된다.[170]

2015년의 영화 「사울의 아들」은 이러한 기록들을 근거로 제작되었다. 영화는 가장 악명 높은 집단수용소의 가장 혐오스러운 살인 현장 내부에서 어느 존더코만도가 보낸 하루를 갑갑하리만큼 과감한 클로즈업을 통해 묘사한다. 주인공은 영화가 끝날 때까지 거의 입을 열지 않는다. 표정도 거의 없다. 그의 팔다리는 마치 개인적인 의지라고는 없이 무언가에 조종당하는 죽음의 기계처럼 기능을 수행한다.

기디언 그리프는 생존해 있는 존더코만도 여덟 명을 인터뷰한 내용을 『우리는 눈물 없이 울었다We Wept Without Tears』라는 저서에 담아냈다. 인간으로서 어떻게 그런 광경을 눈앞에서 바라볼 수 있었느냐는 그리프의 질문에 그들은 즉시 비슷한 답변을 내놓았다. "우리는 인간이 아니었습니다."[171]

나치스는 존더코만도를 주기적이고 체계적으로 살해했다. 단 한 사람의 증인도 남기지 않음으로써 자신들의 범죄 증거를 없애려는 작전의 일환이었다. 뿐만 아니라 전쟁이 끝난 1944년 11월에는 수용소의 지휘자들이 가마와 화장터 건물을 모조리 철거하라는 명령을 내렸다. 또한 1945년 1월 20일에는 나치 친위대가 제거되지 않은 모든 시설을 폭파시켰다.

하지만 아우슈비츠 두루마리, 그러니까 이들 존더코만도가 애써 작성해 땅에 묻어둔 증언 기록물 덕분에 우리 모두는 그들이 남겨둔 기억의 수령인이 되었다. 우리는 모두 증인이다. 또한 영화 「사울의 아들」을 관람한 전 세계 수백만 명도 증인이 되어간다고 나는 생각한다.

———

비교적 최근에 미국 공영 텔레비전의 프로그램 「프런트라인」에서는 「엑소더스Exodus」라는 다큐멘터리를 방영했다.[172] 이 두 시간짜리 영화는 시리아와 아프가니스탄, 감비아를 비롯한 여러 나라(도합 26개국) 출신의 난민들이 피난처를 찾아가는 험난하고 두려운 여정을 찍은 장면들로 구성되었다. 그들은 실제로 도피하는 와중에—은신처에서, 가라앉는 보트에서, 트럭과 열차와 임시 수용소 안에서, 국경을 건너고 경찰을 피해 도망치면서—장면들을 직접 촬영했다. 그래서 그들의 경험은 마치 현재, 그러니까 실시간처럼 우리에게 다가온다. 장면들 사이사이에는 난민들이 무사히 여정을 끝마쳤다는 사실을 확인시키듯, 지나온 여정을 돌아보는 인터뷰가 삽입돼 있다.

"누구든 난민이 될 수 있습니다." 이렇게 말하는 하산은 다마스쿠스에서 영어 교사였지만, 정부군에 쫓겨 집을 버리고 도망쳤다. "이건 내가 선택할 수 있는 문제가 아니에요. 내게 닥치는 문제죠."

———

"첫 편지들"이라는 프로젝트가 있다. 이스라엘의 야드 바셈 홀로코스트 박물관Yad Vashem Holocaust Museum에서 기획한 그 행사의 주요 전시물은, 홀로코스트 피해자 가운데 자신들이 겪은 참상을 굉장히 이른 시기, 그러니까 전후 며칠이나 몇 주, 혹은 몇 달 안에 누군가에게 알리려 했던 사람들이 써내려간 기록들이다.

『태블릿』 기사에서 설명한 것처럼 "편지들은 해방된 바로 그 시기에 생존자들이 자신들과 자신들의 상황, 자신들의 미래에 대해 어떻게 느끼고 생각했는지에 대해 유례없이 강렬한 일별을 우리에게 선사'한다고, 프로젝트의 지휘자이자 야드바셈국제홀로코스트연구협회 Yad Vashem's International Institute for Holocaust Research 이사인 이엘 니담오르비에토는 말했다."[173]

"전달하는 감정은 저마다 다양했지만, 편지들의 첫 문장은 대부분 '저는 살아남았고, 살아 있습니다'였다. 마치 살아남음과 살아 있음이 철저히 다른 존재 방식인 것처럼."

이렇게 암울한 편지를 보내는 저를 용서하세요. 이제 다시는 그런 이야기를 하지 않을게요. 이제부터는 행복한 편지, 미래에 대한 희망으로 가득한 편지를 쓸게요…… 하지만 이 모든 일을 겪고도 아무렇지 않을 사람은 없을 거예요. 끔찍한 기억과 죄책감이라는 깊은 흉터가 남겠죠.

"생존자 가운데 일부는 자신들의 경험을 가까운 이들에게 털어놓기를 주저했다. 말해도 믿어주지 않으리라는 생각 때문이었다. '생존자들은 자신들의 경험이 지나치게 고통스럽고 끔찍하다고 느꼈어요. 그래서 그게 사실이라는 걸 가족들에게 강박적으로 강조하곤 했죠.' 이렇게 말하며 니담오르비에토는 당시 홀로코스트 관련 뉴스를 둘러싸고 만연해 있던 회의주의에 대해 지적했다."

너는 그걸 절대 이해할 수 없을 거야. 설령, 그런 일은 없어야겠지만, 네가 그곳에 있었다 해도 말이야…… 그 사디즘과 결여된 인간성을 너는 온전히 이해할 수 없을 거야.

"그 편지들은 생존자들이 다른 곳에서는 거의 말하지 않은 정보들을 담고 있었다. 니담오르비에토의 말마따나 '생존자들은 차마 말로 전할 수 없는 이야기들을 글로' 전할 수 있었다."

———

최근에 아우슈비츠-비르케나우 박물관Auschwitz-Birkenau Memorial Museum을 방문한 어느 생존자는 그녀의 손가락 끝을 따라 움직이는 카메라에 대고 이렇게 말했다.
"여긴 절대 제가 있던 곳이 아니에요. 보세요. 푸른 잔디라니."

『쇼아, 홀로코스트의 구술사Shoah, an Oral History of the Holocaust』(영화「쇼아」의 시나리오 전문)는 그 9시간 30분짜리 영화의 공개와 동시에 출간되었다. 홀로코스트의 실제 기록영상은 단 한 컷도 사용하지 않은 그 작품에 대해 시몬 드 보부아르는 직접 쓴 서문에서 이렇게 말했다.

> 허구와 다큐멘터리의 경계에서 「쇼아」는 장소와 목소리와 얼굴이라는 놀랍도록 경제적인 수단만을 동원해 과거를 재현해내는 데 성공했다. 클로드 란즈만의 작품이 위대한 이유는 장소들을 말하게 하고, 목소리로 그것들을 되살리고, 말의 한계를 넘어, 차마 말할 수 없는 것들을 사람들의 표정으로 전달한다는 데 있다. (…)
> 영화를 본 모든 사람과 마찬가지로 나는 과거와 현재를 뒤섞는다. 일전에 나는 「쇼아」의 놀라운 측면이 바로 이 뒤섞음에 있다고 말한 적이 있다. 거기 덧붙여, 나는 아름다움과 공포가 그런 식으로 조합되리라고는 결코 상상해본 적이 없다고도 말해야 할 듯싶다. 이런 조합은 유미주의와 무관하다. 오히려 그러한 독창성과 엄격함은 공포를 극대화하고, 관객은 자신이 보고 있는 그 작품이 얼마나 위대하며, 완전무결한 걸작인지를 깨닫게 된다.[174]

한편 란즈만은 책 머리말에 이렇게 적었다. "나는 스스로의 눈을 의심하며 이 무자비한 텍스트를 읽고 또 읽는다. 이상한 힘이 그것을 빈틈없이 채우고 있는 느낌이다. 그것은 저항한다. 그것은 스스로의 삶을 살아간다. 그것은 참사에 관한 글이고, 이는 내게 또 하나의 미스터리다."

———

"오늘, 바로 이날, 내가 테이블에 앉아 글을 쓰고 있는 지금, 나는 이러한 일들이 실제로 일어났다는 것을 스스로 확신하지 못하고 있다." 아우슈비츠 생존자 프리모 레비는 저서 『이것이 인간인가Se Questo è un Uomo』에 그렇게 썼다. 레비는 이 회고록을 아우슈비츠 수용소에서 집필했고, 원고를 완성한 뒤에는 거의 곧바로 파기해버렸다. 그리고 해방 후 1년이 지나기 전에 그 원고를 (다시) 집필해 출간했다.[175]

———

레이첼 도나디오는 2015년, 그러니까 내가 아버지, 조카, 사촌과 함께 부헨발트를 방문한 그 시기에 『뉴욕타임스』에 이런 기사를 썼다.

아우슈비츠를 방문하기란, 불가해하지만 묘하게 친숙한 장소를 발견하는 일이다. 수많은 사진과 영화, 책, 개인적 증언이 공개된 이후로 사람들 사이에는 그곳을 마치 죽음의 수용소를 재현한 영화 세트장처럼, 실재의 장소가 아니라 음울한 영화적 상상력의 산물처럼 여기려는 분위기가 조성된 듯하다.

하지만 유감스럽게도, 그곳은 실재한다.

이런 이유로, 아우슈비츠-비르케나우 집단수용소의 현장 유지 기금을 조성할 목적으로 2009년에 설립된 동명의 재단은 줄곧 "진본성authenticity 보존"을 지도철학으로 내세워왔다.

(…) "우리의 일은 이 수용소를 건설한 나치스의 초기 계획을 거스르는 것입니다. 그들은 이곳이 존속되기를 바라지 않았어요. 우리는 이곳이 존속되도록 만들고 있고요." 안나 로푸스카(31세)는 이렇게 말했다. 그녀는 그곳을 보존하기 위한 장기적 마스터플랜의 감독자다.

그녀가 설명하는 재단의 전략은 "최소한의 개입"이었다. 핵심은 물건과 건물의 보존이지 미화가 아니었다. 매년 사망하는 생존자가 많아질수록 작업의 중요성은 높아져갔다. "20년쯤 뒤에는 오직 이 물건들만이 이 장소를 대변하게 될 것"이라고, 그녀는 말했다.

(…) 넬 자스트르제비오프스카(37세)는 종이 문서 관리자다. 그녀는 고무지우개로 파일 속 문서들의 더러움을 제거하는 작업에 한창이었다. 문서들의 정체는 아우슈비츠 편지지에 독일어로 적은 편지들이었다. 내용은 대체로 희망적이었는데, 검열을 피하려는 고육책이었다. 가령 "건강히 잘 있다"고 운을 떼고는, "돈을 부쳐달라"고 덧붙이는 식이랄까.

가까운 테이블에는 한때 그 죽음의 수용소 내 오케스트라가 연주한 차이콥스키 교향시 「이탈리아 카프리치오」 작품번호 45의 세컨드 호른 파트보가 놓여 있었다. 자스트르제비오프스카는 그 종이를 원형 그대로 보존할 계획이라고 밝혔다. 얼룩들을 남겨둠으로써 악보들을 넘겼던 흔적을 사람들이 볼 수 있도록 말이다. "물건들은 반드시 그것들의 역사를 보여줘야" 한다고, 보존부 총책임자 욜란타 바나스마치아슈치크(36세)는 말했다.

"시간을 멈출 수는 없어요. 하지만 늦출 수는 있죠." 자스트르제비오프스카가 말했다.

자스트르제비오프스카의 남편 안제이 자스트르제비오프스키(38세)는
금속 물품 관리자였다. 그는 유리 진열장 속 모든 안경을 세척하는 작업
에 3개월을 바쳤는데, 세월의 흔적은 유지하면서 더 이상의 부식은 방지
하기 위해 공을 들였다. "전시된 상태에서는 안경들이 하나의 큰 무더기로
만" 보였다. 하지만 막상 작업실에서 하나하나 살펴보니, 어떤 것은 나사
자리에 굽은 바늘이 끼워져 있고, 어떤 것은 안경다리가 고쳐져 있었다.
"그러다 언젠가부터 이 거대한 안경 더미가 사람들로 보이기 시작"했다.
또한 이렇듯 "개별적 특징에 집중"하다보니 작업이 지겨워질 틈이 없었다
고, 그는 말했다.

2009년에는 "Arbeit Macht Frei", 즉 "노동이 그대를 자유롭게 하리라"라는
문구가 적힌, 수용소 입구의 악명 높은 철제 간판이 도난을 당했다. 간판
은 며칠 뒤 폴란드를 벗어난 장소에서 세 동강 난 상태로 발견되었다. (얼
마 뒤에는 네오나치 타이를 맨 스웨덴 사람 한 명과 폴란드 사람 두 명이
범인으로 붙잡혀 기소되었다.) 간판은 용접을 거쳐 한 덩어리로 복원되었
고, 자스트르제비오프스키도 그 작업에 참여했다. 하지만 용접한 흔적은
간판의 오랜 역사보다 문제의 도난 사건을 더욱 뚜렷하게 상기시켰다. 결
국 박물관은 훼손된 간판을 복제품으로 대체하는 쪽이 진본성에 더 부합
한다는 결정을 내렸다.[176]

———

"우리는 여기서 공허와 침묵을 봅니다. 바로 그 두 가지가 이 기
념조형물의 주재료였죠." 이스라엘 출신의 예술가 미하 울만은 그
의 설계로 베를린 도심에 설치된 기념조형물 〈텅 빈 도서관Versunkene

Bibliothek〉을 앞에 두고 이렇게 말했다.[177] 얼핏 그 조형물은 광장 한복판의 포석들 사이에 놓인 네모난 유리판처럼 보였다. 하지만 유리판 아래를 들여다보면, 지하의 공간과 벽을 따라 세워진 텅 빈 책장들이 모습을 드러냈다. 이 〈텅 빈 도서관〉은 1933년 5월 10일 나치가 유대인과 공산주의자, 평화주의자들의 저서 약 2만 권을 베를린의 심장부 베벨 광장에서 불태운 이른바 베를린 분서 사건의 60주년을 맞아 1995년에 제작되었다.

"이 유리판을 바라보면 반사된 하늘이 보입니다. 베를린의 하늘답게 대개는 구름도 보이죠. 저는 그 구름들이 연기를 닮았다고 생각합니다. 이 도서관의 책들은 거의 매일 불태워지는 셈이고요."

그의 말이 적힌 기사를 읽고 있자니 "부재의 존재"가, 상실의 무형적 잔해를 보존하려는 모순적인 움직임들이 다시금 머릿속에 떠올랐다. '비어 있음'과 '형언할 수 없음'을 재료로 하여 제작된 기념조형물이라니.

"본질적으로 공허는 불에 타지 않습니다. 이 도서관은 불에 타지 않습니다. 관념과 생각은 불에 탈 수 없습니다. 도서관은 마치 구름처럼 무한한 환경 속을 떠다닙니다." 미하 울만은 이렇게 말했다.

기획 단계에서 울만은 참고삼아 이스라엘의 고고학 유적지인 터널과 동굴들, 그리고 부헨발트와 비르케나우를 둘러봤다고 했다. 이러한 장소와 공간은 텅 빈 도서관 디자인의 근간이 되었다. 베벨 광장에 서서 그는 이렇게 말했다. "저는 광장 주변의 분주한 환경을 보았습니다. 웅덩이들에 비친 하늘을 보았습니다. 타오르는 불길과 침묵을 보았습니다. 그 침묵은 거짓말 같은 현실을 극복하려는 노력입니다. 마치 홀로코스트 기념일에 울리는 사이렌처럼 말이죠."

———

2016년 7월 19일 프라하 유대인 박물관Židovské Muzeum v Praze은 게임 '포켓몬 고'와 관련하여 다음과 같은 공식 입장을 발표했다.

프라하 유대인 박물관은 아우슈비츠-비르케나우 박물관과 워싱턴 홀로코스트메모리얼박물관을 비롯한 여러 기념 기관의 공식 입장에 준하여, 역사적으로나 주제적으로 전쟁의 고통과 결부된 장소에서 포켓몬 고를 즐기는 행위가 기념지들의 엄숙함을 고려할 때 지극히 부적절하고 무감각하며 불온하다고 판단했습니다. 본 박물관은 경내가 게임에 사용되지 않도록 가능한 모든 수단을 동원할 것이며, 이에 방문객들의 너그러운 양해를 구합니다.

———

퇴역한 미군 전차장 존 홈스는 짤막한 영상 인터뷰에서 집단수용소를 해방시킨 경험을 이렇게 회상했다. "뼈다귀가 말을 건다고 상상해보세요. 그리고 손을 내민다면? 어때요, 상상이 됩니까?"

나는 이 필름 클립을 최근에 다시 찾은 미국홀로코스트메모리얼박물관에서 맞닥뜨렸다. 2017년 1월 21일에 있었던 여성 행진Women's March에 참가하려고 워싱턴을 방문한 김에, 친구와 며칠 더 묵으며 홀로코스트 박물관과 새로 개관한 아프리카계 미국인 역사 문화 박물관Museum of African American History and Culture을 하루씩 관람했는데, 그때 발견한 영상이었다. 나는 1995년에 한 차례 홀로코스트 박물관을 방문한 적이 있지만, 그때의 기억은 이미 흐릿해진 상태였다. 우리는 다른 일행을 따라 엘리베이터에 올랐다. 도슨트의 설명에 따르면, 그 박물관을 설계자의 의도대로 관람하기 위해서는 꼭대기 층에서 아래로 이동해야 했기 때문이다. 엘리베이터가 상승하는 짧은 시간 동안 우리는 마주 보이는 뒷문 위쪽의 작은 화면을 통해 동영상을 감상할 수 있었다.

존 홈스의 비디오는 아니었다. 무성영화에 가까운 흑백 영상이었다. 거친 화면 속에서 미군 트럭과 탱크들이 숲으로 보이는 장소와 나란한 길을 따라 전진하고 있었다. 잡음을 뚫고 남자 군인의 더빙된 목소리가 흘러나왔다. "우리는 우리가 어디에 있는지 알지 못했다. 뭔가 중요한 장소, 일종의 특수 수감 시설에 접근하고 있다는 사실 외에는 아무것도……."

동영상이 끝남과 동시에 엘리베이터 문이 열렸다. 우리는 모두 어두운 복도에 발을 디뎠다. 정면 벽을 오롯이 채운 사진 속에서 군인들이 앙상한 시체 더미를 내려다보고 있었다. 문득 이곳 미국 홀로코스트 박물관에 전시된 과거는 내가 평생을 들어온 이야기와 닮은 듯 닮지 않았다는 생각이 들었다. 여기, 지옥의 입구가 있었다. 여기, 지독히도 많은 망자가 있었다. 여기, 숨이 거의 끊긴 채 걸어다니는 좀비들이 있었다. 하지만 사진에서 내가 보는 장면은 목격자들의 관점이지 희생자들의 관점이 아니었다. 그것은 발견이 트라우마를 초래하는 순간이었다. 나는 그들의 경험을 마치 내 경험처럼 느끼고 있었다. 불현듯 하나의 악몽에서 벗어나 또 하나의 악몽으로 빠져들고 있었다.

이것은 미국이 그 전쟁을 기억하는 방식이었다. 이렇게 미국은 스스로의 역할을 전쟁의 결말에 집중시키고 있었다. 자연스레 나는 아주 오래전 5학년 때의 역사 수업 시간을 떠올렸다. 그때 우리는 문제지의 빈칸을 채워야 했는데, 질문 중에는 독일의 폴란드 침공 연도를 묻는 항목이 포함돼 있었다. 나는 답을 알고 있었다. 하지만 그것은 학교에서 배우고 암기했기 때문이 아니었다. 어머니의 어린 시절 이야기를 되풀이해 듣다가 나도 모르게 외워버렸기 때문이었다.

친구들에게 유럽 역사는 배워야 할 과목 중 하나였지만, 나에게 유럽 역사는 내 안에 살아 있는 무엇이었다. 히틀러와 그의 군대는 어머니가 아홉 살이던 1939년 9월에 어머니의 나라를 침공했다. 그로부터 얼마 지나지 않아 어머니와 외할머니, 외할아버지는 스스로 짊어질 수 있는 짐만 겨우 챙긴 다음, 빌나의 다른 모든 유대인과 함께 게토로 무리지어 이주해야 했다. 약 2년 동안 어머니와 외조부모님은 다른 몇 가구와 함께 한 아파트에 옹색하게 모여 살았다. 비밀리에 어머니는 이디시어 선생에게 몇 가지 수업을 들었다. 그리고 가끔은 노란 별을 달지 않은 채 외출했는데, 어머니 얘기로는 "비유대인으로 보일 만큼 예뻤기" 때문이라고 했다. 막바지에, 그러니까 게토 청소가 자행되기 직전에, 어머니는 홀로 빌나 게토를 빠져나와 시골의 어느 폴란드 가정에 숨어들었다. 몇 달 뒤에는 외할머니와 외할아버지도 무사히 합류했다. 세 식구는 감자 껍질로 목숨을 이어갔다.

5학년 때 그 문제지에는 오직 한 문장만이 적혀 있었다.

빈칸을 채우시오.

———

2017년 1월 워싱턴은 (대통령 취임식과 여성 행진, 마틴 루서 킹 목사 탄생일 기념행사로) 분주한 주말을 보냈다. 홀로코스트 박물관은 종종 시야가 막혀 전시물을 살펴보기 힘들 정도로 관람객이 몰려든 상태였다. 이따금 나는 전시품 대신 방문객들을, 그들이 사진을 응시하고 설명에 집중하는 모습을 유심히 바라보았다. 그리고 그 모습에서 아쉬움과 고마움을 동시에 느꼈다. 수많은 사람이 보고 듣고 배우기를 원하고 있었다. 이해하기를 원하고 있었다.

박물관에 들어서자 관람객들에게는 기다렸다는 듯 "홀로코스트를 겪어낸 실존 인물의 이야기가 담긴" 신분증이 주어졌다. 내 기억으로는 처음 이곳을 찾았던 20여 년 전에도 비슷한 장면이 연출됐다. 물론 나는 이러한 발상을, 전시 관람을 개별적이고 사적인 여정으로 만들어주려는 노력을 높이 평가했다. 하지만 그 신분증은 내게 아무런 이야기도 들려주지 않았다. 나는 그것을 대충 훑어보고는 곧바로 가방 안에 쑤셔넣었다.

아버지는 수감기록증을 갖고 있었다. 어머니는 금화 주머니를 목에 둘렀다.

미국홀로코스트메모리얼박물관의 마지막 전시장은 탁 트인 상영관이었다—그곳을 지나면 방문객들은 따로 마련된 경건한 장소에서 성찰하고, 슬퍼하고, 원하면 기도까지 할 수 있었다. 나는 화면 앞에 자리를 잡았다. 반복 재생 중인 영상물에서는 일련의 생존자들이 카메라와 그 너머의 관객을 향해 저마다의 이야기를 들려주고 있었다. 처음 방문했던 1995년으로부터 20년 넘게 지난 2017년에 다시 찾은 이곳에서도, 나는 그처럼 직접적인 증언이 나에게 가장 큰 영향을 미쳤고, 가장 오랫동안 뇌리에 머무르리라는 걸 다시금 깨닫고 있었다.

어느 순간, 처음에는 무관해 보이던 두 남녀의 증언이 편집의 힘으로 교차되며 하나의 서사로 합쳐지기 시작했다. 여자는 한 수용소의 생존자였고, 남자는 그 수용소를 해방시킨 미군 소속의 유대인 병사였다. 편집은 물 흐르듯 자연스러웠다. 느긋하고 교묘하게 전환되는 장면 속에서 그녀가 자신의 인생을 바꿔놓은 만남에 대해, 그가 "숙녀들"이라는 단어를 사용한 순간 그녀의 인간적 자존감이 어떻게 회복되었는지에 대해 묘사하는 동안, 그는 자신이 알고 있는 하인리히 하이네의 시구를 그녀가 암송했을 때 그가 받은 감동이 얼마나 특별했는지에 대해 묘사하고 있었다.

그들은 바로 그 첫 대화에서 서로가 했던 말을 각자의 목소리로 들려주었다. 나는 두 사람이 그때의 장면과 대화를 오롯이 기억하고 있다고, 그들의 진술에는 그 어떤 윤색이나 생략도 없다고 확신했다. 그들의 이야기는 소설보다 낯설게 들리면서도, 소설보다 강력한 힘이 있었다. 그녀는 그가 자신의 "남편이 되었다"고 말했다. 그리고 나는 이를 당연하게 받아들였다. 미국의 피해자와 영웅에 관한 서사에서 러브스토리만큼 완벽한 결말은 없을 테니까. 어떤 이들은 죽었고 어떤 이들은 살아남았다. 어떤 것들은 상실되었고 어떤 것들은 발견되었다. 그리고 그 끝엔 언제나 사랑이 있었다.

고로 나는 이 박물관이 다양한 단계와 시대를 관통하는 문서 및 세부 정보, 사진, 통계 자료를 통해, 과거를 현재 안에 담아두는 적어도 한 가지 방법을 방문객들에게 복잡하고 불완전하게나마 가르치고 있다고 생각했다. 미국홀로코스트메모리얼박물관은 지금까지 20년 이상을 꾸준히 이 목표에 매진해왔다. 미국의 박물관이 어떤 시각을 취하고 어떤 관점에서 이야기를 들려주느냐는 그곳의 재량에 달려 있을 것이었다.

하지만 그런 와중에 인상적인 변화도 있었다. (임시 행사였는지) 영구 전시와 분리된 저층 공간에 자리하긴 했지만, '캄보디아, 1975-1979Cambodia, 1975-1979'라는 신규 전시가 추가됐으니 말이다. 전시는 크메르 루주가 지배하던 광기의 시대를 집중적으로 조명하고 있었다. 그는 캄보디아 국민 200만 명을 살해했는데, 이는 그 나라 인구의 25퍼센트를 웃도는 수치였다. 전시품으로는 "20세기 후반에 발생한 그 인류 최악의 비극"을 다룬 각종 사진과 문헌, 동시대의 미술품이 진열되었다.

———

온라인 예매권은 매진된 지 오래였다. 하지만 나는 혹시나 하는 마음에 현장 구매를 시도했고, 새로 개관한 역사 문화 박물관의 입장권을 아슬아슬하게 손에 넣을 수 있었다. 막판에 취소 표가 몇 장 나왔는데, 아무래도 우중충하고 서늘한 데다 간간이 소나기까지 내리는 날씨에 일부 방문객이 계획을 변경한 듯했다. 나에게는 완벽한 타이밍이었다. 홀로코스트메모리얼박물관을 방문한 이튿날이었고, 하고픈 일이라고는 실내에 몇 시간 머물며 방대한 역사 지식을 한껏 흡수하는 것뿐이었으니까.

우아한 격자무늬로 설계된 건물 외관은 첫눈에 내 마음을 사로잡았다. 박물관 측에서 추천하는 관람 순서는 맨 아래층에서 위로 올라가는 방향이었다. 하지만 몰려드는 군중을 보고 기가 질린 나는 꼭대기 층부터 관람하기로 결정했다. 어쩌면 그 결정은 나의 별난 오기에서 비롯되었는지도 모른다. 어릴 때부터 나는 지시에 맞서기를 좋아했고, 그래서 그 박물관을 나만의 방식으로 살펴보고 싶었는지도 모른다. 어쩌면 내 몸은 전날의 움직임을 재현하기를, 올라가는 경로보다 내려가는 경로를 원했는지도 모른다.

어쨌건 이러한 접근법 덕분에 나는 오늘날 아프리카계 미국인들이 삶 속에서 느끼는 긴장과 그것이 문화적으로 분출되고 기여해온 과정을 먼저 살펴본 다음, 이러한 불굴의 생명력을 갖기까지 그들이 수 세기에 걸친 고통과 상실을 지독히도 오래, 지독히도 힘겹게 견뎌내야 했다는 사실을 나중에 배우게 되었다. 고백하건대, 나는 그들의 춤과 의상과 극작품과 음악이 선사하는 생생한 감동에 느긋하게 파묻히고픈 유혹을 느꼈다. "신은 흑인을 창조했고 흑인은 스타일을 창조했다." 어느 표지판에 적힌 이 글귀는 1986년에 초연된 조지 코스텔로 울프의 희곡 『유색 박물관Colored Museum』에서 따온 문장이었다. 그들의 넘치는 흥에 나까지 전염되는 기분이었다. 하지만 결국 나는 마음을 다잡고 아래로, 이야기의 시작을 향해 걸음을 옮겼다. "자유를 향한 여정, 15-21세기." 한 층 한 층 내용을 살피다보니 어느새 나는 피라미드의 바닥에 도착해 있었다.

"잘못을 바로잡기 위해서는 진실의 불빛으로 그 잘못들을 비춰야 한다." 박물관의 널따란 벽에 적힌 아이다 벨 웰스의 이 글귀를 환한 조명이 비추고 있었다. "역사는 쓰라리고 아파도 되돌릴 수 없다. 하지만 담대하게 마주하면, 되풀이하지 않을 수는 있다." 마야 앤젤루의 이 명언은 다른 벽에서 모습을 드러냈다. 건물을 떠날 무렵 나는 이들의 높은 자부심과 깊은 슬픔이 마치 기도문처럼, 광활한 묘지에 세운 노래의 사원처럼 하나로 엮여 있다는 믿음이 내게 스며들었음을 느꼈다.

———

나에게, 그리고 수많은 이에게, 홀로코스트는 분명 예외적인 사건일 테다. 또한 나는 그것의 예외성은 예외성대로 인정하면서 그것을 다른 제노사이드 사건들과 함께, 다른 잔혹 행위들과 연결하고 교차해가며 연구하고 성찰할 수 있고, 그래야 마땅하다고 믿는다. "이들 역사적 사건은 서로에게 말을 건넨다. 그것들은 연결돼 있다. 그리고 우리는 그것들을 연결할 수 있다." 마리안 허시는 이렇게 말했다.[178] 우리 모두는 규명을 지속할 책임이 있다. 또한 인간의 혈통을 타고 끈질기게 이어져온 파괴와 복수의 역사를 눈여겨볼 책임이 있다. 우리는 가해자와 부역자들, 노예와 익사자들, 수감자와 해방자들, 살인자와 생존자들에 대한 집단적 기억으로 암호화된 존재다.

에필로그

손이 닿을 만큼 가까이, 상실된 것들의 한가운데, 상실되지 않은 채 남아 있던 한 가지, 그것은 언어였다. 이것은, 언어는, 끝내 상실되지 않은 채 남아 있었다. 하지만 그것은 스스로의 대답 없음을, 끔찍하게 내려앉는 침묵을, 죽음을 초래하는 말이라는 천 개의 어둠을 통과해야 했다. 그것은 통과했고, 벌어진 일에 대해 함구했다—하지만 그것은 그 일들을 지나왔다. 지나와서, 그 모든 것으로 "풍요해진" 채, 다시 햇빛 속으로 들어갈 수 있었다.

-파울 첼란, 1958

나는 시작한다. 나는 끝마친다. 나는 아직 시작하지 않았다. 나는 아직 끝마치지 않았다.

-엘프리데 옐리네크[179]

부헨발트 생존자 호르헤 셈프룬은 "에터스베르크의 영원한 바람"[180]에 대해, 어째서 그곳의 연기와 그곳의 눈이 그에게서 결코 떠나지 않을 것인지에 대해, 저서 『글쓰기 혹은 삶』에 써놓았다. 나는 그곳의 바람이, 그곳의 연기는 아니더라도 그곳의 눈이, 내게도 들어왔다고 믿는다. 그때 나는 사람들의 비명 소리를 들었다. 그리고 이제 내 의지로 말하건대, 그 소리는 내게서 결코 떠나지 않을 것이다. 어떻게 하면 나는 그것이 타자들에게서도 결코 떠나지 않게 만들 수 있을까?

나는 스스로에게 묻는다. 왜 그래야 하느냐고, 뭐가 그리 절박하냐고. 내가 왜 그것을 내 심중에 받아들이는 것도 모자라 (아니, 엄밀히 말하면, 그것이 이미 내 뜻과 상관없이 내 안에 들어와 있었다는 사실을 받아들이는 것도 모자라) 타자들의 심중에도 그곳의 바람을, 그곳의 재와 그곳의 눈을 불어넣어야 하느냐고.

여기, 그 부분적인 대답이 있다.

왜냐하면 우리 모두는 불완전하게, 그리고 불편하게 기억할 의무가 있기 때문이다. 이 의무는 우리 각자에게 지워져 있다. 왜냐하면 그것은 우리가 우리 스스로를 연구하기 시작한 이래로 모든 철학자와 역사학자와 시인, 모든 예언자와 부모와 선생과 치료자, 모든 명민한 관찰자가 끊임없이 말해온 것처럼, 극악한 인간이든 신성한 인간이든, 인간의 존재론적 진리이기 때문이다.

우리는 타락한 존재이자 고결한 존재다. 우리는 타락한 존재도 고결한 존재도 아니다. 우리는 우리에게 일어난 모든 일과 우리에 앞서 타자들에게 일어난 모든 일을 우리 것으로 인지한다. 총을 드는 일도,

아기를 안는 일도, 총에 맞는 아기들을 바라보는 일도. 그런 다음에는 어머니들을. 그리고 아기를 안은 어머니들을. 그리고 아직 태어나지 않은 아기들을 바라보는 일도.

나는 다시 첫머리의 알파벳으로, 나만의 부적절한 용어와 어휘 목록으로 돌아간다. 왜냐하면 낱말들이 우리가 가진 전부일 때조차 낱말은 부족하기 때문이다. 누군가는 말한다. 사진들이 있다고. 영상들이 있다고. 영화와 책과 녹음된 목소리들이 있다고. 우리가 듣는 귀를 갖고 있는 한, 그것들은 지속될 것이라고. 하지만 우리는 듣기를 약속할 수 있을까? 그 듣기가 지속될 것이라고 약속할 수 있을까? 그저 듣기만으로 충분할까?

누군가의 피부에 새겨진 슬픔과 상실의 세세한 흔적들이 우리 시야에서 영영 사라져버리면 어떻게 될까? 수감 번호 문신도, 가혹한 굶주림도, 텅 빈 시선도, 눈물이나 침묵까지도 더 이상 보이지 않게 된다면? 여섯 살 소녀 시절 비밀 문 뒤에 숨어 쥐 죽은 듯 살아야 했던 사람이나 시체 더미들 사이에 시체인 척하고 쓰러져 있던 사람, 소년 시절 수감기록증 사진을 찍기 위해 머리를 민 채 카메라를 노려보던 사람과 더 이상 테이블을 사이에 두고 앉을 수 없을 때, 우리가 잃게 될 구체적이고 실질적인 무엇이 있다.

아버지의 열다섯 살 얼굴과 나의 마흔아홉 살 얼굴. 항암 치료를 받느라 머리를 밀어버린 나. 닮은 듯 닮지 않은 우리. 불분명한 이마선. 그늘진 두피.

아버지의 눈동자는 갈색이고 나의 눈동자는 녹색이다. 아버지의 입술은 나의 입술보다 두툼하다. 아버지의 눈썹은 더 어둡고 더 짙다. 아버지는 죽음의 기계를 바라본다. 나는 무엇을 바라보는가? 나는 살아남는 미래를 본다. 아버지가 그랬듯, 아버지가 여전히 그렇듯, 온갖 역경에도 불구하고 아버지도 나도, 가능한 한 오래도록 살아남는 미래.

이따금 나는 아버지의 수감기록증에 부착된 그 작고 네모난 사진과 어머니의 극심한 분리불안을 거의 동시에 떠올리곤 한다. 아버지가 출장을 떠날 때면 어머니는 어김없이 불안 증세에 시달렸다. 나는 닭 뼈를 쪼개 골수를 빠는 어머니의 모습을 보고 소리를 듣는다. 나는 아버지의 재발성 신장 결석을, 그 날카로운 모서리에 긁힌 아버지의 쇠약한 몸속을 생각한다.

고로 나는, 아우슈비츠 방문 중에 "할머니께 들은 얘기와 똑같다"고 말하는 3세대 손녀의 심정을 헤아린다.

고로 나는, 3세대 작가 노아 레더만이 그의 몸속 "악성 종양"이라고 묘사한 무언가의 참뜻을 이해한다.[181] 한 생존자가 그의 내면에 "심어 놓은" 어느 처참하게 살해된 아기의 이미지로 인해, 그는 갓 태어난 딸을 안기도 힘겨워할 만큼 엄청난 물리적 공포에 시달려야 했다.

나는 모든 곳의 모든 잔혹 행위에 대해 내가 2세대와, 그리고 이제는 3세대 자손들과도 공유하는 연대감에 몸을 내맡긴다. 우리는 우리 삶을 붙들고 놓지 못한 채─혹은 놓지 않은 채─살아간다.

───

우리 독일인들은 제2차 세계대전을 일으켰다. 그리고 무엇보다 그 이유 하나만으로 인류에게 측량할 수 없는 고통을 초래하는 죄를 저질렀다. 독일인들은 신의 의지를 거슬러 사악한 반항심에 유대인 수백만 명을 몰살했다. 우리 가운데 살아남았고 그러한 사태를 원치 않았던 이들은 그것을 막기 위한 행동을 게을리했다.[182]

이는 독일의 진보적 프로테스탄트 로타르 크라이시히가 1958년에 설립한 행동화해평화봉사단Aktion Sühnezeichen Friedensdienste(영어 명칭은 Action Reconciliation Service for Peace)의 강령이다. 변호사이자 판사였던 크라이시히는 히틀러에 대한 충성을 거부한 독일 고백교회의 지도자이기도 했다.

현재 그 단체는 독일인 자원봉사단을 조직해 홀로코스트 생존자들과 함께 미국 전역을 돌며 합동 설명회를 개최하는가 하면, 가난한 사람과 장애인, 성폭력 피해자를 돕는 각종 단체와 협력해 봉사활동을 펼치고 있다.

"비록 본래의 설립 목적은 홀로코스트에 대한 속죄이지만, 행동화해평화봉사단은 모든 생존자가 세상을 떠난 뒤에도 활동을 지속할 계획"이라고 막달레나 샤프는 말했다.[183] 그녀는 행동화해평화봉사단 미국 지부의 프로그램 책임자다.

"우리는 과거에 책임이 있습니다. 하지만 우리는 미래도 생각해야 합니다. 우리는 미래를 가꾸는 데 힘이 되길 원합니다." 그녀는 이렇게 말했다.

———

남아프리카공화국에서는 저 악명 높은 아파르트헤이트가 폐지됐을 때, "그러한 인권 유린을 막지 못한 것에 유감의 뜻을 표하고 화해의 의지를 드러낼 기회를 국민에게 제공할 목적으로" 일종의 온라인 기록장이 만들어졌다. 진실화해위원회 위원 메리 버튼은 그 기록장의 개설을 제안한 당사자로서 그것의 의도를 다음과 같이 설명했다.

이 기록장은 화해를 진심으로 바라는 다수의 남아프리카공화국 국민—스스로 심각한 인권 유린을 자행하지는 않았더라도 그러한 유린을 막기 위해 최선을 다하지 않은 자신들의 과거에 유감을 표명하고 싶어하는 사람들, 그리고 인권 침해가 발생하지 않는 새로운 미래를 만들겠다는 자신들의 의지를 다소 상징적인 방식으로 드러내고 싶어하는 사람들—의 기대에 부응하는 차원에서 개설되었습니다.

우리는 남아프리카공화국 국민의 대부분이 분열과 차별의 과거를 떠나보낼 자세와 열의를 갖추었다는 사실을 알고 있습니다. 잘못에 대한 죄책감은 더 좋은 사회를 건설하겠다는 긍정적인 의지—가장 건강하고 가장 생산적인 형태의 속죄—로 전환되어야 합니다.[184]

첫 글이 입력된 날짜는 1997년 12월 15일 화요일 오후 4시 26분 15초로 기록되었다.

저는 아프리카너남아프리카공화국에 사는 네덜란드계 백인입니다. 저는 그 시절 동년배들에 현혹되어 끔찍한 짓을 저질렀습니다. 저는 그 모든 일이 기독교적 관점에서도 세속적 관점에서도 올바르다고 믿게 되었습니다. 저는 이제 그 믿음이 틀렸다는 사실을 깨달았고, 과거의 잘못을 바로잡아 후세들에게 기필코 다른 환경을 물려주기 위해 제가 할 수 있는 모든 것을 하려 합니다. 이제 달라질 저와 제 가족을 본받아 그들이 다르게 행동할 수 있도록.

-올리히 스바르트, 남아프리카공화국 샌튼시 리보니아에서

마지막 글이 입력된 날짜는 (웹 사이트의 기록에 따르면) 2000년 12월 29일이었다.

남아프리카공화국의 훌륭한 국민께

저는 아파르트헤이트 시대에 남아프리카공화국 사람들에게 가해진 악행을 중단시키거나 저지하거나 반대하는 일에 조금의 힘도 보태지 않은 것을 깊이 후회하며 그분들께 개인적으로 사과드리고 싶습니다. 저는 정치에 더 관심을 갖지 않았던 것과 바로 눈앞에서 벌어지는 일들을 "보지 않았던 것"을 후회합니다. 저는 조금 전 데즈먼드 투투 주교의 저서 『용서가 없으면 미래도 없다No Future Without Forgiveness』를 읽었고, 그분의 생각에 절절히 공감합니다.

현재 짐바브웨에서는 백인들이 소수자입니다. 현재 그들은 의지할 법적 장치가 사실상 전무한 상태에서, 남아프리카공화국 흑인들이 오랜 세월 경험했던 일들을 근소하게나마 경험하고 있습니다. 그들의 지위는 매우 열악합니다.

우리는 넬슨 만델라 선생을 비롯해 대다수의 훌륭한 남아프리카 국민이 보여준 고백과 참회, 용서와 화해의 숭고한 몸짓으로부터 배워야 할 것이 굉장히 많습니다. 짐바브웨는 여러분의 기도와 지지가 절실합니다. 이곳

에서도 그와 같은 시대정신이 승리할 수 있도록 도와주십시오.

남아프리카공화국과 남아프리카공화국 국민에게 감사하고, 감사하고, 감사합니다. 신께서 여러분 한 사람 한 사람을, 또한 국민 전체를 온전히 치유하시기를. 그분께서 "해충이 갉아먹은" 것들을 여러분에게 돌려주시고 여러분의 미래를 온통 평화와 번영으로 축복하시기를. 남아프리카공화국이 더욱더 성장해 용서의 결실을 세계에 알리는 본보기가 되기를 기도합니다.

브렌다 애덤슨, 짐바브웨 하라레에서

21세기의 미국과 세계 곳곳에서, 수 세기 전의 과거와 먼 풍경들로부터, 우리는 명상을 통해 현재의 순간으로 돌아와 지금의 호흡에 다시 집중하기를 반복한다. 들이쉬고. 내쉬고. 현재는 우리를 과거와 미래로부터 해방시킬 것이다. 그렇지만 우리 세포 안에 머무는 기억들은, 엄밀히 말해 우리 기억이 아니다. 그 기억들은 우리를 숨차게 한다. 그 기억들은 우리의 숨을 막는다.

심리학자 피터 레빈은 '몸으로 경험하기Somatic Experiencing'라는 치료법을 개발한 인물이다. 그가 "홀로코스트 생존자 2세들을 대상으로 실시한 연구에 따르면, 그들은 살이 타는 악취를 감지하면 깜짝 놀라는 반응을 보였다. 또한 심한 욕지기와 두려움을 느끼는가 하면, 뭔가 끔찍한 일이 벌어지리라는 강렬한 공포에 휩싸였다."[185] 레빈은 이를 "세대적 트라우마의 증거로" 판단하는 데는 유보적 태도를 취하면서도, 이 "후각적 전이"를 예의 그 쥐를 대상으로 한 벚꽃 향기 실험의 연장선상에서 고찰해볼 필요성은 인정하는 입장을 보였다. 나아가 그는 "홀로코스트 생존자의 자녀와 손주들이 (…) 굉장히 실감하지만 그들이 체험했을 가능성은 희박한 사건들에 관해, 구체적이고도 대개는 끔찍한 이미지나 느낌, 감정을 묘사하는 경우가 빈번하다"는 점도 언급했다.

모르쿠엔데 박사처럼 레빈도, 사회 구성원들의 트라우마를 치유하기 위해 다른 문화권에서 의식처럼 시행하는 신체 중심적이고 심오한 접근법들을 인지하고 있었다. 레빈은 북미 원주민들이 전쟁에서 돌아온 용사들을 환영하고 경의를 표하는 한편, 그들이 했거나 하지 않은 일, 혹은 그들이 목격했거나 막지 못한 일로 인해 입은 부상과 "마음의 상처"를 "정화"하기 위해 치르는 통과의례를 예로 제시했다.

모르쿠엔데 박사의 견해도 비슷했다. 그녀는 서구 사회가 그 같은 전통에서 배워야 할 부분이 많다면서, 외상후 스트레스 장애로 상처 입은 (그리고 대개는 고립된) 개인과 집단 사이의 관계 회복에 집중하는 몇몇 문화 공동체를 예로 거론했다. 통계에 의하면 중동에 배치됐다가 최근에 귀환한 참전 군인들의 자살률은 심한 경우 하루에 무려 20명꼴로 나타났다. 우리 사회는 전사들을 훈련시키는 법은 완벽히 숙지했을지 모르나, 그들을 다시 일반 시민들과 정서적, 심리적, 정신적으로 융화시키기 위한 지원은 아직 미흡한 실정이다.

나는 다시 자문한다. 굵직한 사건들의 이전과 도중과 이후를 모두 살아낸 이른바 목격자 나무들 속에는 무엇이 깃들어 있을까? 그때도 지금도 나무들은 이산화탄소를 들이쉬고 산소를 내쉬며 우리를 호흡하게 한다. 나무들은 줄기와 중심과 뿌리 속에 수많은 세대를 품고 있다.

캘리포니아주 버클리의 어느 원예점 차양에는 다음과 같은 글귀가 적혀 있다. "그들은 우리를 죽이려 했다. 그들은 우리가 씨앗임을 알지 못했다."

나무들은 치명적인 부상을 입고도 살아남았다. 나무껍질은 흉터 위에 스스로 딱지를 덮으며 원래의 모양을 회복한다. 한 줄 한 줄의 나이테에는 그네들의 살아온 이야기가 담겨 있다. 로지폴 소나무는 또 어떤가! 그것들의 솔방울은 불길에 비늘이 터져, 어쩌면 수십 년을 묵묵히 품어왔을 미래를 세상에 내보낼 순간을 참을성 있게 기다린다.

생존자 나무 가운데 특히 빛나는 존재는 단연 은행나무다. 얼핏 은행나무는 끝없이 부활하는 듯 보인다. 나만의 부적절한 용어의 알파벳은 어쩌면 끝없이 늘어날지도 모른다. 하지만 추가된 용어 가운데 일부에서는 이야기의 흐름을 전환할 가능성이 엿보인다. 어쩌면 "S"는 영적인 해법Spiritual Solution을 가리킬는지도 모른다. 어쩌면 "E"는 공감Empathy을 가리킬는지도 모른다. 어쩌면 "H"는 희망Hope을 가리킬는지도 모른다.

———

어머니의 골수는 어머니의 부모님과 조부모님의 고통을 품고 있었다. 히틀러의 등장 이전과 도중은 물론이고 이후까지 수십 년간 자행된 온갖 학살의 고통을. 또한 어머니의 아버지이자 나의 외할아버지가 골수암으로 돌아가실 때의 고통을. 고로 나는 어머니가 닭 뼈를 빨며 외할아버지의 골수암을 이야기할 때라든가 어머니의 저녁 접시에 담긴 뼛조각 속 검붉은 핏자국이 눈에 들어올 때 당혹감을 느낄 수밖에 없었다. 나는 어머니가 그처럼 원시적이고 쓰디쓴 음식을 굳이 입에 대는 이유를 이해하지 못했다.

내가 네 살 때쯤 공원 벤치에서 찍은 사진 속에서 내 맨발은 어머니의 맨발과 꼭 닮아 있었다. 또한 짐작건대, 검은색 교정용 신발에 감춰진 외할머니의 맨발도 우리의 맨발과 똑같았을 터였다. 둥글게 굽은 발가락들과 건막류는 반복되고, 또 반복되었다.

아버지의 얼굴과 내 얼굴은 샌프란시스코 과학관Exploratorium에서 동시에 흐릿해졌다. 그곳에서 우리는 글자 그대로 "유리 거울" 한 장을 사이에 두고 마주앉았고, 테두리에 설치된 전구들의 조도를 조절하자 거울이 서서히 유리로 바뀌면서 우리의 형체는 포개졌다. 당연하게도 친할아버지의 눈썹은 삼촌의 얼굴 위에서 되살아났다. 언니의 눈은 할머니의 눈을 빼쏘았고, 나의 광대뼈는 할머니의 광대뼈를 빼닮았다.

끊임없이. 우리는 그들을 나른다. 우리는 그들을 전달한다.

나는 낱말들을 나르고, 그것들을 전달한다. 나는 이야기들을 경청하고, 그것들을 다시 전파한다.

———

다시, 처음의 테이블로 돌아가자. 소설 『배반』으로 부커상을 수상한 미국 작가 폴 비티는 흔히들 말하는 테이블, 우리가 모두 한 자리씩 차지하고 둘러앉게 돼 있다는 그 테이블이 어디 있는지 자신은 모르겠다고 어느 인터뷰에서 말했다. 라디오에서 흘러나오는 그의 말을 들으며 나는 생각했다. 먹기 위한 테이블? 말하기 위한 테이블? 듣기 위한 테이블? 나누기 위한 테이블?

10여 년 전 버지니아주에 설립된 한 단체는 역사의 세대적 상처를 노예의 자손들과 노예주의 자손들 간 대화를 통해 치유하는 활동을 중점 사업으로 내걸었다. 그 단체의 이름은 "테이블 앞으로Coming to the Table"다.

자연스레 나는 생존자 카페의 테이블들을 다시 떠올린다. 둥근 (혹은 그렇지 않은) 테이블을. 테이블보가 덮인 (혹은 그렇지 않은) 테이블을. 빈 의자가 놓인 테이블을. (빈자리는 유월절의 상징적 의식을 연상시킨다. 유월절의 이야기는 노예 해방의 이야기다. 유월절 테이블의 빈자리는 낯선 이의 도착을 기다린다. 낯선 이는 선지자 엘리야일 수도 있고 아닐 수도 있다. 금방이라도 그가 문 앞에 나타나기를 우리는 기다리고, 또 기다린다. 그를 위해 우리는 문을 연다. 공손하게, 그리고 다정하게. 선지자는 죽지 않고 지상을 떠나 승천했다. 떠올랐다. 그는 떨어지지 않았다. 흙더미로 덮이지 않았다.) 엘리야(엘리아후 하나비, 우리는 그를 위해 노래한다)는 메시아의 도래를 알리기 위해 돌아올 것을 약속했다. 그러므로 그의 출현은 그 자체로 이미 약속의 실현이다. 왜냐하면 그는 선지자로서 곧 일어날 일을, 구출과 구제와 구원의 미래를 알고 있기 때문이다.

그것은 초림일까? 아니면 재림일까?

어린 시절 나는, 비유대인들(그때 우리는 세상을 우리와 그들로 이분했고, 그들을 비유대인이라고 불렀다)은 메시아가 이미 세상에 왔다고 믿는다는 얘기를 듣고 혼란에 빠졌다(그리고 그 혼란은 지금도 완전히 가시지 않았다). 겨우 일곱 살쯤이었지만, 나는 그러한 관념에 당혹감을 느꼈다. 나는 세상이 벌써 구원받았을 리 없다고 확신했다. 그도 그럴 것이, 세상에는 여전히 전쟁과 질병과 죄악이 존재했다. 한데 어떻게 구원의 약속이 이미 실현됐다고 믿는단 말인가?

재림이 예정돼 있다는 주장은 황당한 변명처럼 느껴졌다. 만약 초림이 지상의 평화와 같은 결실을 조금도 맺지 못했고, 메시아 자신이 실제로 고문 끝에 죽임을 당했다면 말이다. (참고로 이 정도는 나도 알고 있었다. 곳곳에서 관련 이미지를 볼 수 있었고, 무엇보다 그는 유대인이었으니까.) 첫 번째 시도가 철저히 실패로 돌아간 상황에서 두 번째를 기대하는 이유가 도무지 이해되지 않았다.

예로부터 유대인들은 해마다 유월절이면 기꺼이 (아니, 의무적으로—계명을 뜻하는 단어 미츠바Mitzvah는 축복으로도 번역될 수 있다) 「출애굽기」 속 이야기를 낭독해왔다. 노예생활을 벗어나 자유로 향하는 그 여정에서 결국 악은 익사하고 선은 구원을 받는다.

죽음의 천사는 (희생물의 피로 표시된) 유대인들의 집을 건드리지 않고 지나친다. 그 복수의 천사는 파라오의 집을 (그리고 그의 미래인 맏아들을) 치겠다던 최종적인 위협을 실행에 옮긴다. 그는 마지막으로 힘 있게 선포한다. 내 백성을 보내라. 그러지 않으면 나의 하느님께서 너를 치고, 또 치시리라. 너의 혈통을 끊으시리라. 너의 모든 것을 끝장내시리라.

이야기는 다시 전쟁이라는 주제와 그것의 오랜 목적으로 돌아간다. 그들은 신념을 지킨다는 명분 아래, 확실한 영토를 차지하고, 인간과 자원을 확보하기 위해 고군분투한다. 이집트인들은 이스라엘

민족의 적이다. 우상들은, 그들의 신앙 체계를 무너뜨리고 그것을 우리의 우월한 체계로 대체하기 위해 파괴된다. 자유는 노예제보다 우월하다. 일신교는 다신교보다 우월하다. 한 분의 진정한 신God은 수많은 가짜 신god보다 우월하다. 나는 이러한 내용을 히브리 학교에서 배웠다. "내 백성을 보내라"라는 유월절 노래의 멜로디는 흑인 영가에서 따온 것이다.

———

1993년 여름 나는 멀리, 현재의 우르로 여행을 떠났다. 구약성서에 아브라함의 출생지로 기록된 그곳은 오늘날 샤늘르우르파 혹은 우르파라 불리는 터키 남부 소도시의 한 동굴이다. 나는 그곳에서 이 민족의 조상에게, 자신의 혈통을 각각 이스마엘과 이삭이라는 두 아들에게 물려주어 그들의 자손인 두 갈래의 "거대 민족"이 성서의 시대부터 현재에 이르기까지 번성케 한 그의 이원성에 삼가 경의를 표하리라는 기대를 막연히 품고 있었다. 한 아들의 어머니는 하갈이요, 한 아들의 어머니는 사라였다.

하지만 지역의 관습이 우선이었다. 나는 부르카를 빌려 머리부터 발끝까지 온몸을 가리고서야 동굴의 여성 전용 입구에 발을 들일 수 있었다. 나에게는 낯설지 않은 경험이었다. 평생 동안 나는, 비록 이 정도로 철저하게는 아니더라도, 몸을 가린 채 여성 전용 입구를 사용해왔으니까. 동굴로 들어간 나는 다른 여성들이 무릎을 꿇고 있는 곳에서 함께 무릎을 꿇었다. 그들은 내게 호기심 어린 질문을 던졌고, 나는 한두 마디 터키어로 그들의 물음에 대답했다. 네, 결혼했습니다.

아뇨, 아이는 없어요. 그러자 그들은 다짜고짜 내게 동굴 안의 성수를 권했다. 성수를 마시고 기도를 드리면 알라의 축복으로 틀림없이 뱃속에 아이가 들어선다면서 말이다. 그들은 내가 아이를 원하지 않을 뿐더러 알라를 믿기는커녕 누구에게도 기도하지 않는다는 사실을 이해는 고사하고 상상조차 하지 못했다.

나는 그 물을 마셨다. 소란을 잠재우기 위해서. 얼마간 홀로 침묵에 잠기기 위해서. 하지만 그들은 침묵을 원하지 않았다. 몇 분 뒤에 나는 조심스럽게, 그들의 배웅을 받으며 동굴 밖으로 물러났다. 그러고는 조심스럽게, 빌려 입은 부르카를 벗었다.

나는 입구에 서서 마지막으로 혼자만의 시간을 가지며, 배운 대로 경건하게 아브라함의 영혼과 사적인 대화를 나눠보려 했다. 하지만 바로 옆에서는 여전히 몸을 가린 채 커다란 가죽 핸드백을 멘 여자가 지갑으로 어린 딸의 머리를 반복해서 때리고 있었다. 그 소리에 나는 뼈가 울리고 숨이 막혔지만, 할 수 있는 일이라고는 양쪽 주먹을 그러쥐는 것뿐이었다. 그녀는 알 수 없는 이유로, 어쩌면 그저 딸이라는 이유로 소녀를 체벌하고 있었다. 나는 더욱 깊어진 슬픔 속에서 말없이 발길을 돌렸다.

동굴에서 마신 물 때문이었을까? 나는 토하고 땀 흘리며 사흘을 꼬박 앓았다. 아픔이 완전히, 대체로 완전히 몸 밖으로 빠져나갈 때까지.

———

어느 글에 따르면, 콜롬비아에서는 정부군과 반군 사이에 50년 넘게 이어진 내전 와중에 정글의 한 교회에 수류탄 공격이 가해지면서 아이들이 죽임을 당했다. 최근에 반군은 사과의 뜻을 표명했다. 폐허가 된 교회에서는 여성들이 정기적으로 모여 노래를 부른다. 이제 그녀들의 바람은 자신들이 부르던 비탄의 노래를 대체할 평화의 노래를 새로 만드는 것이다.

한 무리의 퇴역 군인이 스탠딩록 인디언 보호구역을 찾아 나섰다. 그곳에서는 수Sioux족 사람들이 다코타 액세스 송유관의 건설을 저지하기 위해 천막촌을 형성하고 야영 중이었다. 군인들은 북미 원주민 시위대를 지원하고 보호할 목적으로 그곳에 왔다. 시위대의 비폭력적이고 평화적인 저항은 암울한 현 시국과 대비되는 희망의 빛과도 같았다. 그들은 "물은 생명"이라는 구호를 외쳤다. #WaterIsLife라는 해시태그 운동도 벌였다. 하지만 군인들의 방문 목적은 한 가지가 더 있었다. 너무나 특별했지만 아무도 예상치 못했던 그 목적은 바로, 지난날 군대가 북미 원주민에게 저지른 범죄에 대해 사과하고 용서를 구하는 것이었다.

친구 아먼드는 사이코드라마를 통한 전 세계 다양한 집단의 화해를 꾸준히 도모해왔다. 서로 대립하는 집단을 치료할 목적으로 오가는 대화에서는 그야말로 온갖 (개인적, 집단적, 문화적, 역사적) 트라우마가 다뤄진다. 아먼드의 말에 따르면, 고통의 진정한 전환은 사과에서 시작된다. 이때 사과는 반드시 피해자가 가해자에게 직접 듣고 가해자의 뉘우침을 느껴야 한다. "그러려면 얼굴을 맞대고, 서로의 눈을 바라봐야" 한다.

비탄이 기억으로 전환되는 시점은 언제일까? 그리고 그다음에는…… 무엇으로? 안정을 좇는 이 여정은 사회적으로, 문화적으로,

국가적으로, 세계적으로 일생에 걸쳐 지속된다. 과거를 현재 속에, 체념이나 분노가 아니라 수용한다는 마음으로 담아두기 위해. 우리는 건강한 기억에 몰두한다.

"구현된 정의"는 과연 어떤 모습일까? 식탁에 차려 내면 어떤 맛을 낼까? 그러니까 그것을 음식에 비유하면 말이다. 우리의 배고픔은 해소될까? 우리의 식욕에 걸맞은 양이 배분될까? 우리는 두 번째 그릇을 청하게 될까? 우리는 그 풍미를 음미할까, 아니면 씁쓸한 단맛에 얼굴을 찌푸릴까? 우리 입맛에는 맞을까, 아니면 소금이 더 필요할까? 우리는 그것을 삼킬 수 있을까, 아니면 목이 메어 삼키지 못할까? 부스러기를 바닥에 흘려 개들까지 먹여야 할까? 아이들을 위한 자리, 작은 의자와 목에 걸 냅킨은 마련돼 있을까? 아이들은 자신들이 무엇을 먹는지 알고 있을까? 아이들은 그것을 먹는 이유를 알고 싶어할까?

어쩌면 미래 세대는 유월절 만찬을 지금과는 다르게, 그저 기억하기 위한 식사에서 나아가, 생존자 카페처럼 의도에 따라 필요하면 언제든 다시 열 수 있는 의식이 포함된 형태로 치르게 될까? 아이러니하게도 (혹은 당연하게도) 기억을 대대로, 4세 혹은 5세에게까지 전승하자고 제안한 사람은 ("역사"의 경우와 마찬가지로) 독일인이었다.

나는 이 같은 관습이 성경의 명령에서 비롯되었다고는 생각하지 않는다. 내가 볼 때 훨씬 오래전부터 사람들은 기억하기를 중시해왔다. 가령 원주민의 손자국이나 동굴벽화, 피라미드와 상형문자, 진시황릉 병마용갱의 테라코타 병사들을 떠올려보라.

이렇듯 근본적으로 인간은 과거를 기록하고 싶어한다. 이야기를 통해 전진하고, 아이들을 가르침으로써 그들 또한 그들의 아이들을 가르치게 되기를 희망한다. 비록 그 교훈이 제대로 전달되지 않는 듯 보인다 해도. 비록 역사가, 마치 이야기나 유전자처럼 고집스레 반복되는 듯 보인다 해도.

———

물론 선택적 기억은 인간의 고유한 특성이다. 우리는 자발적으로든 비자발적으로든 주로 긍정적인 기억은 회상하고 부정적인 기억은 삭제한다. 어쩌면 그 원인은 수치심이나 분노(혹은 두 감정의 상호작용) 인지도 모른다. 하지만 이유야 어찌 됐든 우리는 우리 이야기를 개인적인 것이든 집단적인 것이든 선별하려는 경향이 있다. 우리는 추악한 기억을 수정하고 고결한 기억을 강조한다. 심지어 의도치 않은 순간이나 자신의 행동을 명지한 상태에서도, 우리는 기억을 순화하고 편집한다. 우리는 실제의 우리보다 나아지기를—나아 보이기를—원한다.

나는 스스로에게 말한다. 지금은 아직 21세기의 (비교적) 초반이라고, 홀로코스트가 발생한 세기에서 얼마 지나지 않은 시점이라고. 하지만 시간은 임의적이다. 달리 말해 내가 관심을 두기에 마땅한 대상은 아닌 듯하다. 내 관심사는 세월의 흐름이 아니다. 그보다는 직접 목격자들의 목소리가 우리 2세대와 3세대를 비롯한 후세들 곁을 떠났을 때, 그들이 남긴 각자의 이야기와 침묵을 정리할 구체적인 해법이다.

얼마 전 나는 한나 아렌트의 저작에 대해 논하는 야간 강좌에 참석했다. 그날 밤의 주제는 『예루살렘의 아이히만』이었다. 널따란 정사각형 공간에 직사각형 테이블들이 배치되었고, 문 옆에는 한 무더기의 탈리스(기도용 숄)가 힘없이 늘어져 있었다(우리가 모인 장소는 노스 버클리에 위치한 유대교 회당이었다). 강사는 가냘픈 60대 여성이었다. 끊임없이 대화하는 학생들 탓에 그녀는 좀처럼 수업을 시작하지 못하고 있었다—그리고 이어진 두 시간 강의의 대부분은 토의에 바쳐졌다. 그녀는 이따금 의견을 보충하긴 했지만 개입을 최대한 자제했고, 학생들(남녀의 비율이 동일했고, 거의가 은발이나 백발이었으며, 나이는 다들 나보다 적어도 열 살은 많아 보였다)은 자유롭게 분석과 토론을 이어갔다. (내게는) 꽤 아이러니하게도 학생들은 아렌트의 텍스트가 정교하다는 의견에 동의하지 않았지만, 정작 그녀의 세심한 연대기는 아이히만의 행정적 세심함에 초점을 맞추고 있었다.

종종 학생들은 "제 친구 중에는"이나 "제 지인 중에는"이란 구절로 운을 떼곤 했다. (내 경우 "저희 아버지는……"으로 이야기를 시작했다.) 우리 중 가장 연장자 축인 남자 수강생은 "내가 부쿠레슈티에 살아봐서 아는데……"라고 말했고, 토론토에서 왔다는 여자 수강생은 "우리 가족이 프랑스인이라서 아는데……"라고 말했다.

우리는 우리의 개인적 연관성이라든가, 일차적 진실과의 친밀성, 일화적인 증거가 우리의 권위를 약화시키는 게 아니라 강화시켜야 마땅하다고 주장한다. 우리는 우리의 근원에 이름을 붙이기를 원한다. 마치 그로써 고인들과 관계된 삶에 명예가 부여되는 것처럼. 나는 이것이 마리안 허시가 정의한 몇 가지 사후 기억의 소규모적 재현—가족성(수직적) 유전과 친화성(수평적) 유전이 교대로 우리에게 나타나는 것—이라고 생각한다. 우리는 우리를 잇는 가느다란 실을 모아 굵다란 밧줄로 땋기를, 그래서 다양한 대륙과 다양한 경험, 다양한 세대를 널리 아우르기를 희망한다.

　결국 이 역사는 노예선과 린치의 역사처럼 희미하게 멀어질 것이다. 현대의 제노사이드는 과거의 제노사이드 위에 겹쳐 있다. 캄보디아도 르완다도 시리아도, 북미 원주민의 절멸에 관한 대화들 위에 겹쳐 있다. 폭탄이 떨어진 흙더미 위에는 쇼핑센터가 세워진다. 신성한 무덤들은 송유관 건설이라는 명분하에 파헤쳐진다. 식민지화된 아프리카나 라틴 아메리카, 십자군전쟁, 종교재판에 관한 우리의 논의들은 허무하게 뒤집힌다. 다시 말해 이것은 비인간성의 역사인 동시에 인간성의 역사다. 연속된 동시에 깨어진 역사다. 온전한 동시에 부서진 역사다. 때로 우리는 그 균열을 금으로 메운다. 때로는 흙으로 메운다.

감사의 글

글쓰기란 여러 면에서 고독한 활동이다. 하지만 그것은 여러 사람의 힘을, 실제적으로든 비유적으로든 글로벌 네트워크를 요하는 활동이기도 하다. 이 책을 집필하는 몇 년 동안 내게 한없고 가없는 안식처가 되어준 수많은 창조적 공동체—노프문학예술센터, 스코밸리작가공동체, 멘도시노해변작가협회, 그린마운틴작가협회, 카타마란글쓰기협회, 산미겔작가협회, 테카테의 란초라푸에르타Rancho la Puerta in Tecate—에게 감사하고 싶다. 출판과 여행을 지원해준 『하다사매거진』, 마크 커닝엄과 아틀리에26북스 출판사, 줄리 로빈슨과 리터러리어페어, 발터 그뢴츠바이크, 줄리아 새틀러, 하인리히하이네협회, 함부르크 주재 미국 영사관, 도르트문트 주재 미국 영사관, 함부르크의 아메리카하우스, 그리고 2015년 4월의 독일 여행을 위해 고맙게도 모금운동을 벌여 준 수십 명의 친구와 가족, 동료에게도 사의를 표한다.

개인적으로나 직업적으로, 혹은 물리적으로나 형이상학적으로 영감을 준 마이아 뉴먼, 수전 그리핀, 애나 틸, 캐시 아르두니니, 젠 프리먼 파리프레스, 존 펠스티너와 메리 펠스티너 교수, 존 맥머트리, 이본 델리와 척 클라리노, 이디스 베니, 니나 와이즈, 린 밀러, 제인 반덴버그, 아니타 배로스, 수전 홀과 스티브 매키니, 롭 루이스와 메리 포드, 크리스 맬컴, 줄리아 맥닐, 이리나 포스너, 에이미 슈위머, 바버라 스트랙, 루디 라브와 줄리 프리스톤, 리타 샤크네, 메러디스 마란, 수전 셔먼, 린 나이트, 찰스 홀, 도노번 오맬리와 리프 소더전, 타마라 알리네이와 마리오 알리네이, 데이비드 로즈너와 에미즈 로즈너, 사이먼 로즈너와 로지아 로즈너, 찰스 로즈너, 마리 프랑스 트랑카와 세르주 뒤페레, 마르타 푹스, 앙드레 살바주, 마이클 플롬, 벨린다 라이언스뉴먼, 세라 글레이저, 래리 그로스먼, 게일 이완스와 데이브 이완스, 아리아 울프, 인디고 무어, 앤 데일스와 로링 데일스, 마이클 데일, 조앤 네이글, 프랜시스 딩켈슈필, 팸 워커, 애넛 웰스, 에이미 페리스, 버랜다 포슈, 저스틴 아렌, 도러시 제이컵스, 낸시 보리스, 스테파니 베넷 포크트, 셰리 셔스터, 루이스 유리아와 신디 유리아, 제인 시아바타리, 캐럴라인 리빗, 바버라 앤벤더, 피터 토머스 낸시 샤피로, 콜린 웨스트, 내털리 서버, 앤 루이스, 리베카 카멜라, 시라 네이먼, 조 크리스티아노, 케빈 메리다, 테리 아그리스, 리처드 짐러, 로베르타 팔룸보, 제인 가날, 베브 도노프리오, 웬디 시닌, 존 밴 듀일, 앤드루 허스, 메타 파스테르나크, 세라 브라이트우드, 지니 로비, 모린 엡스타인과 토니 엡스타인, 롤라 프라크노이와 앤드루 프라크노이, 페그 앨퍼드 퍼셀, 앤 게르마나코스, 마리사 모스, 개럿 스미스, 클레어 엘리스와 척 그린버그, 앨리슨 오윙스, 나타시아 데온, 에릭 스미스, 폴린 위트리올, 아먼드 볼카스, 재니스 쿡 뉴먼, 록사나 로빈슨, 포스터 골드스트롬, J. 루스 젠들러, 나오미 뉴먼, 유니스 립턴, 피터 글레이저, 엔리케 바예호에게도 머리 숙여 깊이 (언급 순서에 관계없이 골고루) 감사의 뜻을 전한다. 또한 나의 언니 모니카와 남동생 라파엘, 천사 같은 새퍼, 나의 모든 조카들에게도 각별한 고마움을 전하고 싶다.

나는 매우 영향력 있는 작가와 예술가들에게도 신세를 졌다. 너무 많아서 일일이 다 언급하기는 어렵지만, 본문에 이름을 밝히지 않은 몇 명이라도 소개하자면 다음과 같다. 빅터 프랭클, 에바 헤세, 딘 파지스, 안젤름 키퍼, 게르하르트 리히터, 리베카 솔닛, 볼프강 보르헤르트, 맥신 홍 킹스턴, 앨리스 밀러, 레이철 시퍼트, 필립 고레비치, 알린 오하네시안, 칼 프리드만, 데이비드 그로스먼, 에바 호프먼, 니콜 크라우스, 조지프 버거, 신시아 오직, 저너선 코프먼, 하인리히 뵐, 품라 고보도 마디키젤라, 마리아 포포바, 토마스 트란스트뢰메르, 폴라 S. 파스, 마이클 온다치, 존 허시, 캐럴린 포르셰, 짐 셰퍼드, 알리시아 오스트리커, 테런스 데 프레, W. G. 제발트, 다니 샤피로, 티머시 스나이더, 마사 누스바움, 야 기야시.

나의 훌륭한 에이전트 미리암 알트슐러와 카운터포인트 출판사의 모든 임직원—특히 메건 피시만, 제니퍼 코비츠, 와밍 창, 켈리 트랩넬, 알리샤 고더—에게도 그들이 보여준 유쾌한 재치와 지혜, 노련함과 세심함에 무한한 감사를 보낸다. 나의 평생 편집자이자 소중한 친구 댄 스메탕카에게는 아무리 감사해도 지나치지 않다. 그는 이 책의

기획 단계부터 마지막 문장을 입력하는 순간까지 자신의 끈기와 통
찰력과 재능을 그야말로 아낌없이 발휘해주었다.

주註

1. Burkhard Bilger, "Where Germans Make Peace with Their Dead," The New Yorker, September 12, 2016.

2. Brian D. Dias and Kerry J. Ressler, "Parental olfactory experience influences behavior and neural structure in subsequent generations,"Nature Neuroscience, 17, December 2013.

3. Judith Shulevitz, "The Science of Suffering," New Republic, November 16, 2014.

4. Nirit Gradwohl Pisano, Granddaughters of the Holocaust: Never Forgetting What They Didn't Experience (Brighton, MA: Academic Studies Press, 2013).

5. Numerous memory studies confirm this, including those described by scientists Joe LeDoux, Jonah Lehrer, and Karim Nader, here: "Memory and Forgetting," Radiolab, Season 3, Episode 4.

6. Jorge Semprún, Literature or Life (New York: Viking Penguin, 1997; originally published in France under the title L'ecriture on lavie by Editions Gallimard, 1994).

7. Shane Croucher, International Business Times, August 4, 2015.

8. Robert Jay Lifton, Death in Life: Survivors of Hiroshima (Chapel Hill: University of North Carolina Press, 1991).

9. Atomic Bomb Museum. www.AtomBombMuseum.org.

10. Hibakusha Stories. www.HibakushaStories.org.

11. 70 years later Hiroshima survivors have a plan to keep memories alive," Washington Post, August 5, 2015.

12. "Witnesses to Hiroshima atomic bomb pass their stories to a new generation," New York Times, August 6, 2015.

13. Except from "The Witness of Those Two Days" www.ne.jp/asahi/hidankyo/nihon/rn_page/english/witness.htm.

14. Black Past. www.BlackPast.org (Special Field Orders, No. 15, Headquarters Military Division of the Mississippi, 16 Jan. 1865, Orders & Circulars, ser. 44, Adjutant General's Office, Record Group 94, National Archives)

15. Ta-Nehisi Coates, "The Case for Reparations," The Atlantic Monthly, June 2014.

16. The Lost Airmen of Buchenwald, feature documentary film, 2011. Director Mike Dorsey.

17. Dean Kahn, "Ferndale WWII hero Joe Moser dies at 94," The Bellingham Herald, December 3, 2015.

18. The results were published as the Atomic Bomb Casualty Commission General Report of 1947.

19. Atomic Heritage. www.AtomicHeritage.org.

20. Justin McCurry, "Barack Obama says memory of Hiroshima must 'never fade,'" The Guardian, May 27, 2016.

21. Avi Selk, "FDR issued an executive order sending Japanese Americans to internment camps—75 years ago," The Washington Post, February 19, 2017.

22. Bilal Qureshi, "From Wrong to Right: A U.S. Apology for Japanese Internment," NPR, All Things Considered, August 9, 2013.

23. Jonah Engel Bromwich, The New York Times, November 17, 2016.

24. "Honoring a Japanese-American Who Fought Against Internment Camps," NPR,

All Things Considered, January 30, 2014.

25. Bill Chappell, "It's Fred Korematsu Day: Celebrating a Foe of U.S. Internment Camps," NPR, The Two-Way, January 30, 2017.

26. Definition from Wikipedia. Wikipedia, "Designated survivor," last modified April 2017, en.wikipedia.org/wiki/Designated_survivor.

27. Letty Cottin Pogrebin, Deborah, Golda, and Me (New York: Knopf, 1992).

28. Anna Deavere Smith, Fires in the Mirror, film adapted from stage play, aired on PBS in April 1993.

29. Oliver Good, "Anna Deavere Smith: Voice of the people," The National, March 28, 2010.

30. Interview with director/writer of Son of Saul, Laszlo Nemes and actor Geza Rohrig, Fresh Air with Terry Gross, NPR. October 7, 2015.

31. Atomic Heritage. www.AtomicHeritage.org.

32. "International Campaign to Abolish Nuclear Weapons," March 7, 2014. www.icanw.org.

33. Hibakusha Stories. www.HibakushaStories.org.

34. Atomic Bomb Museum. www.AtomicBombMuseum.org, testimony of Kenzo Nagoya, Kaitaichi High School teacher.

35. www.WagingPeace.org.

36. Eyewitness accounts of the bombing of Hiroshima, from the video Hiroshima Witness, produced by Hiroshima Peace Cultural Center and NHK, Japan Public Broadcasting.

37. Rebecca C. Glasscock, "Tree Stories: Hiroshima Trees of Peace," University of Kentucky website. ukntrees.ca.uky.edu/tree-stories/hiroshima-trees.

38. The Trees, a documentary film directed by Scott Elliott, which aired on PBS on September 11, 2016.

39. "Survivor Tree" video from Oklahoma City National Memorial & Museum, www.youtube.com/watch?v=8A-ICA3YE3I.

40. Belzec Museum of Remembrance. home.earthlink.net/~jodipoland/id51.html.

41. Jeff Gottesfeld, The Tree in the Courtyard (New York: Penguin Random House, 2016).

42. "The Sapling Project," Anne Frank Center for Mutual Respect.

43. Robert Jay Lifton: Interview with Bill Moyers, NOW, on PBS, October 18, 2002.

44. John Nixon, Debriefing the President: The Interrogation of Saddam Hussein (New York: Blue Rider Press, 2016).

45. Reported by The World, Public Radio International, December 27, 2016.

46. Julia Bosson, "Reliving Tragedy Was My Job at the National September 11 Memorial and Museum," Tablet, September 11, 2014.

47. James Fenton, "A German Requiem" (Edinburgh: Salamander Press, 1980).

48. "Moral Injury," Jonathan Shay, MD PhD, Psychoanalytic Psychology 2014, Vol. 31, No. 2, 182–91.

49. Louise J. Kaplan, No Voice Is Ever Wholly Lost (New York: Touchstone, 1995).

50. Kaplan, ibid.

51. The Last Days, a documentary film directed by James Moll and produced by Steven Spielberg and the USC Shoah Foundation, 1995.

52. Heinrich Georg Becker, The Ginkgo Myth (BuchVerlag für die Frau Gmbh, 2007).

53. Becker, ibid.

54. Becker, ibid.

55. Steven Heller, The Swastika: Symbol Beyond Redemption (New York: Allworth Press, 2000).

56. Isao Aratani, "Account of A-bomb survivor in English," Hiroshima Peace Media Center. www.hiroshimapeacemedia.jp/?p=20082.

57. Becker, op. cit.

58. Cited by Colin J. P. Homiski, blog on "Monuments as Cultural Memory." homiski.wordpress.com/2013/05/03/monuments-ascultural-memory.

59. Judith L. Herman, Trauma and Recovery: The Aftermath of Violence—From Domestic Abuse to Political Terror (New York: Basic Books, 1992).

60. Cited by the Southern Poverty Law Center website. www.splcenter.org/fighting-hate/intelligence-report/2008/state-denial.

61. NBC News, April 24, 2015. "Armenians Around the World Mark 100th Anniversary of Mass Killings." www.nbcnews.com/news/world/armenians-around-world-mark-100th-anniversary-masskillings-n348201.

62. Elif Batuman, "The Big Dig: Shipwrecks Under Istanbul," The New Yorker, August 31, 2015.

63. Gideon Greif, We Wept Without Tears: Testimonies of the Jewish Sonderkommando from Auschwitz (Jerusalem: Yad Vashem, 1999).

64. Burnett Miller is among a number of veterans who share their war stories in Ken Burns's exceptional documentary series, The War, which aired on PBS in 2007. These recollections are strictly my own.

65. Joan Miura, "Morphologies of Silence." Transforming Terror: Remembering the Soul of the World, edited by Karin Loftus Carrington and Susan Griffin (Berkeley: University of California Press, 2011).

66. Lenke Rothman, from "Not a Pass," translated by Susan Griffin. Transforming Terror, op. cit.

67. Ruth Maclean, "'I am sorry': Islamist apologises for destroying Timbuktu mausoleums," The Guardian, August 22, 2016.

68. Killing Fields Museum. www.killingfieldsmuseum.com/s21-victims.html.

69. Zoltan Istvan, "'Killing Fields' Lure Tourists in Cambodia." National Geographic Today, January 10, 2003.

70. Peter Hohenhaus has an extensive website from which this information is borrowed: www.dark-tourism.com.

71. Dith Pran, author, Kim DePaul, editor, Children of Cambodia's Killing Fields: Memoirs by Survivors (New Haven: Yale University Press, 1999).

72. "Shattered Lives," a report by Human Rights Watch/Africa, September 1999.

73. "Rwanda genocide: 100 days of slaughter," April 7, 2014. BBC News.

74. United to End Genocide. Website. www.tribunal1965.org/en/the-rwandan-

genocide.

75. Rwandan Stories. www.RwandanStories.org.

76. Colin Dwyer on NPR, December 14, 2016. www.npr.org/sections/thetwo-way/2016/12/14/505555892/south-sudan-on-brink-ofrwanda-like-genocide-commission-warns.

77. Princeton Lyman and Nancy Lindborg, "We're ignoring a possible genocide in South Sudan," CNN News, December 15, 2016.

78. Hate Radio. www.rwandanstories.org/genocide/hate_radio.html.

79. United States Holocaust Memorial Museum. "Introduction to the Holocaust." Holocaust Encyclopedia.

80. Becker, op. cit.

81. Semprún, op. cit.

82. Primo Levi, The Drowned and the Saved (New York: Vintage Reprint, 1989).

83. Semprún, op. cit.

84. Charlotte Delbo, Auschwitz and After (New Haven: Yale University Press, 1995).

85. David Lowenthal, "Forget & Forgive?" Letter to the Editor, New York Journal of Books, January 14, 2016.

86. From an article about Primo Levi's death in La Stampa, April 14, 1987.

87. Diego Gambetta, "Primo Levi's Last Moments," Boston Review, Summer 1999.

88. Gambetta, ibid.

89. Helen Epstein, Children of the Holocaust (New York: Putnam, 1979).

90. I first heard this term used regarding a conference in Vienna for members of the Second Generation, in 1984.

91. Harriet Chessman, Someone Not Really Her Mother (New York: Dutton, 2004)

92. "Traces of Truth." truth.wwl.wits.ac.za/about.php.

93. William Kentridge, cited by Padraig Colman in "Reconciliation in South Africa," The Nation, May 27, 2012.

94. Cited by Lowenthal, op. cit.

95. "A Conversation in Iowa, Part Two," New York Review of Books, November 19,

2015.

96. Scrapbook Pages (website). "German civilians tour Buchenwald Camp." www.scrapbookpages.com/Buchenwald/Exhibits.html.

97. Bilger, op. cit.

98. Lily Brett, Too Many Men (New York: HarperPerennial, 2002).

99. Melvin Jules Bukiet, editor. Nothing Makes You Free: Writings by Descendants of Holocaust Survivors (New York: Norton 2002).

100. "Of Numbers and Names," a podcast by Israel Story, affiliated with Tablet Magazine, May 4, 2016. www.tabletmag.com/jewishlife-and-religion/201490/of-numbers-and-names.

101. Allison Nazarian, Aftermath: A Granddaughter's Story of Legacy, Healing, and Hope (Allie Girl Publishing, 2016).

102. Matt Lebovic, "Author examines Holocaust trauma in a new generation," The Times of Israel, February 27, 2013.

103. Bilger, op. cit.

104. Peter Novick, The Holocaust in American Life (New York: Houghton Mifflin, 1999).

105. Viet Thanh Nguyen, Nothing Ever Dies: Vietnam and the Memory of War (Cambridge: Harvard University Press, 2016).

106. Daniel Mendelsohn, The Lost: A Search for Six of Six Million (New York: Harper 2006).

107. Nicholas Abraham and Nicholas Rand, "Notes on the Phantom: A Complement to Freud's Metapsychology," Critical Inquiry, Winter 1987, Vol. 13. No. 2.

108. Galit Atlas, "A Tale of Two Twins," The New York Times, April 11, 2015.

109. Leslie Gilbert-Lurie, Bending Toward the Sun, author website. www.bendingtowardthesun.com/bending_toward_the_sun_video.php.

110. Zikaron BaSalon. www.zikaronbasalon.org.

111. Nguyen, op. cit.

112. Semprún, op. cit.

113. Gunter Demnig website. www.stolpersteine.eu/en/home.

114. Equal Justice Initiative website. eji.org/news/eji-announcesplans-to-build-museum-and-national-lynching-memorial.

115. Jeffrey Toobin, "The Legacy of Lynching, on Death Row," The New Yorker, August 22, 2016.

116. Toobin, ibid.

117. David Love, "Memorial for the Thousands of Black Lynching Victims in America Opens Next Year in Montgomery," Atlanta Black Star, August 16, 2016.

118. Some photos of Rachel Sussman's work can be seen on Instagram. www.instagram.com/p/BEPEeK8DyoN.

119. Francey Russell, "On the Movement for Lynching Memorials," June 8, 2016. www.lennyletter.com/politics/a421/on-themovement-for-lynching-memorials.

120. Ysabelle Cheung, "Art After Auschwitz: The Problem with Depicting the Holocaust," September 15, 2015. creators.vice.com/en_us/article/art-after-auschwitz-the-problem-with-depicting-theholocaust.

121. James E. Young, At Memory's Edge: After-images of the Holocaust in Contemporary Art and Architecture (New Haven: Yale University Press, 2000).

122. Avi Steinberg. "Can You Erase the Trauma from a Place like Sandy Hook?" The New York Times Magazine, September 16, 2016.

123. John Matson, "Commemorative Calculus: How an Algorithm Helped Arrange the Names on the 9/11 Memorial," Scientific American, March 25, 2012.

124. Daniel Libeskind website. citywanderings.wordpress.com/tag/daniel-libeskind.

125. Broadcast from 60 Minutes. www.cbsnews.com/news/60-minutes911-museum-tour-lesley-stahl.

126. Bristol Marchant, "Confederate flag flies again—temporarily—at State House," www.thestate.com/news/politics-government/politics-columns-blogs/the-buzz/article88759697.html.

127. MJ Lee, "Walmart, Amazon, Sears, eBay to stop selling Confederate flag

merchandise." www.cnn.com/2015/06/22/politics/confederate-flag-walmart-south-carolina.

128. Carol S. Steiker and Jordan M. Steiker, Courting Death: The Supreme Court and Capital Punishment (Cambridge: Harvard University Press, 2016).

129. On this Day in History. www.history.com/this-day-in-history/thedeath-of-emmett-till.

130. Richard Perez-Peña, "Woman Linked to Emmett Till Murder Tells Historian Her Claims Were False," The New York Times, January 27, 2017.

131. Yahad-in-Unum website. www.yahadinunum.org/why-yahad-inunum.

132. "The Hidden Holocaust." CBS, 60 Minutes. www.yahadinunum.org/the-hidden-holocaust-on-cbss-60-minutes.

133. Holocaust Research Project re: Einsatzgruppen. www.holocaustesearchproject.org/einsatz/babiyar.html.

134. Keith Payne, "Why Is the Death of One Million a Statistic?" March 14, 2010. www.psychologytoday.com/blog/life-autopilot/201003/why-is-the-death-one-million-statistic.

135. Payne, ibid.

136. Jesse Washington, "The Waco Horror," The Undefeated. www.theundefeated.com/features/the-waco-horror.

137. "Voices on Anti-Semitism Podcast." www.ushmm.org/confrontantisemitism/antisemitism-podcast/ray-allen.

138. "Voyage of the St. Louis." www.ushmm.org/wlc/en/article.php?-ModuleId=10005267.

139. Elie Wiesel, "Does the Holocaust Lie Beyond the Reach of Art?" The New York Times, April 17, 1983.

140. Wiesel, ibid.

141. Video interview with Marianne Hirsch. www.youtube.com/watch?v=hTeZxoHQj-s.

142. Cited in Holocaust and Gender Studies. Vol. 17, No. 1, Summer 2003.

143. Elie Wiesel, "Trivializing the Holocaust: Semi-Fact and SemiFiction," The New York Times, April 16, 1978.

144. Viet Thanh Nguyen, "Our Vietnam War Never Ended." The New York Times, April 24, 2015.

145. vietnguyen.info/2016/april-30.

146. Wiesel. op. cit., April 17, 1983.

147. Miyoko Matsubara, "The Spirit of Peace," posted on website for the Nuclear Age Peace Foundation. www.wagingpeace.org/the-spirit-of-hiroshima-2.

148. Issey Miyake, "A Flash of Memory," The New York Times, July 13, 2009.

149. Sarah Wildman, Paper Love: Searching for the Girl My Grandfather Left Behind (New York: Riverhead, 2015).

150. Leela Corman. The Book of the Dead. www.tabletmag.com/jewishlife-and-religion/201031/the-book-of-the-dead.

151. Hirsch, op. cit.

152. Edward R. Murrow. Radio address from BBC London. "They Died 900 a Day in 'the Best' Nazi Death Camp." April 15, 1945. www.youtube.com/watch?v=wYVn0hzcSs0.

153. M. E. Walter, "Exaggeration of German Political Camp Horrors Is Impossible, Walter Declares," Houston Chronicle, May 17, 1945, 1, 13.

154. Joseph Pulitzer, "A Report to the American People," St. Louis Post Dispatch, May 20, 1945.

155. Guy Sharrett, "StreetWise Hebrew: Learning in the Streets with Guy Sharrett." www.streetwisehebrew.com.

156. Jennifer Schuessler, "'The Evidence Room': Architects Examine the Horrors of Auschwitz," The New York Times, June 14, 2016.

157. Andres Abril, cited on website for American Gathering of Jewish Holocaust Survivors & Their Descendants. "Holocaust Museum Dinner in Philadelphia Demonstrates Power of Artifacts to Convey History." amgathering.org/2016/12/13421/holocaust-museumdinner-in-philadelphia-demonstrates-

power-of-artifacts-to-conveyhistory.

158. Rebecca Dupas, cited as above.

159. Marianne Hirsch, co-written with Leo Spitzer, Ghosts of Home: The Afterlife of Czernowitz in Jewish Memory (Berkeley: UC Press, 2011). Also, my father's father was born in Czernowitz.

160. Hirsch, ibid.

161. Elad Nehorai, "20 Photos That Change the Holocaust Narrative," popchassid. com/photos-holocaust-narrative.

162. Elad Nehorai, "20 More Photos That Change the Holocaust Narrative,"popchassid.com/more-photos-holocaust-narrative.

163. Joshua Rothman, "The Unsettling Arrival of Speculative 9/11 Fiction," The New Yorker, September 11, 2015.

164. Brian Logan, "Does this man really think the Holocaust was a big joke?" re: interview with Roberto Benigni in The Guardian, January 29, 1999.

165. Cited by Brian Logan in The Guardian, ibid.

166. Tom Dawson, film review for BBC.com. www.bbc.co.uk/films/2002/06/06/la_ vita_e_bella_1997_review.shtml.

167. Owen Gleiberman, film review in Entertainment Weekly, November 6, 1998.

168. Mendelsohn, op. cit.

169. Rebecca Onion, "'It Is Difficult to Know How to Begin': A U.S. Soldier Writes Home from Dachau," The Vault, a history blog from Slate. www.slate.com/ blogs/the_vault/2014/05/02/holocaust_liberation_letter_from_american_ soldier_at_dachau.html.

170. Nicholas Chare and Dominic Williams, "How Documents Buried by Jewish Prisoners at Auschwitz Tell the Story of Genocide," Slate, February 3, 2016.

171. Gideon Greif, We Wept Without Tears: Testimonies of the Jewish Sonderkommando From Auschwitz (New Haven: Yale University Press, 2014).

172. Exodus. www.wmht.org/blogs/frontline/frontline-exodus.

173. Yardena Schwartz, "Living Word from a Dead World," Tablet, November 4,

2015.

174. Claude Lanzmann, Shoah: An Oral History of the Holocaust (New York: Pantheon, 1985).

175. Primo Levi, Survival in Auschwitz or If This Is a Man, (originally published in Italian, in 1947).

176. Rachel Donadio, "Preserving the Ghastly Inventory of Auschwitz," The New York Times, April 15, 2015.

177. Ofer Aderet, "Israeli Sculptor Gives Rare Tour of His BookBurning Memorial in Berlin," Haaretz, September 7, 2014.

178. Hirsch. op. cit.

179. From "Closing Words" for a book by Buchenwald survivors Zacharias Zweig and Stefan Jerzy Zweig, Tears Alone Are Not Enough (published privately in 2005).

180. Semprún, op. cit.

181. Noah Lederman, "Tales of Tragedy: My Inheritance as the Grandson of Survivors," Tablet, March 22, 2017.

182. "History of ARSP in Germany" on Action Reconciliation Service for Peace website. www.asf-ev.de/en/about-us/history/?L=0.

183. Donald Snyder, "Germans, Survivors Confront Shoah Together," Forward, April 14, 2010.

184. "Statement: Register of Reconciliation," December 11, 1997. www.justice.gov.za/trc/media/pr/1997/p971211b.htm.

185. "Peter Levine on Somatic Experiencing," Psychology.net. www.psychotherapy.net/interview/interview-peter-levine.

찾아보기

생존자 카페
: 트라우마의 유산 그리고 기억의 미로

초판 1쇄 인쇄 2021년 2월 5일
초판 1쇄 발행 2021년 2월 26일

지은이 엘리자베스 로즈너
옮긴이 서정아
펴낸이 강성민
편집장 이은혜
편집 진상원
마케팅 정민호 김도윤 최원석
홍보 김희숙 이가을 김상만 이소정 이미희

펴낸곳 (주)글항아리 | 출판등록 2009년 1월 19일 제406-2009-000002호
주소 10881 경기도 파주시 회동길 210
전자우편 bookpot@hanmail.net
전화번호 031-955-8891(마케팅) 031-955-2670(편집부)

ISBN 978-89-6735-869-3 03900

www.geulhangari.com